진아의 지혜로 살아가는 법을 설함

근본불교

육조단경

志南 良靑 譯註 書畵

맑은소리 맑은나라

【일러두기】

돈황본 육조단경『南宗頓教㝡上大乘摩訶般若波羅蜜經六祖惠能大師於
韶州大梵寺施法壇經』(『대정장』48, 337쪽. 상3.-345쪽. 중17.) 古寫燉
煌本大英博物館藏本

1. 燉煌寫本 大英博物館藏本(Stein 5475호본)을 底本으로 함
2. 燉煌博物館所藏(077호본)을 敦本으로 함
3. 참고본 興聖寺本(柳田聖山,『六祖壇經諸本集成』, 中文出版社, 1976.)을 興本으로 함
   ※ ( )안은 興本. ※ [ ]안은 돈본. (_) [_]안의__은 첨가
     { }안은 明版正統本(1439년).

   ※ 같은 字:
     (与, 與) (惣, 總) (佛, 仏) (歸, 㱚, 皈) (着, 著) (来, 來)
     (無, 无) (万, 萬) (礼, 禮) (留, 畱) (土, 土) (為, 爲)
     (慧, 惠) (真, 眞) (最, 㝡) (備, 俻) (師, 师) (尤, 究)
     (即, 則) (教, 敎) (清, 淸) (観, 觀) (弥, 彌) (陁, 陀)
     (芛, 等) (个, 箇) (世, 丗) 등등

돈황본 『육조단경』을 역주하며

　사람들이 자신을 한번이라도 되돌아본다고 하면 인간의 본성(本性)은 무엇인가? 왜 살아가는가? 하고는 외부로 마음을 돌려서 이것을 찾으려고 하는 경우가 있게 된다.

　그러면 만나게 되는 것이 성자의 가르침이나 현자의 가르침인데 성자나 현자의 가르침을 찾다가 보면 다양한 종교(種敎)를 만나게 되어 신앙에 빠지든지 아니면 무엇을 어떻게 해야 하는지 알지 못하고 한 평생을 방황하게 되는 경우를 종종 보게 된다.

　그렇지만 그 중에서 행운으로 불교를 만나게 되어도 맹인이 코끼리 다리 만지는 격이 되어 종교(宗敎)보다는 신앙에 마음을 두는 경우가 많고 금생에 하지 못하면 내생에 다시 환생하여 한다는 영혼사상에 빠지는 경우가 있다.

　그리고 불교의 경전도 읽다보면 신앙에 빠지게 할 수 있는 것이 많은데 즉 전생의 영험담이나 지옥·극락등에 대하여 강조하는 위경을 작자의 의도를 알지 못하고 읽으면 오해할 수도 있고 또 불교(佛敎)가 남녀나 계급등의 불평등을 주장하는 것처럼 간혹 보일 수도 있다.

　그러나 바른 안목을 가진 바른 사람은 무엇을 보거나 들어도 상관없지만 바른 안목이 없으면 어디에나 빠져서 벗어나지 못할 수도 있는 것이다.

　이 경도 잘못 알고 보면 한글로 번역된 『육조단경』이라도 몇 번을 읽어봐도 혜능과 같이 의발이나 법을 전수받아야 하는 유상(有相)의 전의설이나 인가증명을 받아야 하는 문제에서 벗어나기가 쉽지 않으므로 이 경도 누군가의 큰 세력에 의하여 편집된 것이라고 볼 수 있고 남종의 종단을 유지하려는 의도를 가지고 편집된 것이라고 볼 수도 있는 것이다.

　그래서 이 경을 인가증명이나 전의설이라는 신앙이나 외도에 빠지지 않게 하려고 번역을 하여 보았는데 미진한 부분도 있을 것이나 불법(佛法)에 맞게 보시기 바랍니다.

8

이 경의 편집을 보면 당나라에서 조사(祖師)를 만들기 위하여 이와 같은 노력을 하여 국사(國師)에서 한 단계 격상하려는 의도가 있지 않았나 하는 생각이 든다.

그렇지만 불교는 왕자로 태어나 요람에서 무덤까지라는 마음으로 안락하게 살다가는 것이 인생이라고 알고 태어나서 죽을 때까지 근심걱정 없이 한 평생을 살다가 가게 하려고 발버둥치고 부(富)와 명예·권력등을 유지하고자 온갖 일을 다 하였어도 출가하여 해탈하고 사람들에게 진정한 자유와 평화를 누리며 살기를 원하신 분의 가르침이 진정한 불교인 것이다.

그러므로 불법(佛法)에 맞게 속박에서 해탈하기를 진정으로 바란다면 이 경을 읽을 때 마하반야바라밀을 어떻게 실천할 것인가를 반드시 생각하면서 읽어야 할 것이다.

그렇게만 한다면 이 경을 어떤 의도를 가지고 편집하였든 어떤 생각을 가지고 번역하였다고 하더라도 읽는 수행자들은 불법(佛法)에 맞게 바르게 수행하는 것이 될 것이라고 생각한다.

양지 합장

【차례】

南宗頓教最上大乘摩訶般若波羅蜜經
六祖惠能大師於韶州大梵寺施法壇經一卷

• 돈황본 『육조단경』을 역주하며 · 08

Ⅰ. 제목과 편집자 · 14

Ⅱ. 육조(六祖)의 출세(出世)
1. 소주의 자사 위거께서 불법(佛法)의 위대함을 알다 · 18
2. 혜능자신이 불법(佛法)을 인가받은 계기를 설명하다 · 22
3. 오조(五祖) 홍인대사를 친견(親見)하다 · 27
4. 오조(五祖)께서 육조(六祖)가 될 선불장(選佛場)을
   마련하다 · 31
5. 문인(門人)들이 고정관념에서 벗어나지 못하다 · 36
6. 교수사인 신수(神秀)가 자신의 안목을 제시하다 · 38
7. 신수의 게송으로 수행하면 삼악도에 떨어지지 않는다 · 43
8. 신수는 문(門)안으로 들어오지 못하다 · 48
9. 혜능이 신수(神秀)와 교학불교를 능가한 게송을 짓다 · 50
10. 혜능을 육조(六祖)로 인가하다 · 58

Ⅲ. 육조(六祖)의 개당설법(開堂說法)
11. 육조로서 남종돈교인 평등한 불성(佛性)의
    지혜를 설하다 · 65
12. 정혜(定慧)로 불성(佛性)을 친견하는 지혜를 설법하다 · 69
13. 정혜로 일행삼매가 되다 · 73
14. 만법(萬法)의 일행삼매는 등불과 같다 · 78
15. 일행삼매의 실천법을 설하다 · 82

16. 북종선의 좌선법인 간심간정(看心看淨)을 비판하다 · 88

17. 남종선의 좌선법을 설하다 · 92

18. 모두가 평등한 삼신불로 살아가게 하다 · 97

18-1. 법신불은 자기의 일체법이 진여본성에 있는 것이다 · 101

18-2. 화신불은 진여본성의 지혜를 실천하는 것이다 · 104

18-3. 보신불은 어디에도 물들지 않는다 · 106

19. 무상계를 실천하는 사홍서원을 발원하다 · 108

20. 무상참회법을 설하여 본성에서 불퇴전하게 하다 · 114

21. 자성의 삼보(三寶)에 귀의하여 삼보로 살아가게 하다 · 117

22. 삼보에 귀의하고 반야의 지혜로 윤회를 벗어나
    살게 하다 · 122

23. 자신의 본성에 있는 일체만법을 허공과 같이 하여
    살게 하다 · 126

24. 진여의 지혜는 자신이 여시하게 본성을 관조하여
    행하는 것이다 · 129

25. 반야바라밀은 무주(無住)를 실행하는 것이다 · 132

26. 남종돈교의 종지(宗旨)를 설하다 · 136

27. 반야삼매를 자각하여 상인(上人)으로 살게 하는 것이
    남종돈교다 · 141

28. 모두가 견성(見性)하면 평등한 남종돈교를
    실천하게 된다 · 146

29. 불법(佛法)으로 말법(末法)을 없애고 자성의
    불도(佛道)를 행하게 하다 · 150

30. 자신의 진여본성을 친견하고 해탈하여 육조가 되다 · 155

31. 자신의 만법이 무념(無念)이면 불지(佛地)에
    오르게 된다 · 160

32. 후세에도 남종돈교법을 실천하면 성자의 지위가 된다 · 164

33. 남종돈교는 자성(自性)의 지혜로 무상(無相)을
    실천하는 것이다 · 166

IV. **선문답으로 위사군과 대중을 남종돈교로 교화**

34. 위사군과 무공덕에 대하여 문답하다 · 171
35. 위사군에게 공덕의 의미를 정확하게 설하다 · 174
36. 자기의 본성으로 수행하는 것이 공덕이다 · 177
37. 남종돈교의 대승법을 깨달으면 지금 바로 이곳이
    극락세계이다 · 179
38. 지금 바로 본성으로 극락세계에 태어나게 하다 · 184
39. 위사군과 대중들이 본성을 깨달아 극락 세계에 태어나
    부처가 되다 · 188
40. 누구나 청정한 수행을 하면 어디에나 좌도량이다 · 191
41. 위사군의 청으로 재가의 수행자를 위하여
    무상송을 설하다 · 193
42. 남종돈교의 수행법으로 무상게를
    수지(受持)하게 하다 · 201
43. 이 『단경』으로 남종의 종단(宗團)을 건립하다 · 203
44. 혜능이후에 남종(南宗)이 최고가 되다 · 206

V. **제자들과 선문답**

45. 남종의 교화법이 북종보다 뛰어나다고 설하다 · 208
46. 삼학으로 남종과 북종의 차이를 구분하다 · 212
47. 경전독송만 수행법으로 하는 이들을
    대오(大悟)하게 교화하다 · 217
48. 최상승선을 실천하는 것이 남종돈교이다 · 226
49. 신회가 남종의 좌선법으로 수행하다. · 229
50. 삼과법문을 설하여 본성으로 사는 부처가
    되게 하다 · 233
51. 제자들에게 남종돈교의 가르침으로 실천하는
    법을 설하다 · 238
52. 10대 제자에게 『단경』을 품수한 자만 남종종단의
    제자로 인정하게 하다 · 244

53. 육조가 신회를 적자로 인가한 것으로 편집하다 · 246
54. 제자들에게 진가동정게를 설하여 논쟁 없는 남종의
　　가르침을 전하다 · 250

VI. 남종돈교가 정통(正統)

55. 달마의 법을 계승한 육조혜능이 부처의 적자로서
　　신회를 인가하다 · 254
56. 육조혜능의 열반송을 기록하다 · 261
57. 전법설을 주장하여 육조의 법통이 정통이 되다 · 263
58. 편집자 법해에게 진불(眞佛)을 친견하고 해탈하는 게송을
　　설하다 · 269
59. 문인들에게 각자의 자성이 진불(眞佛)되는 게송을
　　설하다 · 273
60. 입적하시면서도 남종돈교의 최상승법을 실천하시다 · 279
61. 입적의 상서를 기록할 만큼 사람들이 존경하는
　　정신적인 지주였다 · 282
62. 『단경』의 편집자와 전수자를 밝히다 · 284
63. 남종의 종지를 바르게 유통하여 단절되지 않게 하다 · 285

Ⅰ. 제목과 편집자

南宗頓教冣上大乘摩訶般若波羅蜜經
六祖惠能大師於韶州大梵寺施法壇經一卷
兼受無相戒弘法弟子法海集記

※ 南宗頓教冣上大乘摩訶般若波羅蜜經

　(남종돈교 최상대승 마하반야바라밀경)을 풀이하면

　남종은 돈교(頓教)이고 최상(最上)의 대승(大乘)인 최상승
이며 위대한 진여의 지혜로 육도윤회를 벗어나서 본성으로
살아가는 올바른 방법을 정확하게 설(說)한 경전(經典)이다.

　六祖惠能大師於韶州大梵寺施法壇經一卷

　(육조혜능대사 어소주대범사 시법단경 일권)

　兼受無相戒 弘法弟子 法海集記

　(겸수무상계홍법제자법해집기)를 풀이하면

　육조혜능대사께서 소주(韶州)에 있는 대범사(大梵寺)의
수계(授戒) 계단(戒壇)에서 대중에게 법(法)을 설한 경(經)
한 권으로 무상계(無相戒)를 받아서 불법(佛法)을 널리 홍포
(弘布)한 제자(弟子) 법해(法海)가 수집하여 기록(執記)하다.

※ 경(經): 여기에서 경(經)의 뜻은 하나는 부처의 경전을 의미하는 것이고 또 하나는 중국에서 말하는 경(經, 성인이 기록한 법, 사서오경 등)이다.

그러므로 반야바라밀경과 단경(壇經)이 혼합된『육조단경』인 것이다.

반야바라밀법을 설한 것은 혜능이 부처의 경전을 설한 것이 되고 그 이외의 내용들은 편집자가 자신들의 종단이나 정치적인 입장에 따라 편집한 것이라고 생각된다.

※ 수(受)는 여기에서 수(授)와 혼용하여 사용 되었으므로 상황에 따라 번역함.

※ 돈교(頓敎): 최상 대승의 가르침인 자성청정심을 실천하는 가르침을 말한다. 이것은 신회가 북종선을 점교(漸敎)라고 하고 남종선을 돈교(頓敎)라고 주장한데서 기인된 것이다.

남종을 돈교(頓敎)라고 주장하는 내용은 어느 누구든지 자신이 본성(本性)으로 불법(佛法)에 맞게 자각하면 부처가 되는 것이기에 돈교(頓敎)라고 한 것이다.

구경(究竟)에는 남북(南北)이 없는 것이지만 자신들이 주장한 것은 자신들의 입장을 나타낸 것이기에 잘못하면 달을 가르키는 손가락에 빠지는 오류를 범할 수도 있는 것이다.

※ 남종(南宗): 지역이 남부지역이므로 남종이라고 하였지만 북종을 비판하기 위하여 남종선을 정통이라고 주장한 것이고, 또한 수행법에서 신수와 혜능의 수행법을 게송과 삼학, 돈점등의 내용을 비교하며 그 시대에 훌륭한 북종의 신수(606-706)를 비판하여 남종선을 최고라고 이『단경』의 편집자가 주장하는 것이다.

혜능의 입으로 사람은 남북의 구분이 있지만 불성(佛性)은 남북의 구분이 없다고 말하고 있으면서 남종과 북종으로 구분을 하여 모순이 되게 하고 있는 것이다.

그래서 북종의 수행법과 사상을 문제로 지적하면서 남종을 부각시키고 있는 것이다.

이와 같은 것은 잘못 알고 보면 서로가 자신의 주장이 옳다고만 고집하는 결과를 초래하여 구경에는 부처를 비방하는 것이 될 수도 있는 것이다.

그러므로 자신들의 주장을 내세워도 타인을 인정하는 마음을 가지고 진정한 바라밀의 수행을 하여야 남북이라는 차별을 버린 무념(無念)이 되어 무상(無相)·무주(無住)의 진정한 수행자가 되는 것이다.

※ 무상계(無相戒): 무상계(無相戒)는 유상계(有相戒)와 비교되는 말로서 일반적으로 언어문자로 설한 계율(戒律)을 유상계(有相戒)라고 하면 무상계(無相戒)는 자신이 본성(本性)인 심지(心地)에서 부터 진여의 지혜로 본성을 청정하게 지켜갈 수 있게 설한 것이므로 남종을 최상 대승이라고 제목에 기록한 것이다. 그러므로 이 경전이 마하반야바라밀경이 되는 것이다.

여기에서는 승속(僧俗)등 모두에게 이 경을 설하여 무상계(無相戒)를 수여(授與)하기 때문에 계(戒)를 설하여도 누구나 받아들여야 하는 것이다.

이 경을 설하면서 제일먼저 무상계(無相戒)를 설한 이유는 삼학의 계정혜에서 계율이 빠지면 불법(佛法)에 맞는 정혜가 아닌 외도를 만들 수 있기 때문에 일반인들이나 수행자를 위한 배려라고 할 수 있다.

그래서 이 경에는 승니(僧尼), 도속(道俗)이 일만(一万)명과 관료(官僚), 유사(儒士)라고 기록한 이유 또한 비구, 비구니, 승려와 도사, 일반인등과 정치계인사와 사상계인사들 모두에게 무상계(無相戒)를 설하여 모든 사람들이 천상천하유아독존(天上天下唯我獨尊)의 삶을 살아가게 하여 극락국토를 건설하고자하는 자비심이 나타나는 것이다.

시대적으로 아미타불에 대한 신앙이 흥성하였던 것을 나타내는 대목들이 많다. 방편으로 미타신앙이나 관음신앙을 제시하여 교화하는 것이지 아미타불이나 관세음보살에 현혹되면 안 된다.

※ 법해(法海): 법해(法海)에 대한 자세한 기록은 없지만 이『단경』에 나오는 설명으로 보면 육조(638-713)당시에 소주 자사(그 지역의 최고 권력자, 왕)가 인정하는 위치에 있는 스님으로 대범사 주지(住持)정도의 인물일 것이라고 추정하게 한다.

그리고 법해 이후에 전한 인물들을 도제(道漈), 오진(悟真)으로 나열하고 흥성사본에서는 法海→志道→彼岸→悟眞으로 나열하고 있지만 특별한 사람들이라고 하기보다는 대범사 주지스님일 가능성이 많다.

왜냐하면 국가에서 사찰의 주지를 임명하였다고 하면 국가의 권력에 의하여 좌지우지할 수 있었을 것이고 도첩제라는 것이 있었다는 것이 이것을 증명하는 것이다.

국가를 단체라고 할 수 있는 것도 이런 것들을 자행하여 종교(宗教)를 권력의 시녀로 사용하는 행위 때문에 많은 사람들이 행복할 수 있는 기회를 포기하는 것이기에 단체라고 말하는 것이다.

몽매한 사람들을 신앙(信仰)이나 종교(從教)란 이름으로 이용하는 것은 자신들의 나약함을 드러내는 불행한 일들이다.

여기에서 이런 인물들을 논하여 시시비비를 가릴 필요는 없고 이 책에서 말하고자 하는 본론만 이해하여 실천하면서 살아가면 왜곡된 정치나 단체의 싸움에 휘말리지 않게 되는 것이다.

II. 육조(六祖)의 출세(出世)

1. 소주의 자사 위거께서 불법(佛法)의 위대함을 알다

惠能大師, 於大梵寺講堂中 昇高座, 說摩訶般若波羅蜜法, 受(授)无相戒. 其時座下, 僧尼道俗, 一万餘人, 韶州刺史㝡據(韋璩), 及諸官寮, 三十餘人, 儒士[土]餘人, 同請大師, 說摩訶般若波羅蜜法. 刺史遂令 門人僧法海集記, 流行後代, 与孚[學]道者, 承此宗旨, 遞相傳授. 有所於[依]約 以為稟承, 說此壇經.

혜능대사께서 대범사의 강당(講堂)에서 강의하는 자리에 앉으시어 위대한 진여의 지혜로 육도윤회를 벗어나는 올바른 방법을 설하시어 무상계(無相戒)를 각자가 본성(本性)에서 받아들이게 설법(說法)을 하였다.

그때에 강당(講堂)에는 비구, 비구니, 도사(道士)와 일반인 등 만(萬)여 명과 소주 자사(韶州의 최고 실권자, 왕, 관직명) 위거와 고위직의 모든 관리 30여명과 많은 유사(儒士)들이 혜능대사에게 위대한 진여의 지혜로 육도윤회를 벗어나서 본성으로 살아가는 올바른 방법을 설하여 주시기를 간청하였다.

소주 자사(韶州의 최고 실권자, 왕, 관직명) 위거는 문인승(門人僧)인 법해(法海)에게 수집하고 기록하여 이후에 세상에서 널리 육조대사의 뜻대로 행할 수 있도록 법으로 명령하고 더불어 무상계(無相戒)로 수행하는 이들은 이 무상심지계의 종지(宗旨)를 계승하여 서로서로 전수(傳授)하게 명령(命令)하였다.

이와 같이 약속에 따라서 품승(稟承)하게 명령하고 이『단경』을 설하시도록 간청을 하였다.

※ 소주 자사 위거라는 소주의 최고권력자가 자신의 직원들과 정치에 연관된 모든 사람들을 데리고 와서 이 설법을 듣게 한 것을 이 단락에 기록하게 한 것은 많은 사람들이 확신하게 하려는 의도인 것이다. 참고로 왕이라고 한 것은 중국은 황제라는 명칭을 사용하였기에 왕이라고 한 것이다.

위거라는 사람이 이것을 지시하여야만 했던 진실을 생각하여 보면 여러 가지 생각을 할 수 있게 한다.

위거와 혜능, 신수가 주연이라고 한다면 법해와 십대제자를 통하여 신회를 감독쯤으로 부각시키고 편집자인 저자는 뒤에서 인형극을 조종하는 사람이고 이 연극전체를 조종하는 모종의 이익단체와 수입을 챙기는 단체나 개인이 있다고 생각하면 소설이 되는 것이 아닐까?

여기에서 이런 내용들을 가지고 논하게 되면 우리들의 본성을 놓치게 되고 이들이 의도하는 방향으로 끌려가는 어리석음을 범하게 되는 것이기에 잘 생각하여야 달을 가르키는 손가락만 보고 달을 보지 못하는 어리석음을 범하지 않게 되는 것이다.

인간의 본성은 달에 비유한 것이고 팔만대장경은 손가락이 되는 것이므로 본성(本性)을 자각하여 본성으로 불법(佛法)에 맞게 살아가면 되는 것인데 잘못하면 본성(本性)을 놓치고 인형극의 꼭두각시가 될 수 있기 때문에 정치나 단체라는 말을 사용하는 것이다.

그렇지만 여기에서 대승불교가 정치적으로 확산되는 계기가 되고 달마로부터 육조(六祖)라고 하는 종단(宗團)의 수장(首長)을 생기게 하여 중국의 선불교를 탄생시킨 것이다.

이것이 불법(佛法)을 흥성하게 한 면도 있지만 오히려 쇠퇴하게 한 면도 있는 것이다.

그리고 종교(宗敎)로서 모든 사람들이 행복하게 살아가는 법을 설하여 극락세계의 삶을 살아갈 수 있게 한 것은 대단한 일이었지만 신앙화 되어 후대의 사람들이 본질을 잃어버린 것을 간과해서는 안 되는 것이다.

이 『단경』 한 권을 부촉하여 남종의 제자라고 한 것은 이 책이 모든 사람들을 교화시키는 역할을 할 수 있게 편집한 것이기 때문이다.

왜냐하면 무상계를 설법하여 모두에게 수지하게 하고 있는 것이 삼학의 첫째인 계(戒)를 심지(心地)에서 수지하여야 정혜가 이루어진다고 강조하고 있는 것이다.

불교에 대한 신심(信心)이 없는 사람들이나 신심(信心)이 있는 모든 사람들을 대상으로 교화할 수 있게 한 권의 책으로 편집했다는 것이 이 책의 특징인 것이다.

그러므로 경(經)이라고 할 수 있는 것이고 중국에서도 부처가 출현하게 만들었기에 경(經)이라고 할 수 있는 것이다.
이 경이 조사선의 출현을 염두에 두고 편집하였기에 이후에 많은 조사들이 출현하게 된다고 볼 수도 있다.

※ 혜능(惠能): 惠能으로 기록되어 있으나 慧能으로 보편적으로 사용하지만 이 책에서는 원문에 있는 글자를 저본에 그대로 두고 돈본과 홍본을 비교하여 번역함.

※ 수무상계(受(授)无相戒): 무상계를 혜능대사께서 수여(授與)하는 것으로 번역하여도 되지만 주고받는 것으로 하는 것은 계체를 갖추는

형태를 나타내므로 이 『단경』의 내용과 다르게 되어 수(授)와 수(受)를 실수로 사용하지는 않은 것이라고 보면서 수(受)로 번역을 하였다.

무상계(無相戒)라는 말은 앞에 설명하였고 불교를 자기화한 중국인들의 한 모습이라고 보면 될 것이다.

무상계(無相戒), 유상계(有相戒)라는 말을 하여 석가모니불의 가르침과 동일시하려고 하고 오히려 자신들을 우월하게 하려는 경향이 있는데 이것은 불법의 본질인 마하반야바라밀법이라는 의미를 정확하게 이해하여야 신앙이나 영험등의 언어에 속지 않게 되는 것이다.

유상(有相)이나 무상(無相)이라고 언어문자로 말을 할지라도 대승(大乘)이나 소승(小乘)이라는 말의 뜻을 정확하게 이해하기만 하면 마하반야바라밀법을 깨달아 실천하게 되는 것이다.

여기에서 돈교라고 말한 것도 항상 지금 여기에 있는 것이기에 언어문자에 신앙화 되지 않고, 정치적인 명예·부·권력에 휩싸이지 않으면서 무상(無相)의 불법(佛法)이 전승되는 이유이고 지금까지 전해지며 유통되는 것이다.

※ 마하반야바라밀법(摩訶般若波羅蜜法): 위대한 진여의 지혜로 육도윤회를 벗어나서 본성으로 살아가는 올바른 방법이라고 하는 것은 어느 누구나 실천할 수 있게 설한 것으로 차별분별이 없이 본성에서 실천하는 무상계(無相戒)를 설한 것이다.

마하반야바라밀은 반야의 경전에서 설하는 핵심사상으로 이 책에서 주장하는 중심사상인 것이다.

이것으로 인하여 제불(諸佛)이 출세(出世)하여 화합과 용서가 가능하게 된 것이고 어느 누구나 행복하게 살아갈 수 있게 된 것이다.

마하반야바라밀의 의미에 대하여 다시 뒤에 무주(無住)의 실천으로 설하고 있는 것을 잘 알고 실행하면 된다.

2. 혜능자신이 불법(佛法)을 인가받은 계기를 설명하다

能大師言. 善知識, 淨心念摩訶般若波羅蜜法. 大師不語,
自心淨淨心神, 良久乃言. 善知識, 淨聽. 惠能慈父, 本官(貫)
范楊(陽), 左降遷流[(嶺)]南, (作)新州百姓. 惠能幼小[少], 父
小早亡. 老母孤遺, 移來[(南)]海, 艱辛貧之[乏], 於市買[賣]柴.
忽有一客買柴, 遂領惠能, 至於官店. 客將柴去, 惠能得錢.
却向門前, 忽見一客, 讀金剛經.

혜능대사께서 말씀하셨다. 선지식(善知識)들이시여! 마음
을 청정하게 하는 것이, 위대한 진여의 지혜로 육도윤회를 벗
어나서 본성으로 살아가는 올바른 방법이라는 것을 잊지 말
고 기억하여야 합니다.

대사께서도 말씀을 하시지 않고 자신의 마음을 신령하게 청
정히 하시기 위해 한참동안 양구(良久, 대중을 본심으로 전환
하게 하는 침묵)하시고는 다시 말씀을 하셨다.

선지식들이시여! 청정하게 본성(本性)으로 들으십시오.

혜능의 자비로운 아버지는 원래는 범양에서 관리로 있었는
데 좌강(左降, 左遷)되어 영남으로 옮겨오게 되었고 신주의
백성(百姓)이 된 것이었습니다.

혜능이 어릴 때에 아버지는 젊어서 일찍 돌아가셨습니다.

노모(老母)와 고아와 같은 혜능만 남게 되어 남해로 옮겨오게 되어서 몹시 힘들고 괴로운 생활을 하며 땔나무를 산에서 해다가 시장에 팔며 생활을 하였습니다.

그런데 어느 날 한 손님이 땔나무를 사서 혜능이 짊어지고 여관에 도착하였습니다.

그 손님이 땔나무를 가지고 가고 혜능은 돈을 받았습니다. 그리고 혜능이 그 여관의 대문 앞을 나오는데 갑자기 한 손님이 『금강경』을 독송하고 있는 것을 보게 되었습니다.

※ 여기에서 불법(佛法)은 어느 누구에게나 평등하다는 것을 강조하고 있는 내용이고 오조(五祖, 601-674)의 불법(佛法)을 계승하였기에 정법과 어긋나지 않는다는 것을 말하기 위하여 오조(五祖, 601-674)께서 설법하고 있다는『금강경』을 넣은 것이다.

그러나 오조(五祖, 601-674)께서는 능가변상도를 그려서 후대에 전하려고 한다는 사실을 알려서 자신과는 다르다고 하여 남종선과 북종선을 차별화하는 내용이라고도 볼 수 있다.

능가사자기에는 초조를 구나발타라이고 2조가 달마로 하여 육조(六祖)가 홍인이 된다는 점을 보면 남종선에서 육조(六祖)라고 한 것은 자신이 오조(홍인, 601-674)와 같다고도 볼 수 있고 북종의 수행법을 수정하려는 의도로도 볼 수 있다.

혜능의 출신을 영남의 가난하고 무식한 갈료(獦獠)로 만든 것은 어느 누구라도 부처가 될 수 있다는 평등한 마음을 나타낸 것이다.

※ 선지식(善知識): 정법(正法)을 설(說)하는 선사(禪師)나 같이 수행하는 사람을 지칭하는 말이다. 여기에서 선지식이라고 부른 이유는 자신이 평등함을 말하는 것이고 또 모든 사람들이 평등하다는 것을 강조하고 있는 것이다.

※ 정청(淨聽): 청정하게 본성으로 들어야 자신의 과거를 설명하여도 허물이 없게 되는 것이므로 어느 누구나 평등하다는 천상천하유아독존의 삶을 실천하게 되는 것이다.

※ 『금강경』:『금강경』의 '應無所住, 而生其心'이란 말을 듣고 깨달았다고 후대의 자료에서는 말하고 있지만 여기 제목에서 부터 말하고 있는 마하반야바라밀경은 『금강경』에서 설하고 있는 반야바라밀에서 마하를 첨가한 것이기에 여기에서 마하반야바라밀법을 설하고 있는 것이다.

이 부분이 남종선에서 『금강경』을 최초로 소의경전으로 사용하기 시작한 것이고 이것이 『금강경』의 반야바라밀에서 인용한 것이고 혜능이 깨달은 것이고 어느 누구나가 깨달을 수 있다는 것을 나타낸 부분이다.

惠能一聞, 心名[明]便悟(心便開悟). 乃聞[(問)]客曰(言), 從
何處來, 持此經典.

客答曰. 我於蘄州 黃梅縣[縣]東 憑墓山, 礼拜五祖弘忍和
尚. 見令[今]在彼門人 有千餘衆. 我於彼聽見, 大師勸道俗,
但特[持]金剛經一卷, 即得見性, 直了成佛. 惠能聞說, 宿業有
緣, 便即辭親, 往黃梅憑墓山, 礼拜五祖弘忍和尚.

혜능은 한번 듣는데도 마음에 분명하게 알아들을 수 있었다.

그래서 이내 그 손님에게 물었다. 어디에서 오셨는데 이 경
전을 가지고 계신 것입니까?

그 손님이 말씀하셨다. 나는 기주의 황매현 동쪽에 있는 빙
모산에 계시는 오조(五祖, 601-674) 홍인화상에게 예배하였
습니다.

지금도 그곳에는 그의 문인(門人)들이 천여 명이나 가르침
을 받고 수행하고 있습니다.

나는 그곳에서 홍인대사께서 도사(道師)와 일반인(道俗)들
에게 단지 『금강경』 한 권만 수지독송(受持讀誦) 광위인설(廣
爲人說)하면 바로 견성(見性)하여 정확하게 성불(成佛)하게
된다고 말씀하시는 것을 보고 들었습니다.

혜능이 듣고는 꼭 해야 할 일(宿業)과 같은 마음이 들어서
바로 어머니를 하직하고 황매현의 빙모산으로 가서 오조 홍
인화상에게 예배하게 되었던 것입니다.

※ 但特[持]金剛經一卷 卽得見性 直了成佛 : 단지(但持)를 『금강경』의 내용인 '수지독송(受持讀誦) 광위인설(廣爲人說)'하면 여래가 되어 아뇩다라삼먁삼보리를 실천하게 된다는 내용을 견성(見性)하게 되어 곧바로 정확하게 실천한다는 것을 성불(成佛)이라고 설하고 있는 것이다. 『금강경』의 내용을 그대로 인용하고 있는 것이다.

『金剛般若波羅蜜經』卷1(『大正藏』8, 750쪽. 하14.)「若有人能受持讀誦, 廣爲人說, 如來悉知是人, 悉見是人. 皆得成就不可量, 不可稱, 無有邊, 不可思議功德. 如是人等, 則爲荷擔如來阿耨多羅三藐三菩提. 何以故？須菩提！若樂小法者, 著我見, 人見, 衆生見, 壽者見, 則於此經, 不能聽受讀誦, 爲人解說.」(만약에 어느 사람이 이 경의 뜻을 자신이 체득하여 독송하며 다른 사람들에게 설한다면 이 사람이 여래가 되어 모든 번뇌망념을 알게 되고 망념을 자각하게 된다. 그러므로 이와 같이 하는 사람은 자신의 모든 번뇌망념을 진여지혜로 전환하여 실천하게 되어 한량없고 말로 표현할 수 없는 공덕을 성취하게 되는 것이다. 이와 같이 여시하게 진여의 지혜로 생활하는 사람들은 여래로서 아뇩다라삼먁삼보리를 실천할 수 있게 되는 것이다.

왜냐하면 수보리여! 만약에 소승법을 좋아하는 사람은 아견, 인견, 중생견, 수자견에 애착이 있기 때문에 이 경을 본성으로 듣고 수지 독송하여 사람들에게 설법할 수 없게 되는 것이다.)

3. 오조(五祖) 홍인대사를 친견(親見)하다

弘忍和尚, 問惠能曰. 汝何方人, 来此山礼拜吾, 汝今向吾邊, 復求何物.

惠能答曰. 弟子是領[嶺]南人, 新州百姓, 今故遠来, 礼拜和尚, 不求餘物, 唯求佛法作(唯求作佛). 大師遂責惠能曰. 汝是領[嶺]南人, 又是獦獠, 若為堪作佛.

惠能答曰. 人即有南北, 佛姓[(性)]即無南北, 獦獠身与 和尚不同, 佛姓(性)有何差別.

大師欲更共議, 見左右在傍邊, 大師更不言. 遂發遣惠能, 令隨衆作務. 時有一行者, 遂差惠能於碓坊, 踏碓八个[(箇)]餘月.

홍인화상께서 혜능에게 말씀을 하셨다. 그대는 어느 지역 사람이며 왜 이 산중에까지 와서 나에게 예배를 하고 또 그대가 지금 나에게 무엇을 구하는가?

혜능이 대답했다.

제자(弟子)는 영남지방의 신주 사람이고 지금 이렇게 멀리까지 화상에게 예배를 하기 위하여 온 것은 다른 무엇을 구하기 위하여 온 것이 아니고 오로지 부처가 되고자 하여 온 것입니다.

홍인대사께서 혜능을 되돌려 보내려고 책망하며 말씀하셨다.

그대는 영남 사람이고 또 오랑캐와 같은 사람인데 부처가 되는 것을 어찌 감당할 수 있겠는가?

혜능이 대답했다.

사람은 남북이 있지만 불성(佛性)은 남북이 없는 것으로 오랑캐의 신분인 저와 화상의 신분은 같지는 않지만 불성(佛性)에는 무슨 차별이 있습니까?

홍인대사께서 다시 같이 더 의논하고 싶었으나 주위에 사람들이 있는 것을 보시고는 대사께서 더 이상 말씀을 하시지 않았습니다.

그래서 마침내 혜능을 대중들과 같이 일을 하게 명령하셨다. 그때에 한 행자가 혜능을 차별(差別)하여 방앗간으로 데리고 가서 방앗간에서 8개월 정도 방아를 찧게 되었습니다.

※ 저자가 혜능의 입을 통하여 이곳에서 말하고자하는 것은 지역적인 차별과 신분의 차이를 초월하는 불성(佛性)을 말하여서 어느 누구나 차별 없이 부처가 될 수 있다는 평등심을 강조 하고 있는 것이다.

이 당시의 사회적인 문제점도 신분이나 부귀와 지역적인 차별이 극심하였다고 볼 수 있는 대목이다.

이것을 극복하기 위하여 국가에서 모두 합심하여 정책을 펴고자 하였다고 볼 수도 있다.

왜냐하면 불평등을 극복하여 모든 사람들이 행복할 수 있는 방법으로 종교를 선택하여 이용한 것으로 볼 수도 있고 진심으로 불법(佛法)을 확신하였다고도 볼 수 있다.

혜능자신의 입을 빌려서 불법(佛法)을 깨닫게 된 시초를 여기에서 설하면서 불법(佛法)은 천성천하유아독존이라고 강조하게 하는 것이다.

여기에서 부터는 정치적으로 신앙화 되었던 부분이 있을 지라도 본질을 파악하여 이해할 수 있게 설명하여 보면,『금강경』의 "응무소주 이생기심" 부분에서 출가를 결심하였다는 내용도 다른 본(本)에는 있지만

『금강경』의 제목이나 내용을 보면 알고 출가하여 깨닫게 되었다고 할 수 있는 것이다.

한 번 듣고 만난 인연으로 출가하여 정확하게 깨닫게 되었다는 것을 자신이 제시하고 이후에는 어느 누구나 어디에서든지 탐진치를 내려놓고 극락세계의 삶을 살아갈 수 있다는 것을 강조하기 위한 것이고 혜능 자신이 언어문자에 집착이 없을 뿐이지 문맹(文盲)은 아닌 것이 된다.

그래서 불교(佛敎)는 종교(宗敎)가 되어야 하고 신앙이나 단체가 되면 불행을 초래할 수 있기에 선불교라고 하여 선과 교를 분리하여 양면성을 가지려고 노력하는데 분명하게 정치와는 구분을 지어야 하는 것이다.

※ 선지식(善知識): 대덕(大德), 고승(高僧)을 지칭하는 말이지만 여기에서 선지식이라고 사용한 것은 자기 자신의 마음을 나타내는 말이라고 할 수도 있고, 또 이 법석에 모인 모든 사람들을 지칭하는 말로서 고승이나 대덕이 지금 바로 되거나 될 수 있거나 이미 고승이나 대덕인 사람들 모두를 말하는 것이다.

※ 불성(佛性): 불성(佛性)은 해탈이고 열반이며 여래, 부처를 말하는 것이다. 어느 누구든지 진여의 지혜로 실천할 수 있기 때문에 일체중생이 불성(佛性)이 있다고 하는 것이다.

즉 『大般涅槃經』 卷5 「如來性品4」(『大正藏』 12, 395쪽. 중13.)에는 「佛性者卽眞解脫. 眞解脫者卽是如來.」라고 하고 있으며, 또 『大般涅槃經』 卷27 「師子吼菩薩品11」(『大正藏』 12, 523쪽. 중12.)에는 「佛性者名第一義空, 第一義空名爲智慧. 所言空者不見空與不空. 智者見空及與不空.」라고 하고 있고, 또 『大般涅槃經』 卷27 「師子吼菩薩品11」(『大正藏』 12, 525쪽. 상29.)에는 「是佛性者實非我也. 爲衆生故說名爲我.」라고 하고 있다.

『大般涅槃經』 卷27 「師子吼菩薩品11」(『大正藏』 12, 524쪽. 중25.)에는 「善男子. 有者凡有三種, 一未來有, 二現在有, 三過去有. 一切衆生未來之

世, 當有阿耨多羅三藐三菩提是名佛性. 一切衆生現在悉有煩惱諸結. 是
故現在無有三十二相八十種好. 一切衆生過去之世有斷煩惱, 是故現在得
見佛性. 以是義故, 我常宣說一切衆生悉有佛性. 乃至一闡提等亦有佛性,
一闡提等無有善法. 佛性亦善以未來有故, 一闡提等悉有佛性. 何以故. 一
闡提等定當得成阿耨多羅三藐三菩提故.」

혜능이 불성(佛性)을 말하고 있는 것은 자신이 불성(佛性)에 대하여
잘 알고 있다는 것을 암시한 말이고 자신이 홍인을 만나기 전에 불성(佛
性)에 대하여 많은 공부를 하였다고 볼 수 있는 내용이다.

4. 오조(五祖)께서 육조(六祖)가 될
선불장(選佛場)을 마련하다

五祖忽於一日, 喚門人盡来, 門人集記*(総來). 五祖曰. 吾
向与[(汝)]說, 世人生死事大, 汝等門人, 終日供養, 只求福田,
不求出離, 生死苦海. 汝等自姓[性]迷, 福門何可救[求]汝. 汝
(等)惣且, 蝠歸房自看, 有知[智]惠者, 白[自]取本姓[性], 般若
知之[之知](之性), 各作一偈呈吾. 吾看汝偈, 若吾[(悟)]大意
者, 付汝衣法, 稟為六代. 火急急.

　　오조홍인대사께서 홀연히 어느 날 문인(門人)들을 모두 다
불러 모이게 하고는 문인들이 모두 다 모이자 다음과 같이 말
씀을 하셨다.
　　내가 그대들에게 설하고자 하는 것은 세인(世人, 세속의 사
람)들도 번뇌망념의 생사(生死)를 벗어나는 일이 가장 중요하
다고 하는데, 그대들과 같은 수행자들이 하루 종일 예불하며
공양(供養)을 올리면서도 단지 복전(福田)만 구하고 있으면
자신이 번뇌망념으로 윤회하는 생사의 고해에서 벗어나 부처
와 같이 출세(出世)하기를 구(求)하지 않고 있는 것이 된다.

　　※ 생사(生死): 선불교에서 생사(生死)란 번뇌망념의 생사(生死)를
말하는 것으로 번뇌가 생기는 것을 생(生)이라고 하고 번뇌가 사라지는

것을 사(死)라고 하는 것이다. 그러므로 부처가 되면 육신이 죽지 않는다는 것이 아니고 자신의 육신을 다스리는 왕이 부처가 되는 것을 말함.

※ 공양(供養): 삼보(三寶, 불법승)를 공경하고 예배하며 불법(佛法)에 맞게 수행하는 모든 행위를 말하는 것이다. 불법(佛法)에 맞게 자신이 수행하면서도 지혜가 없으므로 대상을 설정하여 공양을 행하는 행위를 경책하는 것이다. 그러므로 마하반야바라밀법에 맞게 수행해야 공양이 되고, 능소(能所)가 있는 행위는 복전(福田)이 되는 것이다.

※ 복전(福田): 복(福)이란 말은 여러 의미로 풀이할 수 있지만 행복(幸福)이나 바라는 모든 것을 얻는다는 것이다. 부처님이라는 대상에게 공양을 올려서 바라는 모든 것을 얻으려고 하는데, 부처는 진여의 지혜로 몰종적의 생활을 하는 것이다.
그러므로 부처님께서 구원을 해주기를 바란다면 오류가 있는 수행이 되는 것이다.
여기서는 반야바라밀법으로 자기망념의 생사(生死)에서 벗어나기를 구하지 않고 부처님께서 이루어 주기를 구한다면 영원히 자신의 생사는 벗어나지 못한다는 것을 말하고 있는 것이다.

汝等自姓[性]迷, 福門何可救[求]汝. 汝(等)惣且, 蹢歸[歸]房自看, 有知[智]惠者, 白[自]取本姓[性], 般若知之[之知](之性), 各作一偈呈吾. 吾看汝偈, 若吾[(悟)]大意者, 付汝衣法, 稟為六代. 火急急.

그대들은 자신의 자성(自性)을 미혹하게 하며 복(福)만 구하면서, 어떻게 그대 자신의 자성(自性)이 불성(佛性)이라는

32

사실을 깨달아 그대들 자신을 구제할 수 있겠는가?

그대들은 모두 다 각자 자기가 본성(本性)의 방(房)으로 돌아가서 자신을 잘 관찰(看)하여 보고, 자신을 관조(觀照)하는 지혜가 있으면, 자신의 본성(本性)으로 삼학(三學)에 맞는 반야의 지혜로 게송을 한편씩 써서 나에게 가져오도록 하시오.

내가 그대들이 자신의 본성(本性)으로 지은 게송을 확인하여 보고 만약에 불법(佛法)의 대의(大意)를 체득한 사람이 있으면 그대들에게 의법(衣法)을 부촉하여 육조(六祖)로 인가하겠다. 아주 급하고 매우 중요한 일이다.

※ 본성(本性): 어느 누구나 가지고 있는 성(性, 자신의 고유한 성질, 본질)의 근본을 말하는 것이다. 그러므로 본성(本性), 불성(佛性)을 모든 사람들이 구족하고 있다고 설하고 있다.

이것으로 인하여 얕은 지식으로 선악설과 성선설을 주장하여 많은 사람들을 현혹하고 있는데 이것은 부처님이 설하신 불법(佛法)의 내용과 다른 것이다.

석가모니 부처님이 발견하여 설하신 불법(佛法)은 선악을 초월한 불성(佛性)으로 인간의 본성(本性)은 원래부터 중도(中道)이고 불성(佛性)이라고 설하신 것이다.

그러므로 성선설(性善說)과 성악설(性惡說)을 초월한 성본설(性本說)을 설하시기에 석가모니부처님이 위대하다고 하는 것이다.

여기에서 진여의 지혜가 없는 중생들이 전도되어 반야의 지혜가 없기 때문에 게송을 지어서 가지고 오라고 하는 것이다.

모든 사람들이 구족하고 있는 본성을 자각하여 불법(佛法)에 맞게 항상 본성의 지혜로 지금 극락세계에서 살아가기를 바라는 내용이다.

※ 자취본성 반야지지(自取本性, 般若之知): 각자의 본성(本性)을 취한다는 말은 자신의 불성(佛性)을 공(空)으로 자각하는 것이고, 삼학(三學)에 맞는 반야의 지혜로 자신의 본성(本性)을 관조하여 공(空)으로 실천하는 사람을 선발하겠다고 한 것이다.

자신이 반야의 지혜로 불법(佛法)에 맞게 본성으로 생활하는 부처를 선발하는 자리이기에 인가한다는 말을 사용한 것이고 실제로 맞는 말은 아니다.

※ 부여의법 품위육대(付汝衣法, 稟為六代): 홍인조사를 오조로 확정하는 말이다. 그러므로 다음은 육조(六祖)라고 하여 불법(佛法)을 전하는 것인데 이 『단경』에서는 의발을 증표로 삼는다는 말을 첨가하여 염화미소, 이심전심의 의미를 왜곡시킨 것은 그 시절의 역사를 말해주는 것이다.

역사왜곡이라는 말을 요즘 자주 듣게 되는데 왜곡시켜도 달을 가르키는 손가락에 빠지지 않으면 되는데 많은 사람들이 손가락만 쳐다보고 자신의 달을 보지 못하는 이들이 많아서 안타까울 따름이다.

여기에서는 얼마나 많은 외도들이 나타나서 불성(佛性)을 인정하지 않고 서로 자기의 주장만 옳다고 하였기에 이와 같은 일이 벌어졌는지는 사라진 왜곡의 역사만이 말할 수 있을 것이다.

정치인에 의하여 다시 육조(六祖)를 인정하고 의발을 증표로 삼아서 불법(佛法)을 부흥시킨 것이 사실이라고 한다면 다행이라고 해야 할 지도 의문이다. 왜냐하면 돈황석굴에 묻히는 신세가 되었기 때문이다. 어쨌든 지금 이와 같이 볼 수 있게 된 것은 이러한 선인들의 노고가 있었기 때문이니 그 은혜에 머리 숙여 감사의 예배를 올릴 뿐입니다.

염화미소, 이심전심, 불립문자이므로 대상으로 전하는 것은 실제로는 맞지 않는 것이 된다. 그러므로 각자에게 더욱더 급하고 중요한 일이 되는 것이다.

이것 때문에 이 책이 위경(僞經)이라고 하기도 그렇고 선어록이라고 하기도 그렇고 하며 어록으로 변하는 과정에 정치적인 소용돌이 속에 있었던 것과 같은 느낌이 든다.

어쨌든 육조나 의법(衣法)을 부촉한다는 이 말에 속아서 자신들이 불법(佛法)을 영원히 깨닫지 못하는 결과를 가져온 것은 이것의 부작용일 것이다. 만약에 이것이 종단의 대표를 뽑는 선불장이라고 하더라도 맞지 않는다는 것은 국가의 주도하에 이것이 이루어졌기 때문이다.

　　요즈음과 같이 개인이 자유롭게 생활할 수 있는 것이 아니고 단체로 생활을 해야 하고 국가에서 임명을 하는 대표라고 한다면 내용은 가사나 전등(傳燈)을 외부에서 할 수도 있었을 것이다.

　　이것은 나의 가설이고 실제로는 자신이 수행해야 하는 것이기에 이심전심이고, 진여의 지혜로 불법(佛法)에 맞게 공(空)을 실천해야 자신이 수행승(僧)이 되고 자신이 인가하게 되는 것이다.

5. 문인(門人)들이 고정관념에서 벗어나지 못하다

門人得處分, 却来各至白[自]房, 遞相謂言. 我荨不須呈心用意作偈, 將呈和尚. 神秀上座, 是教授[受]師, 秀上座得法後, 自可於[依]止, 請不用作. 諸人息[識]心, 盡不敢呈偈. 時大師堂前, 有三間房廊, 於此廊下供養, 欲畫楞伽變(相), 并畫五祖大師, 傳授衣法, 流行後代為記*. 畫人盧[唐]玲(珍)看壁了, 明日下手.　　* 記는 訖의 誤記

그곳에 있던 문인(門人, 수행자)들은 오조의 처분(處分)을 받고는 도리어 각자가 자기의 방으로 돌아가서는 서로 서로 돌아가면서 설명하여 말하였다.

우리들은 반드시 마음을 써서 자신의 의지(意旨)로 게송을 지어서 화상에게 마땅히 올릴 필요가 없는 것이다.

왜냐하면 신수상좌가 우리들을 가르쳐 주는 최고의 교수사(教授師)이므로 신수상좌가 법(法)을 얻을 것이고 우리들은 이후에 배우면 될 것이라고 생각하며 자신들은 더 하려고도 하지 않고 게송을 지어 화상에게 여쭈어 보려고도 하지 않았다.

그래서 모든 사람들은 마음 놓고 쉬면서도 아무도 감히 게송을 써서 여쭈어 보려고 하지 않았다.

그때에 오조대사의 조사당(堂)앞에 삼칸 집의 행랑(行廊,

벽이 있는 복도)이 있었는데 이 행랑(行廊)에다 능가경의 변상도를 그려서 공양(供養)하고 또 오조대사에게 까지 의법(衣法, 의발과 佛法)이 전수(傳授)된 과정을 그려서 후대에까지 유행(流行)하도록 기록(記錄)하게 하려고 했었다.

화가 노진(盧珍)이라는 사람이 다음날 그림을 그리려고 행랑(行廊)의 벽을 깨끗하게 작업하여 두었었다.

※ 능가변상(楞伽變相): 앞에 주에 말하였듯이 오조홍인(五祖弘忍, 601-674)께서 능가경변상도를 그려서 후대에 전하려고 한다는 사실을 나타내어 오조홍인(五祖)과 구분하고 신수(神秀)(606-706)와 자기를 구분하는 내용이 되는 것이다.

즉 오조(五祖)를 인정하여야 자신이 육조가 되는 것이기에 오조(五祖)를 인정하지 않을 수도 없는 것이기에 능가변상도라는 내용을 넣어서 구분이 되게 하여 남종선이라고 하였을 수도 있다. 즉 남종선과 북종선을 차별화하는 내용이다.

그러나 의발과 불법(佛法)을 전하는 것을 유상(有相)으로 하려고 하는 것에서 게송으로 바꾸어 불법(佛法)을 전하게 하여 오조(五祖)의 맥을 육조(六祖)가 전수(傳授)하게 한 것이 무상(無相)의 이심전심으로 전한 불법(佛法)의 위대함이 여기에 있는 것이다.

그렇지만 이 국가에서 행한 행위는 일불(一佛)시대로 회기하는 정책을 펼쳐서 유상(有相)의 불교를 만들어 국가에서 종단을 운영하는 형태라는 색채가 나타난다.

왜냐하면 대승선를 외치면서 소승선의 정책을 취하는 행위인 일인(一人)을 나타내는 형태이기 때문이다. 이것은 어려운 시절을 나타내는 말이라고 밖에는 볼 수 없다. 지금 우리의 현실을 나타내는 것 같아서 씁쓸할 따름이다.

6. 교수사인 신수(神秀)가 자신의 안목을 제시하다

　上座神秀思惟, 諸人不呈心偈, 緣我為教[教]授師. 我若不
呈心偈, 五祖如何 得見我, 心中見解深淺. 我將心偈, 上五祖呈
意, 即善求法, 覓祖不善, 却同凡心奪其聖位. 若不呈心, 修(終)不
得法. 良久思惟, 甚難甚難, 甚難甚難. 夜至三更, 不令人見, 遂向
南廊下, 中間壁上, 題作呈心偈, 欲求於衣法. 若五祖見偈, 言此
偈語. 若訪覓我, 我見和尚, 即云是秀作. 五祖見偈, 言不堪自是
我迷,] 宿業障重, 不合得法, 聖意難測, 我心自[自]息. 秀上座三
更, 於南廊下, 中間壁上, 秉事[事]燭題作偈, 人盡不和[知]. 偈曰.
　身是菩提樹, 心如明鏡臺. 時時勤佛(拂)拭, 莫使有塵埃.

　신수상좌는 고민하고 사유(思惟)하기를, "모든 사람들이
아무도 자신의 마음으로 게송을 지어서 여쭤보려고 하지 않
는 것은 내가 그들을 가르치는 교수사(敎授師)이기 때문일
것이다. 라고 생각하면서 나까지도 만약에 내 자신의 마음을
게송으로 써서 여쭤보지 않는다면 오조대사께서 어떻게 나
를 알아 볼 것이며 내 마음속의 견해가 깊고 얕은지를 알 수
있겠는가?
　나는 마땅히 나의 마음을 게송으로 써서 오조(五祖)조사(祖
師)에게 나의 견해를 여쭤보는 것은 정당하게 불법(佛法)을

구하는 것이지만 조사의 자리를 탐하는 것은 선(善)한 것이 아니고 도리어 범부의 마음으로 성스런 조사의 지위를 탈취하려는 범부와 같은 것이 된다.

그러나 만약에 나의 마음을 여쭤보지 않는다면 불법(佛法)을 정확하게 체득할 수 없을 것이 아니겠는가? 라고 고민하고 침묵하며 아무리 사유(思惟)하여도 난감하고 난감(難堪)하였었다.

그래서 생각하기를, 모두가 잠든 한 밤중에 행랑(行廊)의 남쪽에 있는 벽의 중간 앞에다 나의 마음을 게송으로 써서 여쭤보는 것은 불법(佛法)을 구하고자 하는 것이다.

만약에 오조화상께서 이 게송을 보시고 이 게송의 내용을 말씀하시면서 나를 찾으면 내가 오조화상을 친견하고 이것은 '신수의 작품입니다.'라고 말할 것이다. 오조화상께서 이 게송을 보시고 이것은 아직 불법(佛法)을 내가 감당할 수가 없다고 하시면 내가 아직 미혹하여 숙업(宿業)이 많아 불법(佛法)을 체득할 수 없는 것이고 성인의 의지는 측량하기 어려우므로 나는 중생심의 마음을 명백하게 없애리라."고 생각했다.

그리고는 신수상좌는 삼경(三更)이 되어서 행랑의 남쪽 벽 중간에다 촛불을 들고 제작(題作)한 게송을 썼는데 다른 사람들이 아무도 알지 못했다.

게송으로 기록한 것은 다음과 같다.

신시보리수(身是菩提樹), 심여명경대(心如明鏡臺).

　육신은 깨달을 수 있는 근본이고,

　마음은 명경대에 있는 밝은 거울과 같은 것이네.

시시근불식(時時勤拂拭), 막사유진애(莫使有塵埃).

　때때로 항상 부지런하게 망념의 때를 닦아서 깨끗하게 하여,

　번뇌 망념의 때가 붙지 않게 하여야 하네.

　※ 신시보리수(身是菩提樹), 심여명경대(心如明鏡臺): 몸을 보리수라고 한 것은 석가모니가 보리수 아래에서 정각을 얻었다고 하는 것과 같다는 것을 의미하는 것과 육신이 없으면 깨달음은 이루지 못한다는 현실을 강조하는 것이기에 영혼사상을 가진 현대인들에게는 아주 중요한 것이다.

　사람이 살아 있어야 마음이 있다는 것은 경의 구절을 들먹이지 않아도 잘 아는 사실이고 이 마음을 밝은 거울에 비유한 것이다.

　어느 누구나 자신의 마음은 거울이나 여의주와 같다는 것을 비유하여 설명한 것으로 신수대사께서 절대평등의 경지를 설명하고 있는 대목이다. 다음에 나오는 뒷 게송 때문에 신수대사는 북종이고 전(漸)이라고 하는 것이다.

　※ 시시근불식 막사유진애(時時勤拂拭, 莫使有塵埃): 본래의 마음은 청정한데 우리들의 마음은 항상 망념이 있으므로 망념을 부지런하게 제거하면 거울이 깨끗해지듯이 마음도 망념이 일어나면 자각

하여 깨끗하게 하면 되는 것이기에 망념이 어찌 있겠는가라고 하는 것이다.

항상 자신이 망념을 자각하고 청정하게 하면 어디에 망념이 있을 수 있겠는가? 라고 자신의 견해를 나타낸 것인데 여기에서 남종은 돈이고 북종은 점이라고 한 것을 나타내는 장면인 것이다.

세상에 살아가는 것을 중생심으로 보면 모든 것이 망념이 되지만 청정하게 보면 모든 것은 청정하게 되기 때문에 어디에도 망념은 없게 되는 것이거늘 신수대사께서는 망념이라는 것이 있다는 가정하에서 마음을 청정하게 하려고 하는 것이다. 이것 때문에 돈점을 구분하는 것이 된다.

그러면 요즘 현대인의 수행은 과연 어떻게 하고 있는가를 한번 생각하여 보자. 과연 망념이라는 것을 설정하여 두고 제거하려고 하는 것은 아닌가? 그리고 다음 생에 무엇을 한다는 망념을 설정하지는 않았는지 등등을 살펴보아야 하지 않겠는가?

그리고 지금 하는 수행이 신수대사께서 하는 수행과 무엇이 다른지를 살펴보아야 할 것이다.

참회를 한다는 것도 어떻게 하는 것이 진정한 참회라고 설하고 있는데 나는 과연 어떤 참회를 참회라고 알고 수행하며 살아가는지 살펴보아야 하는 것이다.

일회성으로 입으로만 하는 참회는 무슨 의미인지 마음의 근본에서 참회하지 않으면 참회가 아니라는 것이고 변명일 따름이다.

여기에서 신수대사와 같은 참회를 하여도 항상 부지런하게 털고 닦아서 자신의 거울을 깨끗하게 하지 않으면 세속과 같이 타락되어도 부끄러운 줄을 모르게 되는 것이다.

물질만능의 사회를 바로잡는 방법으로 오히려 신수대사의 북종 수행법이라도 정확하게 택해서 자신이 자신의 망념을 구분할 수는 있어야 하는 것이다.

자신에게 망념이 생기지 않게 수행하는 것이 신수대사께서 마지막 게송으로 자신의 수행법을 나타낸 것이다.

또한 신수대사를 이와 같이 묘사한 것은 오직 이『단경』의 저자만의 주장이고 북종을 공격하기 위한 것이라는 사실을 우리는 알아야 하는 것이다.

7. 신수의 게송으로 수행하면 삼악도에 떨어지지 않는다

神秀上座, 題此偈畢, [(却)]歸(歸)房臥, 並無人見. 五祖平旦, 遂換[喚]盧供奉来, 南廊下畫楞伽變. 五祖忽見此偈, 讀[請]記. 乃謂供奉曰. 弘忍与供奉錢三十千, 深勞遠来, 不畫變相也. 金剛經云, 凡所有相, 皆是虛妄, 不如流[畱](留). 此偈令迷人誦. 依此修行, 不墮三惡. 依法修行, 人有大利益有大利益]. 大師遂喚門人盡来, 焚香偈前. 人衆入見[衆人見已], 皆生敬心. 汝莘盡誦此偈者, 方得見姓[(性)], 於[(依)]此修行即不墮落. 門人盡誦, 皆生敬心, 喚言, 善哉.

　五褐[祖]遂喚秀上座 於堂內門(問), 是汝作偈否. 若是汝作, 應得我法. 秀上座言. 罪過, 實是神秀作. 不敢求祖(位), 願和尚慈悲, 看弟子有小智惠, 識大意否.

　신수상좌가 이 게송을 벽에다 쓰고는 도리어 자신의 방으로 돌아와 누었으나 아무도 보지 못했다.

　오조화상께서 다음날 아침에 노진(盧珍) 공봉(供奉, 관직명)을 불러 행랑(行廊)의 남쪽에다 능가경을 변상도로 그리려고 하였다.

　그런데 오조화상께서 홀연히 이 게송을 보시고 읽어 보았다.

　그리고는 이내 공봉(供奉)에게 말씀하시기를 홍인화상께서 공봉(供奉)에게 돈 삼만 냥을 주시면서 멀리 와서 밑 작업하느라고 고생했는데 변상도는 그리지 않아도 되겠습니다.

왜냐하면『금강경』에서 말하는, "일반적으로 누구든지 의식의 대상으로 소유하는 모든 것은 실상이 아니기에 허망하다는 것을 알아야 한다. ... .(凡所有相, 皆是虛妄. 若見諸相非相, 則見如來.)"라고 하였는데 이 게송을 남겨두는 것보다 못하겠습니다.

이 게송을 미혹한 사람들이 독송하고 이 게송에 의지하여 수행하면 삼악도에 떨어지지 않을 것이다.

그리고 불법(佛法)에 따라 수행하면 사람들에게 극락에 태어나는 큰 이익이 있을 것이라고 오조(五祖)홍인화상께서 말씀을 하셨다.

대사께서 마침내 문인(門人)들을 모두 불러 놓고는 이 게송 앞에 분향(焚香)하게 하였다.

대중들이 들어가 읽어 보고나서는 모두가 공경심을 내니 오조(五祖)화상께서 말씀하시기를 너희들이 모두 이 게송을 정성으로 독송(讀誦)하면 비로소 견성(見性)하게 되고 이것에 따라 수행하면 타락하여 삼악도에 떨어지지는 않을 것이라고 하셨다.

그러자 문인(門人)들이 독송하며 모두 공경심으로 소리 내어 말하기를 훌륭하다고 하였다.

오조(五祖)화상(和尙)께서 신수상좌를 불러 자기가 거처하는 조사당 안에서 그대가 지은 게송이냐고 물으면서 만약에 그대가 지은 게송이라면 마땅히 나의 법(法)을 얻게 될 것이라고 하셨다.

신수상좌가 대답하여 말하였다.

죄송합니다. 사실은 제가 지은 것입니다. 감히 조사의 지위를 구하는 것은 아니오니 화상께서 자비스런 마음으로 저에게 작은 지혜가 있는지, 불법(佛法)의 대의를 판별할 수 있는지를 살펴주시기를 간청합니다.

※ 수행자의 신수대사를 묘사한 내용이지만 신수를 무식한 바보로 만드는 내용이라고 할 수 있는 단락이다.

그렇지만 오조(五祖)의 능가변상도는 불법(佛法)을 유상(有相)으로 나타내는 것인데 신수의 게송을 이용하여 『금강경』에서 설하는 무상(無相)의 지혜로 전환하려는 저자의 의도가 있는 것이다.

신수대사는 아직까지 자신을 살펴볼 수 있는 능력이 없어서 자신이 사유(思惟)하여 만든 게송이 불법(佛法)에 맞는지 맞지 않는지를 판단하지 못하여 오조(五祖)에게 판단하여 주기를 바란다고 하는 것은 행운이나 우연으로 이루어질 수 있다는 것을 강조하는 것이 될 수도 있다.

불교는 행운이나 우연이 아니라 합리적이고 과학적으로 정확해야 하는 것을 말하고 있는 것인데 언어문자로 표현하다 보니 인가를 받아야 하는 것처럼 보여 지게 되었다고 하면 저자와 이심전심으로 교감할 수 있는 것이 되어 수순한 자비심으로 이 책을 제작하였다고 볼 수도 있다.

※ 범소유상, 개시허망(凡所有相, 皆是虛妄): 오조(五祖)께서 이 게송을 말하며 신수(606-706)의 게송을 남겨두는 것이 좋겠다고 한 것은 오조(五祖)께서는 시절이 북종을 인정하는 시대이므로 자신이 대승의 돈교를 펼칠 시기가 되지 않았다고 판단하는 대목이다.

이것이 저자는 육조가 남종이 되게 하는 대목이고 오조께서 펼치지 못한 일을 펼치게 하고,『능가경』에서『금강경』으로 소이경전이 전환되는 말을 오조의 입으로 말하게 하여 육조의 안목이 완벽하다고 확인시키고 있는 것이다.

신수의 게송을 삼악도를 벗어나게 하는 게송이라고 인정한 것이고 오조께서 혜능을 인가하는 것이므로 남종의 우수성을 강조하는 내용이라고 볼 수 있다.

이것은 자신들이 대상으로 보는 만법(萬法)은 모두가 허망하고 본성(本性)을 돈오해야 여래라고 하는『금강경』의 말씀으로 즉 "일반적으로 누구든지 의식의 대상으로 소유하는 모든 것은 실상이 아니기에 허망하다는 것을 알아야 한다.

만약에 자신의 마음속에 소유하는 모든 지식들이 실상이 아니라는 사실을 깨달아 체득하면 곧바로 여래를 친견하게 되는 것이다.(凡所有相, 皆是虛妄. 若見諸相非相, 則見如來.)"라고 한 것을 인용하여 남종(南宗)으로 수행해야 한다는 것을 강조하기 위하여 홍인대사께서 말씀하신 것으로 한 것이다.

이것은 신수가 지은 게송이 자신이 생각했던『능가경』의 변상도보다 좋다는 말을 한 것이 되고, 또 홍인 자신도『금강경』을 소이경전으로 하겠다는 것이 된다.

그리고 자신의 최고 제자인 신수를 인가하지 못하는 불행한 결과를 초래하는 것을 자신의 입으로 말했다는 것으로 볼 때 이 경은 신회의 제자나 문도들이 편집했다는 것을 암시하는 것이 된다.

※ 의차수행 즉불타락(依此修行 卽不墮落): 이 수행법에 따라 수행하면 자신이 항상 자각하여 돈오할 줄 알아 견성하게 되고 삼악도(지옥, 아귀, 축생)에 떨어지지 않는다고 하는 것이다.

이 게송에 따라 수행하면 견성하여 삼악도에 떨어지지 않는 것은 자신이 불법(佛法)에 맞게 자각하여 망념의 먼지가 붙지 않게 하므로 견성하게 되는 것이고 불법(佛法)의 계율에 맞게 지혜로 살아가게 되어 지옥, 아귀, 축생은 사라지는 것이다. 그러므로 천상의 삶을 살아갈 수 있는 것이다.

여기에서 북종을 최고로 하는 것이라고 어리석은 사람들은 생각할 수 있으나 남종은 망념이 처음부터 없으므로 망념이 있을 수 없다는 것은 불성(佛性)은 청정하다는 내용을 말하고 있는 것이지만 신수보다는 우월하다는 것을 강조하는 대목이다.

남종은 처음부터 망념이 없어서 청정하므로 반야바라밀법으로 수행하면 어느 누구나 모두가 부처라고 강조하고 있는 것이므로 삼악도에서 벗어나는 북종과는 다르다는 것을 강조하기 위한 대목이다.

북종(北宗)을 견성(見性)은 하지만 부처가 되는 한계를 설정하여 남종보다 낮다고 비하(卑下)시키는 대목이지만 항상 자신이 깨달음이라는 대상을 설정하고 자각하여 견성(見性)하며 불법(佛法)에 맞게 살아가는 소승선이 성행하던 유상(有相)의 불교시대에서 몰종적의 초월을 강조하는 대승선으로 전환되는 무상(無相)의 불교시대가 시작되는 것이기에 이 『단경』을 중요하게 여기는 것이라고 볼 수 있다.

유상(有相)에서 무상(無相)으로 전환되지 않으면 불법(佛法)에 맞지 않는 것이 되기 때문에 신수와 북종은 잘못된 수행법이고 남종만이 돈교로 수행할 수 있는 것이라는 것을 설하기 위한 과정인 것이다.

8. 신수는 문(門)안으로 들어오지 못하다

五褐[(祖)]曰. 汝作此褐[偈], 見[解]即来到, 只到門前, 尚未
得入. 凡夫於[依]此偈修行, 即不墮落. 作此見解, 若覓无上菩
提, 即未[(不)]可得. 須[要]入得門, 見自本姓[(性)]. 汝旦[且]去,
一兩日来思惟, 更作一偈, 来呈吾. 若入得門, 見自本姓[(性)],
當付汝衣法. 秀上座去數日, 作[(偈)]不得.

오조화상께서 말씀하셨다. 그대가 지은 이 게송은 견해는
도달하였으나 아직 단지 문 앞에까지만 도달하고 체득하여
문안으로 들어온 것은 아니다.

그리고 범부들은 이 게송에 의지하여 수행하면 삼악도(三
惡道)에 떨어지지 않을 것이다.

그대가 지은 이 게송의 견해로 만약에 무상보리(無上菩提,
진여의 지혜로 실천)를 구(求)한다고 하면 체득할 수 없을 것
이다.

그러므로 반드시 문안으로 들어와서 체득하고 자기의 본성
(本性)을 친견해야 하는 것이다. 그대는 잠시 돌아가서 하루
이틀 잘 사유(思惟)하여 다시 게송을 한편 지어서 나에게 가
지고 와 보아라.

만약에 문안으로 들어와서 자신의 본성(本性)을 친견하였다
면 마땅히 그대에게 의법(衣法, 의발과 佛法)을 부촉할 것이다.

그러나 신수상좌는 수일(數日)이 지나가도 다시 게송을 지을 수가 없었다.

※ 오조께서 신수(606-706)를 인가하지 못한 이유가 무상보리를 체득하지 못하였기 때문이라고 하고 있다. 무상보리(無上菩提, 진여의 지혜로 실천)라는 말은 보리(菩提)또는 지혜라는 말이지만 보리살타(보살)의 줄임말이기도 하다.

그러므로 진여의 지혜라고 했지만 보살이 되어야 하는 것이고 진여의 지혜로 생활해야 하는 것을 보리라고 하였다고 보는 편이 좋을 것 같다.

무상보리이기 때문에 몰종적의 대승보살이 되어야 하는 한계점을 말하고 있는 것이다.

북종은 망념(妄念)을 자각하고 불법(佛法)에 맞게 수행은 하지만 처처에 있는 망념(妄念)을 대상(對相)으로 비교하고 자각(自覺)하여 수행해야 한다는 소승선의 한계점을 지적하고 있는 것이다.

즉 이것을 바로 알고 수행하면 대승선이 되지만 잘못 알면 돈점의 화근(禍根)이 되는 것이다.

신수(606-706)께서 더 이상 게송을 지을 수 없는 한계가 자신이 소승선임을 인정하지 않으려는 교학이나 북종선의 한계점을 말하고 있는 것이고, 시대적으로 저자가 신수(606-706)라는 개인을 무시했다고 보기보다는 교학불교나 북종선이 정치인과 너무 밀착되었기에 선불교를 부흥시키고자 하는 의도로 이 『단경』을 제작했다고 볼 수도 있을 것이다.

실제로 신수가 깨달은 사람인가에 대하여는 여기에서 논할 필요가 없는 것이며 이 경을 편집한 저자의 의도를 파악하여야 하기에 위와 같이 말한 것이다.

9. 혜능이 신수(神秀)와 교학불교를 능가한 게송을 짓다

有一童子, 於碓坊邊過, 唱[此]誦此偈. 惠能一聞, 知未見姓[(性)], 即識大意. 能問童子. 適来誦者, 是何言偈.

童子答能曰. 你(尔這獦獠)不知, 大師言, 生死是[(事)]大, 欲傳於[衣]法, 令門人等各作一偈, 来呈[吾]看, 悟大意即付衣法, 稟為六代褐(祖). 有一上座名神秀, 忽於南廊下, 書无相偈一首, 五褐[祖]令諸門人盡誦. 悟此偈者, 即見自姓(性), 依此修行, 即得出離.

惠能答曰. 我此踏碓, 八箇餘月, 未至堂前. 望上人引惠能, 至南廊下, 見此偈礼拜. 亦願誦取, 結来生緣, 願生佛地.

童子引能, 至南廊下. 能即礼拜此偈, 為不識字, 請一人讀. 惠[(能)]問[(聞)]已, 即識大意. 惠能亦作一偈, 又請得一解書人, 於西間壁上提[題]着, 呈自本心. 不識本心, 學法無益, 識心見姓(性), 即吾*大意. 惠能偈曰.

菩提本無樹, 明鏡亦無臺. 佛性常青[清]淨, 何處有塵埃.
又偈曰.

心是菩提樹, 身為明鏡臺. 明鏡本清淨, 何處染塵埃.

院內從衆, 見能作此偈, 盡土在[怕]. 惠能却入碓坊. 五褐[(祖)]忽見惠能但

[(偈)], 即善知識大意, 恐衆人知. 五祖乃謂衆人曰. 此亦未
得了.   * 吾는 悟의 誤字

동자승(童子僧) 한 명이 방앗간 주변을 지나가면서 신수상좌
가 지은 게송을 노래처럼 암송하면서 지나가고 있었다. 혜능이
자세하게 들어보니 아직 견성(見性)하지 못하였고 즉 불법(佛
法)의 대의(大意)만 지식으로 알고 있는 것이라고 알게 되었다.
　그래서 동자승(童子僧)에게 물어 보았다.
　방금 암송한 것은 어떤 게송을 말하는 것인가?
　동자승(童子僧)이 혜능에게 대답하였다.
　그대는 오조(五祖)대사(大師)께서 번뇌망념의 생사(生死)
가 아주 큰일이라고 하시면서 의법(衣法, 의발과 佛法)을 전
수(傳授)하시고자 하여 문인(門人)들에게 자기 본심(本心)의
게송을 지어서 오조화상에게 가지고 오면 확인하여 보고 불
법(佛法)의 대의(大意)를 깨달아 체득했으면 의법(衣法)을 부
촉하고 육대(六代)의 조사(祖師)로 인가(認可) 하시겠다고 한
것을 알지 못합니까?
　그래서 신수라는 상좌가 행랑의 남쪽 벽에다 무상게(無相偈)
를 한 수 적어 두었는데 오조(五祖)화상(和尙)께서 모든 문인(門
人, 수행자)들에게 모두 정성껏 독송하게 하였고, 또 이 게송을
정성으로 독송하여 깨달으면 자성(自性)을 친견할 것이고, 이
게송에 의지하여 수행하면 출리(出離, 생사망념을 벗어나 해탈)

하게 될 것이라고 하신 말씀을 모르십니까?　혜능이 대답했다.

　나는 이곳에서 8개월 정도 방아만 찧으면서 생활을 하여 서 오조(五祖)께서 계신 곳에는 가보지도 못하였습니다. 상인(上人)에게 바라오니 혜능을 인도하여 행랑(行廊)의 남쪽에 있는 그 게송(偈頌)에 예배하게 하여주세요.

　그리하여 또 게송을 독송하고 의지하여 다음에 깨달음을 얻을 수 있는 인연을 맺어서 불국토에 태어나기를 원합니다.

　동자승(童子僧)이 혜능을 인도하여 행랑(行廊)의 남쪽에 있는 복도의 벽으로 가게 되었다.

　혜능은 곧바로 이 게송에 예배하고는 글자를 읽지 못하므로 글자를 아는 사람에게 부탁하여 읽어 주기를 부탁하였다.

　혜능은 이 게송을 읽는 것을 듣고는 이 게송의 대의(大意)를 바로 알 수 있었다. 그래서 또 깨달음의 내용을 해설하여 기록할 수 있는 사람에게 요청(要請)하여서 서쪽에 있는 복도의 벽에다 게송으로 제작하여 자신의 본심(本心)을 나타내 보이기로 했다.

　혜능이 말하였다. 본심(本心)을 알지 못하면서 불법(佛法)을 배워도 아무런 이익이 없게 되고 마음을 본심(本心)이라고 자각하여 알아야(識心) 본성(本性)을 친견하게 되어 불법(佛法)의 대의(大意)를 깨닫게 되는 것입니다.

　그리고는 혜능이 게송으로 말한 것을 기록하면 다음과 같다.

　보리본무수(菩提本無樹), 명경역무대(明鏡亦無臺).

52

진여의 지혜로 본성을 깨달으면 누구나 평등한 것이고,
맑은 거울이나 맑은 마음은 역시 받침과 육신에 대한 집착
이 없는 것이네.
※ (맑은 거울은 역시 받침에 대한 집착이 없는 것이네.)

불성상청정(佛性常淸淨), 하처유진애(何處有塵埃).

불성(佛性)은 항상 청정한 것이어서,
어느 곳에 번뇌 망념의 때가 있을 수 있겠는가?

又偈曰.
또 게송으로 말하였다.

심시보리수(心是菩提樹), 신위명경대(身爲明鏡臺).

불심(佛心)이 바로 깨달음의 근본이고,
법신(法身)은 명경대의 밝은 거울과 같은 것이네.

명경본청정(明鏡本淸淨), 하처염진애(何處染塵埃).

맑은 거울과 같은 불심(佛心)은 본래 청정한 것이니,
어느 곳을 번뇌 망념의 때로 물들일 수 있겠는가?

사원(寺院)내의 대중들은 혜능이 지은 이 게송을 보고는 모두가 괴이하다고 하였었다.

혜능은 다시 방앗간으로 돌아갔다.

오조(五祖)화상께서 홀연히 혜능의 게송을 보시고는 선지식(善知識)으로 대의(大意)를 깨달은 것을 아시고는 대중들이 아는 것을 두려워했다.

그래서 오조(五祖)화상(和尙)께서는 이내 대중들에게 말씀하시기를 이 게송도 아직 불법(佛法)을 체득하지 못했다고 말했다.

※ 이 단에 나타난 것을 보면 혜능은 방앗간에서 방아만 찧고 있는 한명의 초학 수행자(행자)일 뿐인데 신수의 게송을 듣고는 한 번에 알아차릴 수 있는 사람으로 묘사하고 있다.

신수는 장고(長考) 끝에 만든 게송이지만 신수는 교수사이고 홍인(弘忍)의 최고 제자라는 점을 강조하였기에 홍인(弘忍)문하(門下)에 아무도 혜능만한 인물이 없다는 것을 강조하기 위한 단락이다.

혜능을 글자도 모르는 무식한 사람으로 묘사하여 법해가 기록했다고 하는 것을 강조하고 있지만 혜능은 신수의 게송을 파악하고 있다는 것이 되므로 견성(見性)한 사람이고 불법(佛法)의 대의(大意)를 깨달아 알고 방아를 찧는 사람이라는 것을 말하고 있는 장면도 되는 것이다.

그러나 아무나 행자가 되면 깨달을 수 있다는 것을 강조한 것이므로 출가를 장려하기 위한 장면이라고 할 수도 있는 내용이 되고, 또 그당시에 문맹인이 많았다는 것을 말하고 있는 것이 되기도 하고, 평등을 강조한 내용도 되는 것이다.

불교는 언어문자에 속박되어 살아가는 종교가 아니기에 혜능도 언어문자를 대상으로 알지 않았다는 것을 나타낸 것으로 보면 혜능은 불성(佛性)의 대가(大家)이고 불법(佛法)의 현지(玄旨)를 알고 실천하는 사람이었는데 홍인대사만 혜능을 알고 인가한 유일한 사람이라고 하는 내용이다.

신수를 배척하고 홍인의 제자들도 바보로 만들고 홍인과 혜능만 필요로 했던 이유 때문에 이 단을 편집한 것이 되고, 위거와 법해가 이것을 증명한 유일한 사람으로 만든 것과 뒤에 나오는 신회를 혜능이 인가하는 장면 때문에 신회가 이 경을 편집하지 않았다고 하는 것이다.

어쨌든 이 단은 여러 가지의 내용들을 암시하고 있는 단락이다.

※ 무상게(無相偈): 신수대사의 게송을 무상게(無相偈)라고 평하고 있는 것은 망념을 자각하여 제거하는 것을 교학불교의 유상게(有相偈) 내용과 다르다는 것을 말하고 있는 것이지만 홍인의『능가경』을 계승하는 유상(有相)의 게송이다.

북종선의 수행법은 자신에게 일어나는 망념을'염기즉각 각지즉실'한다는 사실을 알고 계속 자신의 거울을 청정하게 하고 실천하는 간심간정(看心看淨)의 수행법이다.

혜능의 게송은 본래무일물이라는 반야바라밀을 주장하는 것으로 본래부터 청정한 공(空)인데 무엇 때문에 북종에서는 망념을 설정할 필요가 있는가하는 의문을 제기하게 하는 것이다.

공(空)을 실천하면 되는 것을 중생의 입장에서 설하려고 하면 망념을 설정해야 한다고 하는 것이 된다.

그러므로 이『단경』을 설한 이유가 모든 중생이 돈오하면 중생이 아니게 되므로 모든 사람들이 반야바라밀을 실천하여 평등한 불국토에서 살아가기를 바라는 간절함이었다고 생각한다.

※ 보리본무수(菩提本無樹), 명경역무대(明鏡亦無臺): 같은 무상게이지만 신(身)을 설정한 게송과 신(身)을 설정하지 않고 어느 누구나 평등하다는 것을 강조하기 위하여 설한 것이다.

공(空)을 설하여 반야의 지혜는 항상 청정하다고 자각하여 실천하는 것이 남종돈교이고 대승이라는 것을 제목에서 부터 설하고 있는 것이다.

그러므로 밝은 거울을 불성(佛性)에 비유하여서 의지처가 없다는 것을 무대(無臺)라고 하여 허공과 같은 청정에 비유하여 설하고 있는 것이다.

※ 불성상청정(佛性常淸淨), 하처유진애(何處有塵埃): 허공과 같은 불성(佛性)이기에 망념(妄念)이라는 먼지는 어디에 있다는 것이 불가능하게 되는 것이다.
그러나 신수의 게송은 이 망념(妄念)을 항상 자각하여 제거해야 한다는 것(離念)이므로 중생(衆生)이 있다는 것을 전제로 설한 것이 된다. 중생이 있다고 하여 이것을 경(經)이라고 설하면 육조가 중생이 되는 오류를 범할 수도 있게 되는 것이다.
혜능은 모두가 항상 청정한 불성(佛性)을 가지고 있는 것(無念)이기에 허공에서 망념을 찾아내어 오염시킬 필요가 있는가라는 입장이다.
그러므로 청정하게 생활하면 처처가 불국토가 되는 것이라고 하고 있는 것이다.
이 부분이 북종과 남종을 구분하는 것인데 북종선이라고 하고 남종선이라고 하면 간심간정(看心看淨)과 본래무일물(本來無一物), 불성(佛性)청정(淸淨)이 차별 되는 것이다.
가상적으로 긍정적인 면에서 신수와 혜능을 모두 인정하여 본다면 북종선은 망념을 자각하여 돈오만 하면 망념을 벗어나 부처가 되는 것이기에 마음이 부처가 되는 선수행법이라고 할 수 있고, 남종선은 모든 것이 항상 청정한 불성(佛性)을 가지고 있기 때문에 만법이 청정한 선(禪)수행이므로 만법일여가 되는 수행법이 되고, 조사선은 평상심시도라는 진여지혜의 선생활을 몰종적으로 실천하는 것이 된다.
여기에 한 가지를 더 부연하면 신회(神會, 684-758)는 일물(一物)을 자신의 불성(佛性)이라고 하여 서자가 되고, 회양이 무일물이라고 하여도 적중하지 않다고 하여 적자가 된 이것으로 남종선과 조사선의 차이라고 하여 후대에는 회양을 적자(嫡子)라고 기록하고 있다.

※ 명경본청정(明鏡本淸淨), 하처염진애(何處染塵埃): 이 게송은 앞

의 게송에서 불성(佛性)을 명경(明鏡)이라고 한 것이다.

앞의 게송과 같은 것이고 앞의 구절은 신수의 게송인

"신시보리수(身是菩提樹), 심여명경대(心如明鏡臺).

육신은 깨달을 수 있는 근본이고, 마음은 명경대에 있는 밝은 거울과 같은 것이네."에서 심(心)과 신(身)만 혜능의 게송에서 바꾸어

"심시보리수(心是菩提樹), 신위명경대(身爲明鏡臺). 불심(佛心)이 바로 깨달음의 근본이고, 법신(法身)은 명경대의 밝은 거울과 같은 것이네."라고 기록한 것이다.

『조당집』 권2 홍인장 에서 신수의 게송은

"身是菩提樹, 心如明鏡臺. 時時懃拂拭, 莫使有塵埃."라고 돈황본과 같이 기록하고 있으며,

혜능의 게송은

"身非菩提樹, 心鏡亦非臺. 本來無一物, 何處有塵埃."라고 기록하고 있다.

그리고 『조당집』 18권 앙산장에는

"菩提本無樹, 明鏡亦非臺. 本來無一物, 何處有塵埃."라고 기록하고 있다.

이 게송이 이와 같이 시대에 따라 변화를 보이는 것은 조사선의 관점에서 견해의 차이 이다.

이 『단경』의 기록이 후대에 조사선으로 변화하는 단계에서 기록 되었을 것으로 보는 것이 좋을 것이나 정확한 역사의 기록이 나오면 이런 추측은 필요 없는 것이고 사상의 변화를 파악할 수 있는 것이다.

10. 혜능을 육조(六祖)로 인가하다

五祖夜知[至]三更, 喚惠能堂內, 說金剛經. 惠能一聞, 言
下便伍[吾](悟). 其夜受法[法受], 人盡不知, 便傳頓法[敎]及
衣. 汝[以]爲六代祖, 衣將[將衣]爲信稟, 代代相傳, 法以心傳
心, 當令自悟.

五祖言惠能. 自古傳法, 氣如懸絲, 若住此間, 有人害汝,
汝卽須速去.

오조(五祖)화상(和尙)께서는 모두가 잠든 한 밤중이 되자
혜능을 자기가 거처하는 조사당 안으로 불러서『금강경』의 대
의(大意)를 설명하여 주었다.

혜능이 자세하게 듣고는 언하(言下)에 바로 불법(佛法)의
대의(大意)를 깨닫게 되었다.

그리고 그날 밤에 오조(五祖)께서 혜능을 인가(認可)하셨는
데 사람들이 아무도 알지 못하게 바로 돈교의 법과 법의(法
衣)를 전해주시고는 다음과 같이 말씀하셨다.

그대를 육대(六代)의 조사(祖師)로 인가(認可)하니 이 법의(法
衣, 가사)를 신표(信標)로 삼고 대대로 서로 서로 전하여야 한다.

그리고 불법(佛法)은 이심전심(以心傳心)으로 전하고 마땅
히 자신이 깨달아야 하는 것이다.

오조(五祖)께서 혜능에게 말씀하셨다.

옛날부터 법을 전해 받으면 목숨이 실낱과 같이 위험하여서 만약 이곳에 같이 산다면 어떤 사람이 그대를 해칠 것이므로 그대는 반드시 바로 빨리 떠나야 한다.

※ 오조(五祖)께서 『금강경』의 대의를 설하고 육조(六祖)께서 이심전심으로 돈오하여 인가를 받고는 신표로 가사를 받아서 대대로 전하여 증표로 하라고 하신 것은 신수(606-706)의 북종(北宗)을 겨냥한 것이다. 목숨이 실낱같다고 한 것은 그 시대의 정치적인 상황을 의미한다고 볼 수 있다.

불교의 교단 내에서 서로의 이기심 때문에 이와 같은 말을 한 것이라면 수행승이라고 할 수 없는 것이 되고, 또 홍인대사의 제자들을 바보로 만든 이와 같은 일을 한 것을 보면 이 경을 편집한 사람이 개인이라고 하기 보다는 큰 세력에 의하여 만든 것이라고 생각하게 되는 것이다.

홍인대사를 바보로 만들고 자신들이 홍인대사를 이용한 이유는 자신들은 정법(正法)을 계승한 사람이 되고 나머지의 사람들은 정법(正法)을 모르고 자신들에게 배워야하는 사람들로 만든 것이 된다.

자신들이 위대한 사람이라는 것을 나타내려는 의도와 자신들의 단체를 강화하려는 이유 때문에 이와 같은 일을 했다고 볼 수도 있지만 돈교로 제도하고 전등하려는 보살도라고 하면 명분은 있는 것이다.

그러나 실제로 불법(佛法)은 이심전심이고 염화미소이므로 전하고 받을 수 있는 것이 아니고 많은 사람들이 있는 곳에서 정법(正法)을 전하더라도 받는 사람은 석가모니불께서 가섭에게 전한 것처럼 염화미소가 되는 것이기에 누구에게 전했다고 말한 것은 종단의 단체에서 대표자를 지정하였다는 것이 되는 것이고 전등을 강조한 것이다.

단체의 대표자를 중요시 하였다고 하면 명예나 부(富)를 탐하는 속인이 되는 것이므로 신수가 아무도 모르게 한 것이다.

홍인의 제자나 홍인을 바보로 만든 것이 이것 때문인 것이고 승단을 무력화하려는 의도가 잠재해 있었던 것 때문에 자신들을 희생했다고도 볼 수 있는 내용이 되므로 정치권력에 이용당하면서 불법(佛法)을 수호하고 전등하려고 자신들을 희생했다고 볼 수도 있는 것이다.

能得衣法, 三更發去, 五祖自送能, 於[生](至)九江驛. 登時便[別悟(五)祖處分, 汝去努力, 將法向南, 三年勿弘此法. 難去[(起)]在(已)後弘化. 善誘迷人, 若得心開, 汝[与]悟無別. 辭違已了, 便發向南.

혜능이 의법(衣法, 가사와 佛法)을 체득하여 전해 받고는 아무도 모르게 밤중에 출발하게 되니 오조(五祖)께서 자신이 직접 혜능을 보내주기 위하여 구강(九江)의 나루터 역까지 전송하여 주셨다.

배에 오를 때에 바로 오조(五祖)화상께서 지시하여 말씀하시기를, "그대는 가서 힘을 다하여 불법(佛法)을 홍포하되 마땅히 법을 가지고 남쪽으로 가서 3년간은 이 법을 홍포하지 말아야 한다. 법난이 일어나 법난이 끝나고 나면 널리 행화(行化, 교화)하라.

미혹한 중생들을 불법(佛法)으로 인도(引導)하여 만약에 마음의 문(門)이 열리면 그대의 깨달음과 차이가 없게 되는 것이다."라고 하셨다.

혜능은 오조(五祖)화상(和尙)을 하직하고는 바로 남쪽으로 출발하였다.

※ 신표와 불법(佛法)을 인가해주고는 안전한 곳으로 보내야 하는 상황은 오조께서도 시절을 기다렸다고 볼 수도 있고, 이 『단경』의 작자가 3년이란 기간을 조작하였다고도 볼 수 있다.

그리고 법난이 일어나서 자신이 육조를 보호하지 못하는 상황에서 혜능의 목숨이 아니라 불법(佛法)이 왜곡되는 것을 현사(懸絲)와 같다고 한 것 같다.

그러므로 미혹한 중생도 깨달으면 부처와 아무런 차별이 없다고 강조하고 있는 것이다.

가사나 오조, 육조라고 하는 것은 불법(佛法)의 종단을 계승하려는 방편이고 반야바라밀법을 설하여 중생을 교화하고자 하는 자비심을 강조하시고 있는 대목이라고 할 수 있다.

이 경을 제작한 연대를 정확하게 알 수 없지만 이 내용으로 봐서 법난(法難)이 일어나고 나서 만들었다고 생각할 수 있는 것이다.

불법(佛法)을 수호하고 전등하려는 선인들의 노력이 얼마나 간절하였는지를 구구절절이 묻어나는 대목들이다.

요즘도 자유와 평등이라는 말은 참으로 좋으나 실천하려고 하면 자신이 희생하지 않으면 이루어질 수 없다는 것 때문에 자신들이 타인에게 강요만 하고 진정으로 자신들은 자유와 평등이라는 지식의 속박에서 벗어날 수 없게 되는 것이다.

모든 사람들이 자유와 평등을 누리면서 불국토에서 살기를 바라는 것이 부처의 원력이고 자비심인 것이다.

兩月中間, 至大庚(庾)嶺, 不知向後, 有數百人来, 欲擬頭[捉]惠能, 奪於(衣)法. 来至半路, 盡總却迴, 唯有一僧. 姓陳名惠順, 先是三品將軍, 性行麁惡, 直至嶺上, 来趁把着. 惠能即還法衣. 又不肯取, 我故遠来, 求法, 不要其衣. 能於嶺上, 便傳法惠順. 惠順得聞, 言下心開. 能使惠順, 即却向北化人来.

(오조를 하직하고 남쪽으로 향한지) 두 달 정도 되어 대유령(大庾嶺)에 도달하였는데 나는 수백 명의 사람들이 나를 잡

아서 의법(衣法)을 탈취하려고 했던 사실을 알지 못했다.

사람들이 오다가 중간쯤에서 모두 다 되돌아가고 오직 한 스님만 남게 되었다. 성(姓)이 진(陳)씨이고 이름은 혜순(惠順)이라는 사람으로 이전에는 삼품(三品)장군출신이고 성질(性質)은 추악(麁惡)한데 대유령(大庾嶺)정상까지 따라와서 나를 붙잡게 되었다.

그래서 혜능이 바로 법의(法衣, 가사)를 주었지만 받지 않고 말하기를 내가 멀리 이곳까지 따라온 것은 불법(佛法)을 구하기 위한 것이지 그 가사가 필요한 것은 아니라고 했다.

혜능(慧能)이 대유령(大庾嶺)에서 바로 혜순(惠順)에게 불법(佛法)을 전수(傳授)하여 주었다.

혜순(惠順)은 불법(佛法)의 가르침을 듣고 바로 언하(言下)에 마음이 열리게 되었다.

혜능은 혜순에게 바로 북쪽으로 돌아가서 사람들을 행화(行化)하게 하였다.

※ 불법(佛法)이란 주고받는 것이 아닌데 신표로 삼는 물건에 대한 집착을 하면 탐욕(貪慾)이 되는 것이다. 그리고 신수(606-706)와 혜능이라는 이름으로 불법(佛法)에 대한 견해의 차이를 구분하여 남북으로 갈라놓은 것은 그 시대의 문제점일 것이다.

육조(六祖)를 대표로 인정하기 위하여 증표를 주어 남종을 지키려고 했던 것이 오히려 여러 문제를 야기 시킨 것이다.

이것은 지금도 명예와 부에 대한 집착으로 서로 간에 다툼이 있는 것과 같은 것으로 그 시대에도 이와 같은 신표에 대한 집착이 많았던 것으로 보인다.

여기에서 의법(衣法)을 탈취하기 위하여 많은 사람들이 온 것도 결국은 가사에 목적이 있었지만 혜순이 말하고 있는 내용은 가사가 아니라 불법(佛法)을 체득하고자 하는 것이다.

궁극적인 것은 불법(佛法)을 체득하는 것이 중요한 것인데 이것역시 주고받는 것이 아니라고 여기에서 말하고 있다.

미혹한 사람도 깨달으면 입산한지 1년 정도 되는 혜능과 홍인이 같게 되고 혜능이 교화한 혜순도 같게 되어 모두 같게 된다는 것을 말하고 있는 것이다.

이것은 실제로 혜능과 혜순은 자신의 본성을 불법(佛法)에 맞게 알고 있었지만 인가를 받고 받지 않은 것을 의심하고 있었다는 것은 구경에는 자신이 불법(佛法)을 정확하게 깨닫지 못했었는데 스승의 인가증명을 받아야 한다는 사실을 강조하고 있는 것이 된다.

그 스승이 오조(五祖)나 육조(六祖)이어야 하므로 스승을 인정하는 단체나 국가적인 정치신앙이 담겨 있는 것이다.

특히 당나라에서는 국가가 주관하는 일이기에 더욱더 자기네들의 입맛에 맞게 해야 하는 것이 된다.

이것을 비유하여 보면 일자(一字) 무식(無識)의 혜능이 인가를 받고 8개월 만에 조사가 되어 인가를 하여주는 사람이 될 수 있다는 것은 어느 누구라도 조사(祖師)나 부처가 될 수 있다는 것을 공표(公表)하는 것이고 국가적으로 보면 정통성이 없는 사람도 왕이나 황제가 될 수 있다는 것을 작자가 암시하고 있는 것이다.

그리고 이것은 어느 누구나 조사(祖師)가 될 수 있지만 인가증명을 받아야 하는 것이 되므로 왕이나 황제도 이런 인가증명서를 아무도 모르게 삼경(三更)에 받아야 하는 것이 된다.

결국은 종교가 신표나 단체 때문에 모두가 위험한 일을 당하게 되는 것이며 실제로는 불법(佛法)때문에 위험이 있는 것은 아닌 것이 된다.

그러므로 여기에 있는 반야의 불법(佛法)을 알아내어 교화하는 것이 중요한 것인데 엉뚱한데 마음을 두면 달을 지시하는 손가락만 중요하게 여기게 되는 것이다.

　모든 것이 방편법문이라는 사실을 잘 알고 이『단경』의 본질을 오도하지 말아야 하고, 이『단경』을 설하고 또 사람들이 연구하고 보존하려고 노력한 선인들의 본질이 구경에는 전등이라는 사실을 우리들은 명확하게 알아야 하는 것이다.

Ⅲ. 육조(六祖)의 개당설법(開堂說法)

11. 육조로서 남종돈교인 평등한 불성(佛性)의 지혜를 설하다

惠能来衣[於(依)]此地, 与諸官尃寮[(僚)]道俗, 亦有累劫之因.
教是先性[(聖)]所傳, 不是惠能自知. 願聞先性[(聖)]教者,
各須淨心聞了. 願自餘[(除)]迷, 於[如]先代悟. 下是法.
　惠能大師喚言善知識. 菩提般若之知[(智)], 世人本自有之.
即緣心迷, 不能自悟, 須求大善知識, 示道見性. 善知識, (愚
人智人, 佛性本無差別, 只緣迷悟不同, 所以有愚有智)[愚人
知人, 仏性本亦無差別, 只緣迷悟, 迷即為愚]遇, 悟[即成智.

　혜능이 이곳으로 오게 되어 모든 관리와 도사(道士)및 일반인
들에게 불법(佛法)을 설하는 것은 또 여러분들이 본래부터
가지고 있는 본성(本性)이 있기 때문이다.
　이 불법(佛法)의 가르침은 본성(本性)을 깨달은 조사(祖師)
들로부터 전해 받은 것이지 혜능이 스스로 만든 것은 아닙니다.
　그러므로 이 본성(本性)의 가르침을 듣기를 원한다면 각자가
반드시 청정한 마음으로 들어야 선성(先聖, 조사와 부처)과
똑같이 요달하게 됩니다.

그렇게 하여 자신들은 남아 있는 미혹을 청정하게 하면 이전의 조사(祖師)들과 똑같이 깨닫게 되는 것입니다.

이 아래부터는 혜능이 불법(佛法)을 설한 것이다. (下是法)

혜능대사께서 선지식들이시여! 부르면서 말씀하셨다.
보리반야의 지혜는 세상에 있는 사람들이라면 모두가 본래부터 자신들이 모두 가지고 있는 것이다.
그렇지만 마음이 망심(妄心)으로 미혹하여 자신들이 깨달아 알지 못하게 되면 반드시 위대한 선지식에게 물어서 선지식이 제시한 가르침으로 자신의 본성(本性)을 친견해야 하는 것이다.
선지식들이시여! 본성(本性)을 친견하면 부처의 지혜를 성취하게 됩니다.
(어리석은 사람이나 지혜로운 사람이나 모두가 가진 불성(佛性)은 본래부터 차별이 없는 것이고, 단지 결과적으로 미혹하고 깨달음의 차별만 있을 뿐입니다.   그리하여 어리석고 지혜로운 사람이 있게 되는 것입니다.)
(愚人智人, 佛性本無差別. 只緣迷悟不同, 所以有愚有智)
[어리석은 사람이나 지혜로운 사람이나 모두가 가진 불성(佛性)은 본래부터 있는 것이고 역시 차별이 없는 것이다.
그렇지만 다만 결과적으로 보면 미혹하고 깨달음만 있는 것으로 미혹하면 어리석다고 하는 것이고 본성(本性)을 친견하면 부처의 지혜를 성취하게 된다고 하는 것입니다.]

66

[愚人知人, 仏性本亦無差別, 只緣迷悟, 迷即爲愚]遇, 悟[即]成智.

※ 제관료도속(諸官僚道俗): 모든 관료나 도속이라고 한 것은 국가에서 관장했다는 것을 강조하는 내용이고 자신들의 정통성을 다시 확정하는 말이 된다.
다음에 나오는 누겁(累劫)이나 선성(先聖)이라는 말이 이것을 증명하는 말인 것이다.

※ 누겁지인(累劫之因): 아주 오랜 옛날부터 인연이 있었다는 말이 되어 끊을 수 없는 것이라는 것을 강조하는 말이다.
요즈음 말하는 깨닫지 못하면 영혼이 윤회한다고 하는 신앙을 대입시키면 문제는 배가 산에서 다니는 문제가 있게 되지만 이것을 벗어나서 보면 어느 누구나 자신의 본성(本性)이 있다는 것이 된다.

※ 선성소전 불시혜능자지(先性[聖)]所傳, 不是惠能自知): 불법(佛法)의 가르침은 혜능자신이 만든 것이 아니고 본성을 자각한 조사(祖師)들이 전한 것으로 정통성이 있다는 것을 말하는 것이 된다.
불성(佛性)이나 본성(本性)은 원래부터 주고받는 것이 아니기에 자신이 자각(自覺)해야 한다는 것을 혜능도 강조하는 것이 된다. 그렇지만 지금까지의 내용은 혜능이 직접 설법한 것이 아니라고 여기에 기록하고 있다.
그러므로 당나라에서 조사가 탄생했다는 것을 강조하는 것이 되고 자신들도 최고의 지위에 있고 정통성이 있다는 것을 말하는 것이 된다.
혜능의 설법은 어느 누구에게나 가능한 설법이므로 남녀노소 관료도속이나 누겁(累劫)의 인연이라는 말을 하지 않아도 되는 것이다.
오로지 자신이 가진 본성을 자각하여 청정한 부처로 살아가기만 자비심으로 발원할 뿐이다.
사랑에는 국경이 없다는 말을 하듯이 인간의 본성(本性)에는 국경이나 종교(種敎)에 차별이 없다는 것을 천상천하유아독존(天上天下唯我

獨尊)으로 설하고 있는 것이다.

인간의 본성(本性)은 본래부터 청정하여 선악(善惡)에 물들지 않으면 항상 청정하다는 것을 자각하게 되고, 진여의 지혜로 탐진치에 오염되지 않고 계정혜에 맞게 실천하기만 하면 되는 것이다.

※ 보리반야지지(菩提般若之智): 진여의 지혜라는 것은 모든 사람들이 본래부터 가지고 있는 것인데, 망념으로 인하여 자신의 망념을 제거해야 하는 것으로 자각하지 못하면 미혹하게 되고 자각하면 깨닫게 된다고 하고 있다.

즉 본성(本性)은 어느 누구나 평등하게 있는 것인데 이것을 친견하는 지혜가 없는 것을 미혹하다고 하고 이것을 돈오(頓悟)하면 불성(佛性)을 친견하여 부처의 지혜를 이루게 되는 것이다. 이것이 남종돈교라고 하는 것이다.

자신의 본성(本性)을 친견하지 못하고 탐진치에 오염되어 있으면 중생이라고 하고 이것을 친견하면 보살의 지위에 들어가게 되는 것이다.

12. 정혜(定慧)로 불성(佛性)을 친견하는 지혜를 설법하다

善知識, 我此法門, 以定惠爲本. 第一勿迷, 言惠定(定慧)別. 定惠躰一不二, 即定是惠躰, 即惠是定用, 即惠之時定在惠, 即定之時惠在定.

善知識, 此義即是(定)惠苐. 學道之人作意, 莫言先定發惠, 先惠發定, 定惠各別. 作此見者, 法有二相, 口說善心不善, 惠定(定慧)不苐. 心口俱善, 內外一衆種[一種], 定惠即苐等. 自悟修行, 不在口諍. 若諍先後, 即是[迷](同迷)人, 不斷勝負, 却生法我, 不離四相.

선지식들이시여! 내가 설하는 이 법문(法門)은 정혜(定慧)를 근본으로 하는 것인데 어리석게 지혜(智慧)와 선정(禪定)이 다르다고 말하지 말아야 한다.

정혜(定慧)의 본체는 같은 것으로 다른 것이 아니다. 곧 선정은 지혜로 살아가는 근본이므로 지혜는 선정(禪定)에 의하여 사용해야 하는 것이고, 지혜로운 생활을 하는 것은 선정(禪定, 空)에서 지혜를 사용해야 하는 것이며 지혜를 선정(禪定)없이 사용하면 외도가 되는 것이다. ※(즉 지혜는 선정에 있는 것이다.)

선지식들이시여! 이와 같은 것을 진여의 지혜라고 하는 것입니다. (정혜가 동등하다고 하는 것이다.)

수행자들이 자기 멋대로 의지(意旨)를 조작(造作)하여 선정(禪定)을 먼저 해야 지혜가 발동하고 또 먼저 지혜가 있어야 선정이 나온다고 하면 정혜가 각각 다른 것이라고 말하는 것이 됩니다.

이와 같이 다른 것이라고 주장하게 되면 불법(佛法)을 차별하게 되어서 입으로는 마음이 선(善)해야 한다고 말하면서도 행동은 나쁜 짓을 하는 것과 같게 되어 정혜(定慧)가 다르게 되(어 외도의 정혜가 되)는 것이다.

마음으로 말하는 것이 모두 선(善)해야 본심(本心)으로 바른 행동을 하는 것과 같이 내외(內外)가 하나가 되어야 이중성이 없는 정혜(定慧)가 평등하게 되는 것이다.

그러므로 자신이 깨달아서 수행해야 하는 것이고 입으로 논쟁하는 것이 수행이 아닌 것이다.

만약에 진여의 지혜가 없이 논쟁을 하게 되면 미혹한 사람과 같게 되어 승부(勝負)가 끊이지 않게 되는 것이다. 그리고 법아(法我)가 생기게 되어『금강경』에서 설하는 사상(四相)[1]을 벗어나지 못하게 되는 것이다.

---

1) 사상(四相); 아상, 인상, 중생상, 수자상
　1. 無我相者, 色受想行識空也.: 아상(我相)이 없다는 것은 색수상행식 즉 오온이 공(空)이라는 것이다. 오온인 자신만의 신령한 마음이 존재한다고 하는 것을 아상(我相)이 있다고 하는 것이 아상(我相)이다.
　2. 無人相者, 四大不實, 終歸地水火風也.: 인상(人相)이 없다고 하는 것은 지수화풍으로 이루어진 우리의 육신이 실제(實際)로 존재하는 것이 아니고 끝내는 지수화풍으로 돌아가는 것을 말하는 것이다. 즉 자신의 육신(六身)은 영원하지 않다는 것이고 불멸(不滅)하는 자신만의 특별한 존재도 없다는 것이다. 사대(四大)의 육근(六根)이 영원하게 존재하여 죽지 않는 목숨이 있다고 생각하는 것을 인상(人相), 명상(命相)이라고 한다.

※ (정이 먼저이고 혜가 먼저라고 하면 공(空)의 도리를 알지 못하는 것이다.)

※ 정혜(定慧): 정혜(定慧)는 계정혜(戒定慧)라는 삼학(三學)을 신수(606-706)의 제자와 선문답하여 북종선의 삼학(三學)을 마음을 청정하게 실천하는 것이라고 하며 남종선의 삼학(三學)은 본성(本性)이 본래 청정한 불성(佛性)이므로 자신의 본성(本性)이 청정하다고 아는 지혜를 구족하여 실천하는 것을 남종선이라고 설하고 있는 것이다.

여기에서 주장하는 정혜가 동등한 하나라는 것은 자신의 불성(佛性)을 자각하는 지혜는 진여의 지혜가 되어야 하는 것이고 다르게 말하면 불성(佛性)의 지혜, 본성의 지혜가 아니라면 정혜(定慧)나 체용(體用)을 말할 필요도 없고 일행삼매가 이루어지지 않는 것이 된다.

그러므로 계정혜의 삼학(三學)을 주장하는 것은 불법(佛法)의 계행이 없으면 부처가 아닌 외도가 되기 때문이다.

즉 이『단경』에서 주장하는 무상계(無相戒)가 유상계(有相戒)가 되면 선(禪)이 아니고 교(教)가 되는 것이다.

정혜(定慧)가 하나가 되지 않으면 지혜에 의하여 탄생한 부처가 없게 되고 사도(邪道)가 되므로 정혜(定慧)일체(一體)가 되어 진여의 지혜로 실천해야 하는 것이다.

『大般涅槃經』卷30「師子吼菩薩品11」(『大正藏』12, 547쪽. 상11.):「若三昧多者則修習慧. 若慧多者則修習三昧. 三昧慧等則名為捨. 善男子, 十住菩薩智慧力多三昧力少, 是故不得明見佛性. 聲聞緣覺三昧力多智慧力少, 以是因緣不見佛性. 諸佛世尊定慧等, 故明見佛性了了無礙.」

---

3. 無衆生相者, 無滅生心也.: 중생상이 없다는 것은 생멸하는 마음도 없다는 것이다. 즉 무엇을 반복하여 자기 합리화하려는 마음도 없다는 것이다. 자신의 아상(我相), 인상(人相)을 계속하여 존재한다고 합리화하는 생멸의 마음인 중생심이 없는 것을 무중생상이라고 한다. 그러므로 계속하여 합리화 하며 반복하는 것을 중생이라고 한다.

4. 無壽者相者, 我身本無, 豈有壽也.: 수자상(壽者相)이 없다는 것은 나의 변화지 않는 고정된 육신이 근본적으로 없으면 어찌 변화하지 않는 목숨이 있을 수 있을 것인가? 자신만의 고정된 신령한 마음과 육신이 존재한다고 고정화되어 있는 것도 없다는 것이다. 자신만의 변화지 않는 영혼이 있다고 생각하는 것이 수자상(壽者相)이다.

※ 법유이상(法有二相): 정혜(定慧)나 체용(體用)을 구분하여 정과 혜로 분리하고 체와 용으로 분리하면 자신의 법(法)에 차별이 생기게 된다고 말하는 것이다.

　물에 비유하면 물을 청정하게 잘 사용하면 되는데 물을 분해하여 수소나 산소로 나누어 사용하면 물이라는 본체는 사라지듯이 정혜도 외도법이 되는 것이다.

　정혜를 가지고 논쟁을 하면 미혹한 중생이 된다고 하면서 정혜를 논하는 것은 『금강경』의 내용과 위배된다고 말하는 것이 된다.

　이것은 신회가 신수를 비판한 것을 혜능의 입을 통하여 신수를 비판하게 한 것이다.

　이 경의 저자는 혜능이 신수를 비판하게 하여 홍인과 신수, 혜능을 바보로 만들고 신회도 바보로 만들면서 자신들이 무슨 짓을 하였을지라도 수행자들은 이 논쟁에 휩싸이지 말고 정혜가 일체(一體)라는 사실을 알고 물을 더 분해하지 말아야 하는 것이다.

13. 정혜로 일행삼매가 되다

一行三昧者, 於一切時中, 行住座[坐]臥, 常真真[行真](行
直)心是. 淨名經云. 真(直)心是道場, 真(直)心是淨土. 莫心
行諂曲[(曲)], 口說法直, 口說一行三昧, 不行真(直)心, 非佛
弟子. 但行真(直)心, 於一切法 无上上, 无 有執着, 名一行三
昧. 迷人着法相, 執一行三昧, 真心(直言)座[坐]不動, 除妄不
起心, 即是一行三昧.

그러므로 일행삼매(一行三昧)라고 하는 것은 일상생활을
하는 행주좌와에서 항상 진여의 지혜로 생활하는 것을 말하
는 것이다. ※(언행일치라는 것이 이것이며 청정하게 공(空)
으로 생활하는 것이다.)

『정명경』에 설(說)하시기를, "직심(直心)이 바로 청정한 수
행도량(道場)이고 직심(直心)으로 생활하는 곳이 바로 청정
한 불국토이다."라고 하신 것이 이것 이다.

일행삼매(一行三昧)가 되지 않고 마음과 행동이 아첨하며
왜곡되어 있으면, 입으로 설하는 불법(佛法)이 아무리 바르고
또 일행삼매를 입으로 아무리 잘 설한다고 할지라도 직심(直心,
진여의 지혜)으로 실행하지 않으면 부처의 제자가 아닌 것이다.

그러므로 단지 직심(直心)으로 실행하여 자신의 일체법에
서 망념으로 집착함이 없는 것을 진심(眞心)이라고 하며 일행

삼매(一行三昧)라고 하는 것이다.

미혹한 사람들은 법상(法相, 청정한 본질, 만법, 법의 본성, 자신의 일체법)에 집착하며 일행삼매(一行三昧)가 되어야 한다고 고집하고, 진심(眞心, 直心)은 좌선하면서 움직이지 말아야 한다고 하며, 또한 망념을 없애고 망심(妄心)이 일어나지 않게 하여야 일행삼매(一行三昧)가 된다고 하고 있는 것이다.

若如是, 此法同無淸[(情)], 却是障道因緣. 道順[(須)]通流, 何以却滯. 心住在[在住]即通流, 住即彼縛(<u>心不住法, 道即通流. 心若住法, 名爲自縛. 若言坐不動是, 只如舍利弗, 宴坐林中, 不合被維摩詰呵</u>). 若座[坐]不動, 是維摩詰, 不合呵舍利弗, 宴座[坐]林中.

善知識, 又見有人, 敎人座[坐], 看心看淨, 不動不起, 從此置功. 迷人不悟, 便執成顚[倒], 即有數百盤[般], 如此敎道者, 故之[(知)]大錯.

만약에 이와 같이 하여야 한다고 하면 이와 같은 것이 불법(佛法)이라고 해야 하는 것이므로 고정되어 있는 무정물과 같게 되는 것을 부처라고 해야 하는 것이 되어 오히려 수행하는 데 장애가 되는 원인이 되는 것이다.

수도(修道)라고 하는 것은 항상 자연스럽게 생활하는 가운데에 있는 것인데 어찌 도리어 막게 되어 장애가 되면 되겠습니까?

불심(佛心)으로 생활한다고 하는 것은 진여의 지혜로 생활

하는 것을 말하는 것인데, 불심(佛心)에 집착하여 빠지면 그
것에 속박되는 것이다.

(불심(佛心)으로 생활하여 마음이 일체법에 집착을 하지 않
게 되면 유통되는 것이지만, 불심(佛心)으로 법에 집착하게
되면 자신이 자신의 법에 속박되는 것이다.

만약에 앉아서 움직이지 않는 것이 이것과 같이 옳다고 한
다면 단지 사리불이 숲속에서 연좌하고 있는 사리불을 유마
힐이 꾸짖은 것이 불합리한 것이 된다. 「心不住法, 道即通流,
心若住法, 名為自縛. 若言坐不動是, 只如舍利弗, 宴坐林中,
不合被維摩詰呵.」)

만약에 좌선하며 움직이지 않는 것이 이것이라면 유마힐이
숲속에서 연좌하고 있는 사리불을 꾸짖은 것은 불합리한 것
이 되는 것이다.

선지식들이시여 또 어떤 사람들이 좌선하는 법을 가르치는
것을 보면 고요하게 앉아서 자신에게 일어나는 마음을 자세
하게 관찰하게 하고, 청정한 부처인가를 살펴보게 하면서 좌
선하며 움직이지 못하게 하고, 또 마음이 일어나지 않게 하는
이와 같은 것을 공부라고 가르치고 있는 것을 보게 된다.

미혹한 사람들은 깨닫지 못하게 되어 이것을 집착하게 되
고, 전도된 것을 알지 못하고 구원받거나 부처가 된다고 고집
하는 이들이 많게 되는 이와 같은 가르침은 아주 크게 잘못된
것이라는 사실을 알아야 하는 것이다.

※ 일행삼매(一行三昧): 일행삼매라는 것은 일행(一行)이 삼매(三昧)가 되는 것으로 모든 실천이 공(空)이 되어야 불공(不空)으로 생활하는 직심(直心)이 되어 처처가 좌도량이라고 하는 것이다.

정혜일체가 되는 것이 일행삼매이고 진여의 지혜로 생활하는 것의 다른 표현인 것이다.

부처로 살아가는 남종의 수행법을 나타내는 말로서 『유마경』의 유마의 입을 빌려서 북종선을 비판하는 내용을 설한 것으로 즉 망념을 제거한다는 마음조차도 없어야 하는데 자신이 속박되는 것을 수행이라고 하면 잘못된 것이라고 비판하고 있는 것이다.

일행삼매의 실천법을 다음에 나오는 무념, 무상, 무주가 되어야 한다고 강조하고 있으므로 자신이 본심으로 일행삼매의 실천을 무주(無住)가 되어야 하는 것이라고 하고 있는 것이다.

그리고 자신의 본심이 무념(無念)이라는 사실을 자각하는 것이고, 무상(無相)은 자신의 의식에서 자각하는 방법을 설하고 있는 것이며, 무주(無住)를 근본으로 하여야 몰종적의 삶을 살아가는 것이 된다.

※ 미인착법상(迷人着法相 ～～～ 即是一行三昧): 일행삼매를 미혹한 사람들은 자신들이 청정한 불성(佛性)을 가지고 생활하면서도 다시 청정한 것을 찾고 있는 것을 미혹하다고 경책한 것이다.

직심이 도량이라는 유마힐의 입을 빌려서 북종선의 장좌불와하는 좌선법을 비판한 것이고, 망념을 항상 제거하여 망념을 일어나지 않게 하여야 하는 신수의 게송을 정면에서 비판한 것이 된다.

※ 간심간정 부동불기 ～～～대착(看心看淨, 不動不起 ～～～大錯): 북종선은 간심간정(看心看淨)의 수행이며 북종선의 좌선법은 몸을 움직이지 못하게 하고, 또 마음이 일어나지 않게 하는 것을 수행이라고 하니 잘못된 것이라고 비판하고 있는 것이다.

많은 미혹한 사람들이 깨닫지 못하고 도리어 이것에 집착하여 깨닫지 못하게 되어 다음이나 미래에 구원받거나 부처가 된다는 말을 믿게 되는 오류를 범하게 되는 것이다.

중생이 부처가 되게 하여야 하는데 중생을 더욱더 중생이 되게 하는 이것을 크게 잘못된 것이라고 하는 것이다.

즉 북종선의 수행은 자신의 마음을 살펴보아 청정한가를 살펴보고 자신의 마음을 움직이지 못하게 하여 망념이 일어나지 않게 하는 것이므로 오히려 이것이 자신의 수행을 방해하게 되는 것이 된다.

그러므로 남종선은 일행삼매가 되어 무주(無住)의 실천을 해야 한다고 설하고 있는 것이다. 남종선에서 말하는 좌선에서 좌는 대상경계를 대하여도 차별분별의 망념이 일어나지 않는 것이고 선은 자신의 본성이 불성(佛性)이라고 친견하여 여시한 생활을 하는 것이다.

그러므로 마음을 살펴본다고 하는 것이 오히려 장애가 되고 청정하게 해야 한다는 것이 되어 청정하고 살펴본다는 마음 때문에 청정한 물이 오히려 산소와 수소로 분리되어 자신의 본질을 잃어버린 것이 된다는 것을 말하고 있는 것이다.

14. 만법(萬法)의 일행삼매는 등불과 같다

善知識, 定惠猶如何䓁, 如燈光. 有燈即有光, 无燈即无光. 燈是光知[(之)]軆, 光是燈之用. (<u>名</u>雖)[<u>名</u>]即有二, 軆無兩般(體本同一). 此定惠法, 亦復如是.

선지식들이시여! 정혜(定慧)가 무엇과 같은지를 비유하여 보면 등불과 같은 것이다.

등(燈, 부처의 가르침)이 있으면 등은 빛(부처의 가르침으로 생활)이 있어야 하는 것과 같고 등이 없으면 빛이 없는 것과 같은 것이다.

등(燈)은 빛의 근본이고 빛은 등(燈)에 의하여 나타나는 것과 같다는 것을 알아야 하는 것이다.

이름이 정혜나 등불이라고 하는 두 가지가 있지만 이것의 실체는 하나가 되어야 일행삼매를 실천한다고 하는 것입니다.

그러므로 이 정혜(定慧)의 법도 역시 등불과 똑같은 것입니다.

※ 일행삼매(一行三昧)를 정혜와 등불에 비유하여 설한 것으로 정혜가 하나라는 것을 말한 것이다. 그러므로 정과 혜가 동등하지 않으면 불성(佛性)을 친견하지 못한다는 『열반경』의 내용을 등불에다 비유하여 설한 내용이다.

삼매(三昧)나 정(定)을 등(燈)에 비유하여 이것이 많으면 성문이나 연각이고 반대로 지혜나 등불이 많으면 보살이 되어 불성(佛性)을 친견하지 못한다는 경전의 내용을 등불로 비유하여 설한 것이다.

즉 등(燈)에 기름만 많이 가지는 것을 소중하게 하고 불 밝히는 것을 등한시 하면 성문이나 연각이 되는 것이고 불 밝히는 것만 소중하게 하면 보살의 지위라고 하는 것이고 정혜가 동등하다는 것은 청정한 삼매(三昧), 정(定)이 공(空)이라는 것을 말하는 것이고 혜라는 것도 삼매(三昧)나 정(定)에 의한 혜(慧)가 아니면 안 된다고 하는 것이다.

이것을 공(空)과 불공(不空)이라고도 하고 체용(體用)이나 이사(理事), 성상(性相)등으로 표현하기도 하는 것이다.

※ 정혜유여하등 여등광(定惠猶如何等, 如燈光): 정혜는 등광(燈光)과 같은 것이라고 말하는 것이다. 정(定)이 없는 지혜는 지혜가 아니라고 말하는 것이 된다. 등불이라고 하면 등(燈, 등잔, 부처의 가르침)이 있어야 불(光, 빛, 지혜로 생활)이 있게 되는 비유를 말하고 있는 것이다.

등잔만 있고 불이 없다면 등불이라고 할 수 없는 것처럼 정혜(定慧)도 정(定)만 있고 지혜가 없게 되면 쓸모없다는 것이 된다. 지혜도 정(定)이 없는 지혜는 외도가 되는 것이고 진여의 지혜라고 하면 계정혜에 맞는 지혜가 되어야 한다고 말하는 것이다.

정혜는 선정과 지혜라고 표현할 수 있는데 이것을 쉽게 풀이하면 선정(禪定)은 청정한 것으로 공(空)이라고 할 수 있고 지혜는 공(空)에 의하여 나타난 본성(本性)을 자각하여 친견하는 것이다.

본성이 청정하다는 사실을 친견하여 자신이 불행(佛行)을 하고 불도(佛道)를 이루어야 한다고 17단에 설하고 있다.

善知識, 法无頓漸, 人有利鈍. 明[迷](迷人)即漸勸(契), 悟
人頓修. 識自本[心], 是見本住[性]. 悟即元无差別, 不悟即長
劫輪迴.

선지식들이시여! 일체법에는 돈점(頓漸)이 없는 것이지만
사람들이 본성(本性)으로 자각하는데 영리하고 우둔함만 있
는 것이다.

우둔한 사람들은 명확하게 점차적으로 부지런하게 계합하
며 본심(本心)으로 수행하는 것이고, 영리하여 정확하게 아는
사람들은 바로 진여의 본심(本心)으로 수행하게 되는 것이다.

자신이 진여의 본심을 불법(佛法)에 맞게 정확하게 아는 사
람들은 바로 불성(佛性, 本性)을 친견하여 생활하게 되는 것
입니다.

자기의 마음이 불심(佛心)이라는 사실을 깨닫게 되면 원래
차별이 없다는 것을 정확하게 알게 되는 것이고, 자기의 마음
이 불심(佛心)이라는 사실을 깨닫지 못하면 영원히 번뇌망념
으로 삼계(三界)에서 육도(六道)의 생로병사(生老病死)의 윤
회를 벗어나지 못하게 되는 것입니다.

※ 자신의 불성(佛性)을 친견하는 것을 정혜(定慧)가 일치(一致)되어
야 하는 것이라고 하는 것은 자신의 만법(萬法)이 삼매(三昧)가 되지
않으면 우둔한 중생이 되고 자신의 만법(萬法)이 공(空)이 되는 것을
정확하게 알게 되면 깨달았다고 하고, 영리하다고 하며 돈오(頓悟)나

자각(自覺)했다는 표현을 하게 되는 것이다.

등불에 비유한 것도 이와 같아서 본성(本性)이 공(空)이라는 사실을 정확하게 자신이 돈오해야 이제까지 윤회하던 망심(妄心)에서 벗어나 삼계(三界, 욕계는 탐진치의 번뇌가 치성한 세계인 6욕천으로 사왕천, 도리천, 야마천, 도솔천, 화락천, 타화자재천; 색계는 욕계를 벗어난 사선정으로 제행이 생멸하는 세계로 초선천, 범왕천, 제2선천, 제3선천, 제4선천, 무상천, 나함천; 무색계는 제행이 무상(無常)하여 색온이 없는 세계로 공무변처천, 식무변처천, 무소유처천, 비상비비상처천)의 스승이 되는 것이다.

『大般若波羅蜜多經401-600卷』卷570「平等品7」(『大正藏』7, 943쪽. 하10.) : 「著欲界者, 為說熾然(욕망의 불길이 치성) ; 著色界者, 為說行苦(생멸변화하는 것이고); 著無色界者, 為說諸行無常(제행이 무상)」

『佛說如來不思議祕密大乘經』卷13「所緣品15」(『大正藏』11, 734쪽. 중21.) : 「若見眾生著欲界者, 即為宣說逼惱之法. 若見眾生著色界者, 即為宣說諸行苦法. 若見眾生著無色界者, 即為宣說彼一切行無常之法.」

『翻譯名義集』卷3(『大正藏』54, 1095쪽. 하1.) : 「界有二種, 一者十界, 二者三界. 言十界者, 所謂地獄餓鬼畜生修羅人天, 此名六凡, 聲聞緣覺菩薩佛, 此名四聖. 指月鈔問, 十界之名, 有何顯據. 答大論云, 眾生九道中受記, 所謂三乘道六趣道, 是知九道即九界也, 受記作佛, 十界明矣. 二三界者, 一欲界, 欲有三種, 一飲食, 二睡眠, 三婬欲, 於此三事, 希須名欲. 若有情界, 從他化天, 至無間獄. 若器世界, 乃至風輪, 皆欲界攝. 二色界者, 形質清淨, 身相殊勝, 未出色籠, 故名色界. 三無色界者, 於彼界中, 色非有故.」

15. 일행삼매의 실천법을 설하다

善知識, 我自(此)法門, 從上已来, 頓漸皆立, 无念[(為宗)], 无宗, 无相[(為體)], 无躰, 无住[(為本)], 无為本. 何明[名]為(無)相. 无相(者), 於相而離相. 无念者, 於念而不念. 无住者, 為人本性, 念念不住. 前念, 念(今)念, 後念, 念念相讀[(續)], 無有斷絕. 若一念斷絕, 法身即是離色身, 念念時中, 於一切法上无住. 一念若住, 念念即住, 名擊[繫]縛. 於一切法上, 念念不住, 即无縛也. (此是)以无住為本.

선지식들이시여! 내가 설하는 이 법문(法門)은 옛날부터 지금까지 조사(祖師)들께서 방편으로 가르침에 있어서 돈점(頓漸)을 건립(建立)한 것으로 무념(無念), 무종(無宗), 무체(無體), 무주(無住), 무위(無爲)를 근본으로 하는 것입니다.

[(무념을 종지(宗旨)로 하고, 무상(無相)을 본체로 하고, 무주(無住)를 근본으로 하는 것이다.)]

무엇을 무상(無相)이라고 하는가 하면 무상(無相)이라는 것은 일체의 의식하는 상(相)에서 차별분별하는 생각을 벗어나 청정하게 보는 것이다.

무념(無念)이라고 하는 것은 자신의 일체법에서 생각하는 차별 분별의 망념(妄念)이 없는 것이다.

무주(無住)라고 하는 것은 사람이 본성(本性)으로 살아가는 것을 말하는 것으로 항상 집착에 머무르지 않아야 하는 것이다.

즉 이전의 생각과 지금의 생각 그리고 이후의 생각이 서로 이어지는데 하나의 생각에 집착하여 머물러서 단절되어 끊어지는 것이 없어야 하는 것을 무주(無住)라고 하는 것이다.

만약에 한 생각이라도 단절되어 다른 집착에 빠진다면 바로 자신의 법신(法身)은 자신을 벗어나게 되므로 항상 생각할 때마다 자신의 일체법에서 무주(無住)가 되어야 하는 것이다.

한 생각이라도 만약에 집착하게 되면 생각할 때마다 집착하게 되는 것을 이름 하여 계박(繫縛)이라고 하는 것이다.

자신의 일체법에서 항상 집착하지 않는 것을 속박됨이 없는 해탈이라고 하는 것이다.

그래서 이것이 무주(無住)를 근본으로 한다고 하는 것입니다.

※ 염념부주, 즉무박야(念念不住, 即无縛也): 무주(無住)로 살아가는 방법은 자신의 일체법에서 해탈(解脫)해야 하는 것이다.

자신이 해탈하는 법은 자신이 알고 있는 집착에서 벗어나 지금 여기에서 현재에 살아가야 하는 것이다.

현재에 산다는 것은 계정혜에 맞는 일행삼매의 생활이 되어야 하는 것을 자신이 무념(無念), 무상(無相), 무주(無住)가 되어 항상 상속(相續)해야 한다고 자세하게 설명하고 있다.

善知識, 外離一切相, 是無相. 但能離相, 性躰清淨是, 是以
无相為躰. 於一切鏡[(境)]上不染, 名為无念. 於自念上離鏡
[(境)], 不不[不]於法上念生. 莫百物不思, 念盡除却. 一念斷
即无(一念絶即死), 別處受生.

學道者用心, 莫不息[識]法意. 自錯尚可, 更勸他人迷. 不白
[自]見迷, 又謗經法. 是以立无念為宗.

即緣名[(迷)]人於鏡[(境)]上有念, 念上便去[(起)]邪見. 一
切塵勞妄念(相), 從此而生. 然此教門, 立无念為宗.

世人離見, 不起於念. 若無有念, 无念亦不立. 无者无何事,
念者(念)何物.

无者, 離二相諸塵勞, (念者念眞如本性). 真如是念之躰,
念是真如之用. 姓[(性)]起念, 雖即見聞覺之[知], 不染万鏡
[(境)], 而常白[自]在. 維摩經云.[2] 外能善分別諸法相, 內於第
一義而不動.

선지식들이시여! 자신이 밖으로 일체의 상(相)에 대한 차별
분별을 벗어나 청정하게 대상경계를 보는 것을 무상(無相)이
라고 하는 것이다.

그러므로 단지 대상경계에 대한 차별분별만 하지 않는다면
본성의 본체(本體)는 원래 청정한 것이 되므로 이것으로 인하
여 무상(無相)을 본체(本體)로 한다고 하는 것이다.

---

2) 『維摩詰所說經』 卷1 「佛國品」 1(『大正藏』 14, 537쪽. 하13.) : 「能善分別諸法相,
於第一義而不動.」

자신이 일체의 대상경계를 차별분별하는 망념(妄念)이 없는 것을 무념(無念)이라고 하는 것이다.

그러므로 자신이 생각하면서 대상경계를 차별분별하지 않으면 자신의 일체법에는 망념이 없이 청정하게 되는 것이다.

온갖 생각을 하지 않아야 망념(妄念)이 다하여 없어진다고 생각하지 말아야 한다.

하나의 생각이 단절되는 것을 망념이 없다고 하지만 바로 없다고 하는 그곳에서 바로 망념(妄念)의 생각은 생겨나게 되는 것입니다.

수행자들은 이것을 항상 마음에 간직하여서 불법(佛法)의 의지(意旨)를 잘 알지 못하면서 자신이 착각하여 다시 타인을 미혹하게 하지는 말아야 하는 것이다.

자신이 미혹한 것을 알지 못하니 외도(外道)가 되고 또 경전과 불법(佛法)을 비방하고 있는 사도(邪道)가 되는 것이다. 그러므로 무념(無念)을 세워 종지(宗旨)로 삼아야 하는 것이다.

우둔한 사람들은 대상경계를 대하면 온갖 차별분별하는 생각을 하는데 이런 생각을 하는 것이 바로 사견(邪見)인 것이며, 일체의 번뇌망념이라는 것은 이와 같이하여 생기는 것이다.

그러므로 이 법문에서는 무념(無念)을 세워 종지(宗旨)로 하는 것이다.

세속의 사람들은 사견(邪見)을 버리려고 하고 망념(妄念)이 일어나지 않게 하려고 한다.

그러나 만약에 망념(妄念)이 없다고 한다면 무념(無念)이라는 말도 역시 할 필요가 없는 것입니다.

(무념에서) 무(無)라고 하는 것은 무엇을 없다고 하는 것이며, 생각(念)한다고 하는 것은 무엇을 생각한다고 하는 것인가 하면, 무(無)라고 하는 것은 차별분별하는 모든 번뇌망념이 없는 것이고, (생각한다고 하는 것은 청정한 진여 본성(本性)으로 생각한다는 것이다.)

진여본성은 생각하는 본체가 되는 것이고, 생각하는 것은 진여본성으로 행하는 것이 된다.

진여본성(本性)으로 생각하기만 하면 비록 대상경계를 견문각지(見聞覺知, 보고, 듣고, 깨닫고, 알고)하더라도 온갖 대상경계를 만나더라도 오염된 망념으로 생각하지 않게 되니 어디에서나 항상 자유자재하게 생활할 수 있는 것이다.

『유마경』에 말씀하시기를, "밖으로는 능히 자신이 모든 일체법으로 아는 모습(相)들을 본성(本性, 空)으로 분별해야 하고, 안으로 진여본성은 항상 움직이지 않아야 한다."고 하셨다.

※ 무념(無念), 무주(無住), 무상(無相), 무종(無宗), 무체(無體), 무위(無爲)를 설명하여 모든 사람들은 불성(佛性)으로 자유자재하게 생활해야 한다고 설하고 있다.

무념(無念)이란 경계를 만나더라도 망념이 없어야 하는 것이고, 무주(無住)란 진여본성으로 살아가면서 경계에 집착이 없는 것이며, 무상(無相)이란 대상경계를 차별분별하지 않는 것을 말하는 것이다.

그리고 자신의 본성(本性)이 항상 청정하다는 것을 친견하여 본성(本

性)과 대상경계가 삼매가 되어야 하는 것이라고 강조 하고 있는 것이다.

즉 일행삼매가 되어야 한다는 것이고 일행삼매가 되는 법은 [일행(一行)이라는 진여본성으로 행한다는 것이] 대상경계를 대할 때에 무념(無念), 무상(無相), 무주(無住)가 되어야 공(空)이 되고 삼매(三昧)가 되어 진여본성으로 몰종적의 삶을 살아가게 된다고 하는 것이다.

또 무념(無念)이란 진여본성과 똑같이 생각하는 것이므로 진여의 지혜이고, 무상(無相)은 진여의 지혜로 생활하는 것을 말하는 것이고, 무주(無住)는 진여의 지혜로 생활하되 몰종적으로 살아가는 것을 표현한 것이다.

그러므로 이것을 자신의 일체법에 계박(繫縛), 속박(束縛)이 없는 자유자재한 생활이라고 하는 것이다.

※ 성기념(性起念): 자성이 생각하고, 진여자성이 생각을 일으킨다고 하는 것은 진여자성이 혼자서 생각한다고 할 수 있지만 진여본성(本性)으로 생각한다고 하면 공(空)으로 생각하는 것이 된다. 그러므로 진여자성으로 생각하여야 하는 것이다.

이것을 진여자성과 생각을 분리하게 되면 정혜나 등불을 정(定)과 혜(慧)로 등잔과 불로 분리하는 것이 되므로 불법(佛法)과는 맞지 않게 되는 것이다.

일행삼매를 말하면서 이것을 분리하면 물을 분리하여 산소와 수소를 물이라고 하는 것과 같은 것이 된다.

16. 북종선의 좌선법인 간심간정(看心看淨)을 비판하다

善諸[(知)]識, 此法門中座(坐)禪, 元不着心, 亦不着淨, 亦不言動(亦不是不動).

若言看心, 心元是妄, 妄如幼[幻]故, 无所看也. 若言看淨, 人姓[(性)]本淨[躰], 為妄念故, 蓋覆真如, 離妄念本姓[(性)]淨. 不見自姓[(性)]本淨, 心起[起心]看淨, 却生淨妄. 妄无處所, 故知看者看, 却是妄也.

淨无形相, 却立淨相, 言是功夫, 作此見者, 章[(障)]自本姓[(性)], 却被淨縛. 若(修)不動者, (不)見一切人過患, 是性不動, 迷人自身不動, 開口即說人是非, 与道違背. 看心看淨, 却是障道因緣, 今記汝[如]是.

선지식들이시여! 이 법문(法門)에서 좌선(坐禪)이라고 하는 것은 본래 일어나는 망심(妄心)에 집착하는 것도 아니고 일어나는 정심(淨心)에 집착하는 것도 아니고 역시 일어나는 마음에 집착하는 것을 말하는 것이 아니다. (역시 일어나지 않는 마음을 말하는 것도 아니다.)

만약에 일어나는 망심(妄心)을 관찰한다고 말하면 일어나는 마음은 본래 허망(虛妄)한 것이고 허망(虛妄)하여 환상과 같은 것이기에 관찰할 필요가 없는 것이 된다.

만약에 청정한 마음인 정심(淨心)이 부처와 같이 되는가를 살펴본다고 말하면 사람의 본성은 본래 부처와 같이 청정한 것인데 망념(妄念)으로 인하여 진여본성이 가려져 있기 때문에 청정한 줄을 알지 못하는 것이므로 망념(妄念)만 벗어나면 본성(本性)이 청정하다는 것을 깨닫게 되는 것이다.

　자신의 본성이 본래 청정하다는 사실을 깨닫지 못하면서 일어나는 마음이 청정한가를 집착하여 관찰한다고 하면 도리어 정심(淨心)과 망심(妄心)이라는 번뇌가 생기게 되는 것이다.

　망심(妄心)이 생기는 것도 처소(處所)가 없는 것인데 관찰하는 자를 관찰하여 알려고 하는 것이 되므로 도리어 허망한 것이 되는 것이다.

　정심(淨心)도 형상(形相)이 없는 것인데 도리어 청정이라고 하는 법(法)을 만들어서 좌선(坐禪)을 공부(功夫)하는 것이라고 말하며 이와 같은 견해를 내면 자신의 본성(本性)을 가리게 되어 도리어 그 정심(淨心)에 속박되게 하는 것이다.

　만약에 수행자가 마음을 움직이지 않게 수행한다고 하는 것은 모든 사람들의 허물을 보아도 자신의 본성(本性)이 그것을 따라가지 않는 것을 말하는 것이나 미혹하여 어리석은 사람들은 자신의 명예와 겉모습만 부처와 같이하려고 하면서 입만 열면 사람들의 허물을 말하며 옳고 그르고를 따지는 것은 불도(佛道)와는 위배되는 것이다.

　그러므로 일어나는 망심(妄心)을 관찰하고 정심(淨心)을 관찰(觀察)한다고 하는 것은 도리어 불도(佛道)를 수행하는데 장애(障碍)가 되는 원인이라는 것을 그대들이 지금 이와 같이 기억해야 합니다.

　※ 이 단은 수행법을 일행삼매(一行三昧)와 무념(無念), 무상(無相), 무주(無住)가 되어야 하는 좌선인데, 간심간정(看心看淨)의 수행법은 본성(本性)의 청정을 다시 망념(妄念)으로 살펴서 청정하게 하려고 하므로 다시 번뇌망념이 생기게 되어 중생을 부처로 만드는 것이 아니고 다시 중생으로 만드는 오류를 범한다고 비판하고 있다.
　남종선에서는 망심(妄心)과 정심(淨心)이라는 고정된 실체가 없으므로 이것에 집착하여 속박되면 좌선수행을 하는데 방해가 된다고 설하고 있다.

　※ 시성부동, 미인자신부동(是性不動, 迷人自身不動): 본성(本性), 불성(佛性)이라고 하면 대상경계를 만나게 되어도 자신이 항상 본성으로 청정하게 볼 줄 알아야 하는 것을 부동(不動)이라고 한 것이다.
　즉 타인의 허물을 자신의 마음속에서부터 보지 않는 것이기에 대상경계를 접하여도 항상 본성으로 자유자재하게 살아가게 되는 것이다.
　미혹한 사람들은 자신의 본성(本性)에 상관하지 않고 항상 옳고 그름이라고 하는 세간법에만 따라하면서 자신의 명예나 재물만 세상 사람들로 부터 안전하게 지키고자 하여 항상 자신을 비교하면서 위로하고 있으니 불행(不幸)하고 미혹(迷惑)하다고 하는 것이다.
　즉 자신을 다른 사람들에게서 지탄의 대상이 되지 않게 하면서 추앙의 대상만 되게 하면 행복하다고 하는 착각에 빠져서 명예와 부, 권력등을 유지하려고 하면 얼마나 자신도 불행하고 다른 사람들도 불행하게 하는 것이겠는가?
　이런 신앙의 근원이 여러 가지 있겠지만 자신이 우월하다고 하는 생각이나 사상(四相)을 가지고 있으면서 명예나 권력등을 유지하고자 하는 것이라고 할 수 있을 것이다.
　이것은 불법(佛法)의 정신과는 어긋난 것이 된다. 즉 천상천하유아독존(天上天下唯我獨尊)이라는 평등과 자유의 의미를 정확하게 알지 못하는 것이기 때문이다.

※ 간심간정(看心看淨): 마음을 관찰한다고 하는 것은 자신이 지금 행하고 있는 마음이 어디에서 시작되어 어떻게 행하고 있는지를 보는 것(看)인데 자신이 자신의 마음을 대상으로 보는 것은 또 다시 보는 그 마음을 또 봐야 하는 모순을 가지고 있는 것이다.

자신의 마음이 어떤 마음을 내는지 다시 본다고 하면 자신이 자신을 보아야 하는 모순이 되고 감정의 변화나 지식의 변화를 자신이 만들어 낸다는 사실을 간과해서는 안 된다.

어느 날은 수행이 잘되고 어느 날은 잘 안된다고 하면 이것은 어느 도깨비의 장난이 되는 것으로 마술사의 환상에 놀아나는 것이 된다.

이것을 수행이라고 하면 엄청난 시간을 헛되이 보내는 결과를 초래하게 되는 것이다.

수행이란 매사가 일행삼매가 되게 돈오하는 것이므로 고행을 수행이라고 하면 인욕과 인욕바라밀을 악용하는 외도가 될 수도 있는 것이다.

17. 남종선의 좌선법을 설하다

此法門中, 何名座(坐)禪, 此法門中, 一切无㝵, 外於一切境
界上, 念不去(起)為座(坐), (內)見本姓[(性)]不乱為禪. 何名
為禪定, 外雜[(離)]相曰禪, 內不乱曰定. 外若有相, 內姓[(性)]
不乱.(<u>外若着相, 內心即亂, 外若離相, 心即不亂.</u>) 本[性]自
淨自定, 只緣境觸[解], 觸[解]即乱, 離相不乱即定. 外離相即
禪, 內外(內)不乱即定. 外禪內定, 故名禪定.

維摩經云. 即是[時]豁然, 還得本心.[3] 菩薩戒云. 本須自姓
清淨(本元自清淨)[本原自性清淨](本源自性清淨).[4]　 善知
識, 見自姓[(性)]自淨, 自修自作, 自姓[(性)]法身, 自行佛行,
自作自成佛道.

이 법문(法門)에서 무엇을 좌선(坐禪)이라고 하는가 하면 이
법문(法門)중에서 좌선이라고 하는 것은 자신의 일체법에 장애
가 없어야 하는 것으로 밖으로는 일체의 대상경계를 대하더라
도 망념이 일어나지 않아야 하는 것을 좌(坐)라고 하며, 안으로
는 자신의 본성(本性)이 불성(佛性)이라는 사실을 친견하여
여시(如是)한 생활을 하는 것을 선(禪)이라고 하는 것이다.

---

3) 『維摩詰所說經』 卷1 「弟子品」 3(『大正藏』 14, 541쪽. 상5.) : 「時維摩詰即入三
　　昧, 令此比丘自識宿命, 曾於五百佛所植眾德本, 迴向阿耨多羅三藐三菩提,
　　即時豁然, 還得本心.」
4) 『梵網經』 卷2(『大正藏』 24, 1003쪽. 하28.) : 「是一切衆生戒 本源自性清淨.」

무엇을 선정(禪定)이라고 하는가하면 밖으로 차별분별하는 의식(意識)의 상(相)을 버리고 청정하게 보고 생활하는 것을 선(禪)이라고 하고, 안으로는 여시(如是)하여 산란하지 않는 것을 정(定)이라고 한다.

밖으로는 만약에 차별의 상(相)이 있더라도 안으로 자신의 본성(本性)이 산란하지 않으면 되는 것이다.

(만약에 밖으로 상(相)을 차별분별하게 되면 안으로 마음이 산란하게 되고 만약에 밖으로 상(相)을 차별분별하지 않으면 마음은 산란하지 않게 되는 것이다. 外若着相, 內心卽亂, 外若離相, 心卽不亂.)

본성(本性)은 본래 청정하고 안정하게 되어 있는 것이나 단지 대상경계를 만나기만 하면 바로 산란하게 되는 것이니 집착하여 차별분별하는 상(相)만 여의면 산란하지 않는 정(定)이 되는 것이다.

밖으로 대상경계를 보고 차별분별하지 않고 생활하는 것을 선(禪)이라고 하고, 안으로 외부의 대상경계로 인하여 산란하지 않는 것을 정(定)이라고 하는 것이다. 밖으로 선(禪)이고 안으로 정(定)이므로 선정(禪定)이라고 말하는 것입니다.

『유마경』에 말하기를, "지금 바로 자신이 여시(如是)하기만 하면 확연하여 본심(本心)이 불심(佛心)이라는 사실을 바로 체득하게 되는 것이다."라고 하였다.

『보살계경』에 말하기를, "본래 자성(自性)은 청정한 것이다."라고 하였다.

선지식들이시여! 자성(自性)이 청정하다는 사실을 친견하면 자신이 수행하고 자신이 부처를 만드는 것이고, 자성(自性)이 법신(法身)이 되면 자신이 행하는 모든 것들이 부처가 행(行)하는 것이 되어 자신이 부처로서 불도(佛道)를 이룩하는 것이다.

※ 남종선의 좌선법은 어디에서나 일행삼매가 되어야 하는 것이고 그 실천방법을 무념(無念), 무상(無相), 무주(無住)라고 강조하고 있는 것이다.

15단 주에 설명한 "무념(無念)이란 진여본성과 같이 생각하는 것이므로 진여의 지혜이고, 무상(無相)은 진여의 지혜로 생활하는 것을 말하는 것이고, 무주(無住)는 진여의 지혜로 생활하되 몰종적으로 살아가는 것을 표현한 것이다."라고 한 것을 다시 좌선의 실천법으로 설명하고 있는 것이다.

여기에서 말하는 좌선(坐禪)이란, 대상경계를 만나더라도 망념이 일어나지 않는 것은 무상(無相)이라고 앞에서 설한 것처럼 무상(無相)이 되면 좌(坐)인 것이고, 무념(無念)으로 무주(無住)의 생활을 하는 것을 선(禪)이라고 하고 있는 것이다.

그리고 선정(禪定)에서 선(禪)은 무상(無相)으로 무주(無住)의 생활을 하는 것으로 진여의 지혜로 생활하는 것이며, 정(定)은 마음이 무념(無念)으로 항상 여시(如是)하여 진여(眞如)본성(本性)이 되는 것이다.

※ 염불기위좌 내견본성불란위선(念不起為坐, 内見本性不乱為禪): 남종선에서 설하는 좌선 수행법을 명료하게 나타내는 것으로 대상경계를 만나더라도 자신의 일체법이 불성(佛性)이라는 사실을 친견하여 산란하지 않게 하는 것을 좌선수행이라고 하는 것이다.

※ 하명위선정 외리상왈선 내불란왈정(何名為禪定, 外離相曰禪, 內不亂曰定): 남종선의 좌선법이 선정(禪定)과 같다는 말이며 북종의 선법을 비판하는 것이 확실하다고 증명하는 것이다.

자신이 주장하는 근거를 『유마경』과 『보살계경』에서 들고 있는 것이다.

『華嚴經行願品疏』卷7(『卍續藏』 5, 140쪽. 하24.) : 「先名體, 後業用, 今初 契理無著. 故云寂靜. 止觀雙運, 名為禪定.」

※ 즉시활연 환득본심(即時豁然, 還得本心): 자신의 본심(本心)이 불심(佛心)이라는 것을 돈오(頓悟)하는 것은 밖으로 대상경계를 만나더라도 차별분별하지 않고 안으로 산란하지 않으면 불심(佛心)으로 돌아가게 된다는 것이다.

자신의 번뇌망념을 자각하여 본심을 친견하게 되면 대상경계를 만나도 모두가 청정하게 되는 것이다.

본심을 체득하는 방법을 좌선으로 설하고 『유마경』을 인용하여 확인시키고 있는 것이다.

※ 자수자작(自修自作): 자신이 수행하고 자신이 부처가 되는 법은 자신의 자성(自性)이 청정한 불성(佛性)이라는 사실을 친견하여야 하는 것이다. 이것을 보통 우리말로 깨닫는다고 하는 것이다.

그러므로 자신이 자신의 청정함을 자각하는 것이 쉬운 일이지만 실제로는 어렵기 때문에 개경게에 "무상심심미묘법 백천만겁난조우 … ."라고 설하고 있는 것이다.

전지전능한 깨달음을 추구하거나 전지전능한 신통력을 추구한다면 제국주의나 유일신의 신앙에서 벗어나기 어렵고 사대주의가 다시 나타나게 되는 것이다.

이것을 원한다면 또 다시 국가 없는 설움을 당할 수 있다는 것을 암시하는 것이고, 절대권력이나 명예를 추구하게 되어 그것의 속박 속에 살아가기를 기원하는 것이기에 자유나 해탈을 바랄 수 없게 되는 것이므로 국가의 미래는 암울한 것이 된다.

그러므로 불교(佛敎)에서 부처는 자신의 청정한 본성(本性)으로 자신이 살아가는 것이라고 하는 것이다.

※ 자행불행(自行佛行): 자신이 행하는 모든 행(行)들이 부처와 같게 되려면 자신의 자성(自性)이 청정한 법신(法身)이 되어야 천백억화신(化身)으로 행하게 되는 것이다.

이것은 자신이 법신(法身)이 되었으므로 자신이 행하는 모든 것은 부처의 행(行)이 되는 것이다.

여기에서 법신(法身), 보신(報身), 화신(化身)의 의미를 자성(自性)에서 자신의 일체법이 청정한 법신(法身)인 것이고 자성(自性)이 청정한 법신이라는 사실을 자각하면 보신(報身)이고 이와 같이 자각하여 실천하면 화신(化身)으로 살아가는 것이라고 설한 것은 다음 단에서 삼신(三身)에 대하여 설하기 위한 것이다.

※ 자작자성불도(自作自成佛道): 자신이 불성(佛性)을 친견하고, 자신이 자성을 불성(佛性)이라고 확인하여, 자성으로 살아가는 것을 불도(佛道)라고 설하고 있는 것이다.

이것이 삼신(三身)을 설하기 위한 복선이라고 하는 것은 앞에 말하였듯이 자성이 불성(佛性)이라는 사실을 친견하는 것을 법신(法身)이라고 하는 것이고, 자성이 불성(佛性)이라는 사실을 확인하는 것이 보신(報身)인 것이며, 확인하여 진여의 지혜로 실천하는 것을 화신(化身)이라고 하는 것이기 때문이다.

18. 모두가 평등한 삼신불로 살아가게 하다

善知識, 惣須自躰[體]聽, 与受無相戒. 一時逐惠能口道. 令善知識, 見自三身佛. 於自色身, 㱕衣[歸依]清淨法身佛.

於自色身, 㱕衣[歸依]千百億化身佛.

於自色身, 㱕衣[歸依]當来[身]圓滿報身佛. 已上三唱

色身是舍宅, 不可言㱕[歸]向者, 三身在自法性. 世人盡有, 為(自心)名[迷]不見(內性). 外覓三(身)[世]如来, 不見自色身中三性[世]佛. 善知識聽, 汝[与]善知識說, 令善知識衣[於自]色身, 見自法性有三世佛. 此三身佛, 從[此自]性上生.

선지식들이시여! 여러분들은 모두다 같이 반드시 본성(本性)으로 청정하게 들어야 무상계(無相戒)를 자신이 심지(心地)에서 받아들이게 되는 것이다.

모두다 같이 혜능이 말하는 대로 따라 하도록 하시오. 선지식(善知識)들에게 자신의 삼신불(三身佛)을 친견하도록 하겠습니다.

나 자신이 색신(色身)의 청정법신불로 살아가겠습니다.

나 자신이 색신(色身)의 천백억화신불로 살아가겠습니다.

나 자신이 색신(色身)의 당래원만보신불로 살아가겠습니다.(이것을 세 번 따라함)

색신(色身)이라고 하는 것은 사택(舍宅)이므로 이것에 집착하여 집을 목적으로 두고 살아가라고 하는 것이 아니고 이 삼신(三身; 법신, 보신, 화신)은 자기 일체법의 본성에 자유자 재하게 있는 것이다.

　세상의 사람들이 누구나 모두 다 가지고 있지만 자기의 마음이 미혹하여 자신의 본성(本性)에 있는 부처를 보지 못하고 밖에서 삼신불(三身佛)을 찾아다니니 자기 안에 있는 삼신불 은 볼 수 없는 것이다.

　선지식들이시여! 여러분들이 본성(本性)으로 청정하게 들 으면 그대들이 선지식(善知識)으로 설하는 것이 되고 선지식 자신의 색신(色身)으로 하여금 자기 일체법의 본성(本性)에 삼세불(三世佛, 三身佛)이 있는 것을 친견하게 되는 것이다.

　이 삼신불(三身佛)은 자기의 본성(本性)에 있는 것이지 다 른데서 구하는 것이 아닙니다.

　※ 수무상계(受無相戒): 수계(授戒)는 계사(戒師)가 계율(戒律)을 지 키라고 제자에게 설(說)하는 것에 무게를 두어 제자가 약속을 하는 것이 라고 하면 수계(受戒)는 자신이 계를 받아들이는데 무게를 두는 것이라 고 할 수 있다.

　기록에 보면 자체(自體)라고 하기도 하고 자청(自聽)이라고 하여 체 (體, 躰)를 청(聽)으로 사용한 것은 자신이 스스로 받아들여야 하는 것 이라고 아는 것보다, 본성(本性)으로 듣는다(聽)고 하는 것이 불법(佛 法)을 전하는데 더 잘 알 수 있을 것이라고 생각하여 저자가 청(聽)으로 기록한 것 아닌가 생각한다.

　본성으로 청정하게 듣도록 하고는 그 다음에는 같이 따라서 복창하게 하여 모든 사람들이 계를 계사(戒師)께서 수계(授戒)하면 각자가 자신 의 입으로 따라하며 자신이 계를 받아들여서 실천하기를 서원해야 하는 것(受戒)이다.

이와 같이 설하고 실천하는 것을 원칙으로 하고 계를 설하되 이 계율(戒律)이 유상(有相)의 계가 아닌 무상(無相)의 계를 설한 것이다.

무상(無相)에 대하여는 앞에 설명하였지만 무상(無相)은 대상에 차별분별이 없는 것이고, 망념이 없는 열반(涅槃)적정(寂靜)이고, 무아(無我)이며, 대상경계에 대한 집착을 하지 않는 것이 본성(本性)이므로 무상(無相)을 본체(本體)로 한다고 하는 것이다.

아래에 다시 설명하겠지만 무상계(無相戒)는 실제로 주고받는 것이 아니고 자신의 본성(本性)을 친견하게 하는 것이다. 그러므로 무상심지계(無相心地戒)라고 말하는 것이니 수(受)와 수(授)의 뜻은 구경에는 같게 된다.

※ 견자삼신불(見自三身佛): 자신의 삼신불은 자신의 본성(本性)에 있는 것이므로 법신(法身), 보신(報身), 화신(化身)은 다른데 있는 것이 아닌 것이다. 17단에 설명하였듯이 다시 반복하면 스스로 자신의 자성(自性)이 불성(佛性)이라는 사실을 친견하는 것이 법신(法身)이고, 또 자신의 자성(自性)이 불성(佛性)이라는 사실을 불법(佛法)에 맞게 확인하는 것이 보신(報身)이며, 자신의 자성(自性)이 불성(佛性)이라는 사실을 확인하여 진여의 지혜로 실천하는 것이 화신(化身)이므로 삼신(三身)을 친견하도록 하겠다고 남종선의 수행법을 설하고 있는 대목이다.

※ 무상심지계(無相心地戒): 반복하여 설명하지만 무상계는 앞에서 말하였던 무상(無相)의 계(戒)를 말하는 것이고 이것은 무상심지계(無相心地戒)라고 하는 것으로 무상(無相)이 되려면 자신의 심지(心地)나 자성(自性)에서 계(戒)를 지켜야 선수행을 하는 것이다.

앞 단락에 설명하였던 것을 다시 보면, "무념(無念)이란 진여본성과 같이 생각하여 경계를 만나더라도 망념이 없는 것이므로 진여의 지혜이고, 무상(無相)은 대상경계를 차별분별하지 않고 진여의 지혜로 생활하는 것을 말하는 것이고, 무주(無住)는 진여본성으로 경계에 집착 없는 진여의 지혜로 생활하되 몰종적으로 살아가는 것이다."라고 한 것처럼 무상(無相)은 대상경계를 차별분별하지 않고 진여의 지혜로 생활하는 것을 말하는 것이므로 무상계(無相戒)는 자신의 일체법에서 대상경계를 만나더라도 차별분별하지 않는 지혜를 구족하여야 되는 것이기에 자신의 삼신(三身)을 친견하도록 하고 있는 것이다.

즉 자신의 삼신(三身)을 친견하여야 본성(本性)의 무상계(無相戒)를 받게 되는 것이라고 혜능은 말하고 있는 것이다.

※ 삼신불(三身佛): 여기에서 설하고 있는 삼신(三身)은 자기의 본성에 있는 것이므로 법신(法身), 보신(報身), 화신(化身)이 셋으로 분리되면 절름발이가 되는 것이다.

그러므로 사족(蛇足)을 붙여보면, 이 삼신불을 친견하게 되면 제불(諸佛)도 이와 같다는 것을 알 수 있는 것이기에 여기에 삼세불이라는 말을 첨가한 것이라고 생각된다.

18-1. 법신불은 자기의 일체법이 진여본성에 있는 것이다

何名清淨(法)身佛. 善知識, 世人性本自淨, 万法在自姓(性)[万法自性在]. 思量[(惟)]一切[惡]事, 即行衣[於惡行]. 思量一切善事, 便修於善行. 知如是一切法, 盡在自姓[性], 自姓[性]常清淨. 日月常名[明], 只為雲覆蓋, 上名[明]下暗, 不能了見日月西[星]辰. 忽遇惠風吹散, 卷盡雲霧, 万像參羅, 一時皆現.

世人性淨, 猶如清天, 惠如日, 智如月, 智惠常名[明]. 於外看敬[着境], 妄念浮雲蓋覆, 自姓[性]不能明. 故遇善知識, 開真[正]法, 吹却名[迷]妄, 內外名[明]徹, 於自姓[性]中, 万法皆見[現]. 一切法自在姓[在自性], 名為清淨法身. 自歸衣[依]者, 除不善[心及不善]行, 是名歸衣[依].

무엇을 청정법신불이라고 하는가 하면 선지식들이시여! 세상 사람들의 본성(本性)이 본래 청정하다는 것을 친견하면 만법(萬法)도 자기의 본성(本性)에 자유자재하게 존재한다는 것을 자각하게 되는 것이다.

일체만법을 사량(思量)하여 악(惡)하게 생각하면 행동을 악하게 행하게 된다.

일체만법을 사량(思量)하여 선(善)하게 생각하면 바르게 수행(修行)하여 선행(善行)을 하게 되는 것이다.

이와 같이 일체법(一切法)이 모두 자기의 본성(本性)에 있다는 것을 알면 자성(自性)은 항상 청정한 것이다.

즉 비유하면 일월이 항상 밝지만 단지 구름에 덮이면 구름 위는 밝아도 구름 아래는 어두운 것과 같아서 해와 달과 별들을 볼 수 없는 것과 같다.

그러나 홀연히 지혜의 바람이 불어와서 구름이나 어두운 망념을 모두 걷어내면 삼라만상이 일시에 모두 일체법의 지혜로 출현하게 되는 것이다.

세상 사람들의 본성(本性)이 청정한 것을 비유하면 맑은 하늘과 같은데 혜(慧)는 태양과 같고, 지(智)는 달과 같은 것으로, 지혜(智慧)는 항상 자기의 자성(自性)이 청정하다는 것을 아는 것이다.

그러나 외부의 대상경계를 차별분별하여 집착하게 되면 망념이 뜬구름처럼 덮여서 자기의 본성(本性)을 명확하게 모르게 되는 것이다.

그러므로 자기본성의 선지식(善知識)과 계합하여 진실한 정법(正法)에 대한 안목(眼目)이 열리면 미혹한 망념(妄念)이 제거되고 내외(內外)가 분명하게 되어 자기의 본성(本性)에 의거한 만법(萬法)이 모두 출현하게 되는 것입니다.

일체법(一切法)이 자기의 본성(本性)에 있는 것을 청정법신이라고 하는 것이다.

자신이 귀의(歸依)한다고 하는 것은, 자신의 마음속에서 선

(善)하지 않은 마음을 제거하고, 부처와 똑같이 행(行)하는 것을 귀의(歸依)한다고 하는 것이다.

※ 하명청정법신불(何名淸淨法身佛): 일체법(一切法)이 자기의 본성(本性)에 있는 것을 청정법신이라고 설하고 있는 것처럼, 만법(萬法)·일체법이 진여본성에 있다는 사실을 친견해야 하는 것이다. 만법일여라는 것은 대상경계나 자신의 만법이 같아야 하는 것이다.

자신의 본성이 청정한 것을 일월에다 비유한 것처럼 본성이 원래 청정한 것을 법신이라고 한 것은 자신의 일체법이 본성으로 청정하다는 사실을 친견하여 자신(身)이 되어 다시는 망념에 물들지 않는 것을 법신(法身)이라고 하는 것이다.

18-2. 화신불은 진여본성의 지혜를 실천하는 것이다

何名為千百億化身佛, 不思量性卽空寂, 思量卽是自化. 思量惡法, 化為地獄, 思量善法, 化為天堂. 毒害化為畜生, 慈悲化為菩薩. 智惠化為上界, 愚癡化為下方. 自姓[性]變化甚名[多], 迷人自不知見. 一念善知[智]惠卽生. (此名自性化身佛.)

무엇을 천백억화신불이라고 하는가 하면 사량분별만 하지 않으면 사람들의 본성(本性)은 공적(空寂)하지만 사량분별하면 바로 자신이 변화하게 된다.

악(惡)한 법(法)으로 자신이 사량분별하면 자신이 지금 지옥에 태어나게 되는 것이고, 선(善)한 법(法)으로 자신이 사량분별하면 자신이 지금 천당에 태어나게 되는 것이다.

악독한 마음과 방해하는 마음은 자신이 지금 축생으로 태어나게 되고, 자비(慈悲)의 마음은 자신이 지금 보살로 태어나게 된다.

지혜로 생활하면 천상(天上)에 태어나게 되고, 우치(愚癡)한 마음으로 생활하면 지옥에 태어나게 되는 것이다.

이와 같이 자성(自性)의 변화에 의하여 다양하게 태어나는 것을 미혹한 사람들은 자신이 이와 같이 변할 수 있다는 것을 알지 못한다.

한 생각을 본성에서 선(善)으로 돌이키면 지혜가 생기는 것
이다. 이것을 이름 하여 자성(自性)의 화신불(化身佛)이라고
하는 것입니다.

※ 하명위천백억화신불(何名為千百億化身佛): 화신불은 자신의 진여
본성으로 자신이 생활하는 부처를 말하는 것이다.
　일반적으로 법신(法身), 보신(報身), 화신(化身)으로 표현하는데 여기에
서는 법신(法身) 다음에 화신(化身)을 설하고 다음에 보신을 설한 것이다.
　화신은 자신의 일체법이 진여본성이라는 사실을 자각하여 실천하는
부처이므로 일체처에서 자비와 보살도를 실천하게 되는 것이다.

18-3. 보신불은 어디에도 물들지 않는다

(何名圓滿報身.) 一燈能除千年闇, 一智能滅万年愚. 莫思向前, 常思於後. 常後念善, 名為報身. 一念惡報, 却千年善<u>心</u>{止}, 一念善報, 却千年惡滅. 无常已来後念善, 名為報身. 從法身思量, 即是化身, 念念善即是報身. 自悟自修, 即名歸衣[歸依]也. 皮肉是色身, 是舍宅, 不在端[歸]依也. 但悟三身, 即識大億[意].

무엇을 원만보신불이라고 하는가 하면 비유하면 하나의 등불이 천년이나 된 어두운 방도 능히 어둠을 제거하여 밝힐 수 있는 것처럼 하나의 지혜는 만년(萬年)이나 된 어리석음도 능히 소멸시킬 수 있는 것이다.

이전의 일을 생각하지 말고 항상 지금을 본성으로 생각해야 하는 것이다.

항상 지금의 생각이 본성(本性)으로 선악(善惡)에 물들지 않는 것을 보신(報身)이라고 하는 것이다.

한 생각이라도 자성(自性)에서 악(惡)을 생각하는 과보는 도리어 천년의 선업(善業)도 멈추게 하고, 진여(眞如)의 지혜로 돌이키는 과보는 천년(千年)이나 묵은 숙업(宿業)도 소멸시키는 것이다.

이와 같이 항상 하지 않는다는 본성(本性)의 지혜를 체득하게 되면 항상 지금의 자성(自性)이 선(善)한 것을 이름 하여 보신(報身)이라고 한다.

진여본성인 법신(法身)에 따라 본성(本性)으로 사량(思量)하여 실천하는 것이 화신(化身)이고, 항상 본성(本性)을 선악(善惡)에 물들지 않게 선량한 것을 보신(報身)이라고 하는 것이다.

자신이 자신의 본성(本性)이 청정하다는 사실을 깨닫고 자신이 청정하게 수행하여 본성(本性)으로 살아가는 것을 귀의한다고 하는 것이다.

피육(皮肉)은 육체로 색신(色身)이니 사택(舍宅)이므로 영원히 귀의(歸依)할 곳은 아닌 것이다.

단지 자기 본성(本性)의 삼신(三身)을 친견하면 불법(佛法)의 대의를 자세하게 알게 되는 것이다.

※ 보신불(報身佛): 불법(佛法)에 맞게 자각하여 항상 자신이 법신(法身)으로 살아가게 하는 것이 보신(報身)이며 또한 화신(化身)으로 살아가는데 오염되지 않게 하기에 원만보신이라고 하는 것이다.
이 삼신(三身)이 하나로 되어야 부처가 탄생하는 것이기에 앞단에서 일행삼매, 무념(無念)·무상(無相)·무주(無住), 좌선을 설하여 무상계(無相戒)를 받게 한 것이다.
무상계(無相戒)를 받아야 자신을 통제하는 원동력이 되기 때문이다.

19. 무상계를 실천하는 사홍서원을 발원하다

今既自歸依, 三身佛[仏]已, 与善知識, 發四弘大願. 善知識,
一時逐惠能道.

衆生无邊誓願度. 煩惱无邊誓願斷. 法門无邊誓願孚. 无上
佛道誓願成. 三唱

善知識, 衆生无邊誓願度, 不是惠能度, 善知識, 心中衆生,
各於自身, 自姓[性]自度. 何名自姓[性]自度. 自色身中, 邪見
煩惱, 愚癡名[迷]妄, 自有本覺性, [只本覺性], 將正見度. 既悟
正見, 般若之智, 除却愚癡迷妄衆生, 各各自度. 邪見(来)正
度, 迷来悟度, 愚来智度, 惡来善度, 煩惱来菩薩[提]度. 如是
度者, 是名真度.

煩惱无邊誓願斷, 自心除虛妄. 法門无邊誓願孚(學), 孚无
上正法. 无上佛道誓願成, 常下心行, 恭敬一切.

遠離迷執, 覺知[智]生般若, 除却迷妄, 即自悟佛[仏]道成,
行誓願力.

지금 이미 여러분들은 자신의 삼신불(三身佛)로 살아가겠
다고 서원(誓願)을 하였으니 선지식(善知識) 여러분들에게
사홍서원을 발원하도록 설하겠습니다.

선지식들이시여! 모두다 혜능이 말하는 대로 따라 하도록
하십시오.

한량없는 망념의 중생을 분명하게 모두 제도하겠습니다.

무궁무진한 번뇌를 맹세코 모두 끊겠습니다.

법문(法門)이 한량없지만 모두 다 배우고 실천하겠습니다.

고정된 것이 없는 무한한 불도(佛道)를 이루어 항상 실천하겠습니다.(세 번 따라함)

선지식들이시여! 한량없는 망념의 중생을 분명하게 모두 제도(濟度)하겠다고 서원(誓願)한 것은 혜능이 제도(濟度)하는 것이 아니고 선지식 여러분들의 마음속에 있는 중생(衆生)들을 각자가 자신이 자기의 본성(本性)으로 자신을 제도(濟度)하는 것입니다.

어떻게 자기의 본성으로 자신을 제도(濟度)하는가 하면 각자 자기의 마음속에 사견(邪見), 번뇌(煩惱), 우치(愚癡)를 미혹한 망념(妄念)의 중생(衆生)이라고 하는데 이것을 자신에게 있는 본래의 본성(本性)으로 공(空)이라고 자각하게 되면 정견(正見)으로 제도하게 되는 것이다.

이미 깨달아 알고 있는 정견(正見)의 반야(般若)지혜로 우치(愚癡)와 미혹한 망념(妄念)의 중생(衆生)들을 제거하면 여러분들 각자가 자신을 제도(濟度)하게 되는 것이다.

사견(邪見)이 나오면 정견(正見)으로 제도(濟度)하고, 미혹(迷惑)이 있으면 깨달음으로 제도(濟度)하고, 우치(愚癡)가 있으면 지혜(智慧)로 제도(濟度)하고, 악(惡)한 생각이 나면 선(善)으로 제도하고, 번뇌(煩惱)가 있으면 자신을 관조(觀照)하는 전문가인 보살(菩薩)이 되어 제도하는 것이다. 이와 같이 제도하는 것을 진실한 제도라고 하는 것이다.

무궁무진한 번뇌를 맹세코 모두 끊겠다고 서원(誓願)한 것은 여러분들 자기의 마음속에 있는 허망한 번뇌망념을 모두 다 제거하는 것이다.

법문(法門)이 한량없지만 모두 다 배우고 실천하겠다고 서원(誓願)한 것은 무궁무진한 정법(正法)의 법문(法門)을 모두 배워서 극락세계에 태어나는 것이다.

고정된 것이 없는 무한한 불도(佛道)를 이루어 항상 실천하겠다고 서원한 것은 항상 자만하지 않게 행동(行動)하라는 것이고 일체(一切)의 모든 것을 공경(恭敬)하라는 것이다.

미혹한 번뇌망념으로 인한 집착을 멀리 없애버리면 본성을 깨달아 반야의 지혜가 생겨나서 미혹한 번뇌(煩惱)망념(妄念)을 제거하게 되는 것을 깨닫게 되는데 이것을 자신이 깨달아 불도(佛道)를 이룬다고 하는 것으로 서원한 것을 불법(佛法)에 맞게 항상 실천한다고 하는 것이다.

※ 사홍서원(四弘誓願): "衆生无邊誓願度, 煩惱无邊誓願斷, 法門无邊誓願孝, 无上佛道誓願成."을 설하기 전에 자신이 삼신불이라는 사실을 자각하고 이와 같이 설한 것은 자신이 불퇴전하기를 다시 확인하는 것이다.
여기에서 설하고 있는 내용들은 다른 사람을 구제하여 주는 것이 아니고 자신을 진여본성으로 구제하는 것이라고 설하고 있다.
즉 중생심을 정견으로 제도하고, 한량없는 번뇌를 모두 단절하여, 자신의 불법(佛法)을 실천하며, 항상 진여의 지혜로 생활하기를 자신이 서원하여 불퇴전의 경지에 살아가게 하는 것이다.
자신이 불법(佛法)에 맞게 지혜로 실천하며 설하면 타인은 보고 듣고 하여 또 각자 자신들이 자신의 중생을 제도하게 되는 것을 자타의 중생을 제도하는 것이라고 한다.

『金剛般若疏』卷2에 의하면 사홍서원은 첫째는 제도하지 못한 중생을 모두 제도하겠다는 것이고, 둘째는 번뇌망념의 속박에서 해탈하지 못한 것을 깨달아 해탈하겠다는 강한 발원이며, 셋째는 도제(道諦)를 체득하지 못하여 안락하지 않으면 안락을 체득하겠다는 것이고, 넷째는 멸제(滅諦)를 얻지 못하여 열반을 깨닫지 못하였으면 열반적정을 체득하겠습니다. 라고 말하는 것은 앞에 설명한 것 일체중생을 모두 열반에 들게 하는 것이 이 사홍서원이며, 이것은 구경의 원(願)을 말한 것이다.

「四弘誓願者, 一未度苦海令其得度. 二未脫業煩惱縛令得脫之. 三未得道諦之安令得安之. 四未得滅諦涅槃令得涅槃. 前章明一切衆生皆得涅槃, 即是四願之中略擧後究竟願也.」

『金剛般若疏』卷2(『大正藏』33, 102쪽. 하1.)

또『妙法蓮華經玄義』卷4에 의하면 이 사홍서원을 내는 것은 비록 자신의 중생이 허공과 같다는 것을 알지만 일체중생을 제도하겠다고 발심한 보살이 중생제도를 허공과 같이 하겠다는 것과 같은 것이다.

그러므로『금강반야경』에 의하면 보살이 그 마음을 항복시킨다고 하는 것은 소위 말하는 무량한 중생을 멸도(滅度)하지만 실제로는 자신의 의식속에서 대상으로 제도한 중생은 하나도 없게 하라는 것을 제삼 강조하여 서원하는 것이며 이와 같은 마음까지도 항복시켜야 하는 것이 역시 이것이다. 이것을 초지(初地)보살이라고 한다.

「起四弘誓願, 雖知衆生如虛空, 而發心度一切衆生, 是菩薩欲度衆生如欲度虛空. 故金剛般若云. 菩薩如是降伏其心, 所謂, 滅度無量衆生, 實無衆生得滅度者次三誓願降伏其心亦如是. 是為菩薩在乾慧地.」

『妙法蓮華經玄義』卷4(『大正藏』33, 730쪽. 상27.)

「四弘誓願者, 是利他願, 未度苦令度苦, 未解集令解集, 未得安道令得安道, 未得涅槃令得涅槃.」

『仁王般若經疏』卷2「菩薩教化品」3(『大正藏』33, 330쪽. 상7.)

『維摩經玄疏』卷2에 의하면, 사홍서원을 조작하지 않는 것은 열반이 생사라는 것을 깨달아도 고제로 제도하지 못한 중생을 모두 고제에서 제도하겠다는 서원이고, 보리가 번뇌라는 것을 깨달아도 집제에서 해탈하지 못하였으면 집제에서 해탈하겠다는 서원이며, 번뇌가 보리라는 것을 깨달아도 도제를 체득하지 못하여 안락하지 않으면 도제를 체득하여 안락하게 하겠다는 것이고, 생사가 열반이라는 것을 깨달아도 열반을 체득하지 못하였으면 열반을 체득하겠다는 서원이다.

보살도 이와 같아서 자비로 서원을 하는 것이지 일체중생에 대한 망념은 전혀 없는 것이다.

비유하면 큰 구름이 있어도 일월의 공용(功用)에는 아무런 보탬이 되지 않는 것과 같고, 자석이 모든 철을 끌어당기는 것과 같은 것을 진정한 보리심이라고 하는 것이다.

「無作四弘誓願者, 知涅槃卽生死, 未度苦諦令度苦諦也. 知菩提卽煩惱, 未解集諦令解集諦也. 知煩惱卽菩提, 未安道諦令安道諦也. 知生死卽涅槃, 未得涅槃令得涅槃也. 菩薩如是 慈悲誓願 無緣無念 而覆一切眾生. 猶如大雲 不加功用 如磁石吸鐵, 是名眞正 菩提心也.」

『維摩經玄疏』卷2(『大正藏』38, 530쪽. 하27.)

『釋禪波羅蜜次第法門』卷1 :「四弘誓願者, 一未度者令度, 亦云眾生無邊誓願度. 二未解者令解, 亦云煩惱無數誓願斷. 三未安者令安, 亦云法門無盡誓願知. 四未得涅槃令得涅槃, 亦云無上佛道誓願成. 此之四法, 卽對四諦. 故纓絡經云, 未度苦諦令度苦諦, 未解集諦令解集諦, 未安道諦令安道諦, 未證滅諦令證滅諦, 而此四法. 若在二乘心中, 但受諦名, 以其緣理審實不謬故. 若在菩薩心中, 卽別受弘誓之稱. 所以者何, 菩薩雖知四法畢竟空寂, 而為利益眾生, 善巧方便, 緣此四法. 其心廣大, 故名為弘. 慈悲憐愍, 志求此法, 心如金剛, 制心不退不沒, 必取成滿, 故名誓願. 行者若能具足發此四願, 善知四心, 攝一切心, 一切心卽是一心, 亦不得一心而具一切心, 是名清淨菩提之心. 因此心生, 得名菩薩, 故摩訶衍論偈說. 若初發心時, 誓願當作佛, 已過於世間, 應受世供養.」

『釋禪波羅蜜次第法門』卷1(『大正藏』46, 476쪽. 중14.)

『四教義』卷7：「四弘誓願者, 一未度者令度者, 即是天魔外道愛見二種, 六道眾生未度三界火宅之苦諦, 令得度也. 二未解者令解者, 即是愛見二種眾生, 未解愛見二十五有業, 集令得解也. 三未安者令安者, 即是愛見二種眾生, 未安三十七品一切諸道令安道諦也. 四未涅槃者令得涅槃者, 此愛見二種眾生, 未滅二十五有生死因果, 皆令得滅諦涅槃也.」

『四教義』卷7(『大正藏』46, 744쪽. 상18.)

※ 각지생반야(覺知生般若): 미혹한 번뇌망념으로 인한 집착을 멀리 없애버리면 본성을 깨달아 반야의 지혜가 생겨난다고 하는 것은 우리의 본성은 번뇌망념의 구름만 제거되면 청정하게 되는데 이것을 자각하는 것을 반야의 지혜가 생겨난다고 하는 것이다. 자신의 본성이 청정하다는 사실을 자각하는 것, 즉 이것을 반야의 지혜라고 하는 것이다.

이와 같이 자각하기만 하면 번뇌망념은 제거되는 것이고 이와 같이 하는 것을 사홍서원을 실천한다고 하는 것이며, 이와 같이 실행하는 것을 자각이라고 하는 것이며 보살도를 실천하여 불도(佛道)를 이룬다고 하고 있는 것이다.

20. 무상참회법을 설하여 본성에서 불퇴전하게 하다

今既[即]發四弘誓願訖[說], 与善知識, 无相懺悔, 三世罪障. 大師言. 善知識, 前念後念, 及今念, (念)念不被愚迷染, 從前惡行, 一時自姓(性)若除, 即是懺悔. 前念後念, 及今念, 念念(不)被愚癡染, 除却從前矯誑[雜]心, 永斷名為自性懺. 前念後念及[今念], 念念不被疽疾染, 除却從前疾垢(疽妬)心, 自性若除, 即是懺. 已上三唱

善知識, 何名懺悔, (懺)者終身不作, 悔者知於前非. 惡葉[業]恒不離心, 諸佛[仏]前口說无益. 我此法門中, 永斷不作, 名為懺悔.

지금 이미 사홍서원을 발원하였으니 선지식 여러분들에게 무상(無相)참회(懺悔)를 하게 하여 삼세(三世)의 업장(業障)을 제거하게 하겠습니다.

혜능대사(大師)께서 말씀하셨다. 선지식들이시여! 지금이전의 생각과 이후의 생각 그리고 지금의 생각을 할 때마다 어리석은 미혹(迷惑)이나 허망한 잘못된 업(業)에 오염(汚染)되지 않고, 지금 이전의 악행(惡行)의 업(業)을 일시(一時)에 자성(自性)에서 제거하는 것이 참회이다. ※(악업행의 고정관념을 벗어나는 것)

114

지금이전의 생각과 이후의 생각 그리고 지금의 생각을 할 때마다 지금 우치(愚癡)에 오염(汚染)되지 않고, 지금 이전의 기만하고 속이는 마음을 자성(自性)에서 제거하여 영원히 단절한 것이 자성(自性)에서 참회이다. ※(지혜가 생기는 것)

지금이전의 생각과 이후의 생각 그리고 지금의 생각을 할 때마다 지금 질투(嫉妬)하는 마음에 오염되지 않고, 지금 이전의 질투심을 제거하여 자기의 자성(自性)에서 제거(除去)하는 것이 참회이다. ※(차별분별을 하지 않는 것)

(이상을 세 번 소리 내어 말함)

선지식들이시여! 무엇을 참회라고 하는가 하면 참(懺)은 영원히 두 번 다시 업(業, 허물)을 짓지 않게 뉘우치는 것이고, 회(悔)라고 하는 것은 지금까지의 잘못을 알고 후회(後悔)하여 그 잘못을 앞으로 영원히 다시 범하지 않는 것을 말하는 것이다.

악업(惡業)을 영원히 자신의 마음속에서 버리지 않고서는 모든 부처님 앞에서 입으로 아무리 참회를 해도 아무 이익이 없는 것입니다.

나의 이 법문(法門)에는 영원히 허물과 과오를 뉘우쳐서 단절하고 두 번 다시 과오를 범하지 않는 것을 참회라고 하는 것이다.

※ 무상참회 삼세죄장(无相懺悔 三世罪障): 자신의 업을 삼세(三世)에 다시 짓지 않게 하는 참회이므로 영원히 업이 자신에게서 소멸되는 것이다.
여기에서 참회는 영원히 두 번 다시 죄업을 짓지 않는 것을 말하는

것이기에 진정한 참회인 것이다.

　참회하는 방법을 세 가지로 설명하면서 따라하게 하여 본성으로 생활하기를 바라는 간절한 자비심으로 세 번이나 복창하여 명심하기를 바란 것이다.

　본성은 청정하나 망념으로 인하여 여러 미혹된 생각이 나는 것, 어리석고 기만하며 속이는 생각, 질투하는 생각이 나는 것을 자성에서 제거하는 것이 진정한 참회라고 설하고 있다.

　그러므로 망념을 가지고 있으면서 불전(佛前)에서 참회한다고 입으로 하고 있으면 아무런 이익이 없다고 설하고 있는 것이다.

　그러므로 한 번 참회하면 두 번 다시 마음에 망념이 생기지 않는 이를 상근기라고 구분한 것이고 다시 망념이 생기면 본성으로 돌이켜서 참회하여 다시 악행을 행하지 않는 이를 중근기라고 한 것이고, 마음에서 다시 망념이 생겨도 참회할 줄 모르면 하근기가 되는 것이다.

21. 자성의 삼보(三寶)에 귀의하여 삼보로 살아 가게 하다

今既懺悔已, 与善知識, 受{授}无相三歸{皈}依戒.

大師言. 善智[知]識, 歸衣[依]覺兩足尊.

　　　　　　歸衣[依]正離欲[尊].

　　　　　　歸衣[依]淨衆中尊.

從今已後, 稱佛[仏]爲師, 更不歸衣[依]餘邪名[迷]外道. 願自三寶, 慈悲燈名[(證明)]. 善知識, 惠能勸善, 善知識, 歸衣(自性)[依身]三寶.(從今日去, 稱覺爲師, 更莫皈依邪魔外道, 以自性三寶, 常自證明. 勸善知識, 皈依自性三寶)

佛者覺也. 法者正也. 僧者淨也.

自心歸依覺, 邪名[迷]不生, 少欲知足, 離財離色, 名兩足尊.

自心歸依正, 念念无邪故, 即无愛着, 以无愛着, 名離欲尊.

自心歸[依]淨, 一切塵勞妄念, 雖在自姓[性], 自姓[性]不染着, 名衆中尊.

凡夫解(不會), 從日至日, 受三歸衣[依]戒. 若言歸佛[仏], 佛[仏]在何處. 若不見佛[仏], 即无所歸. 即无所歸, 言却是妄. 善知識, 各自觀察, 莫錯用意. 經中只即, 言自歸依佛[仏], 不言歸[依]他佛[仏], 自姓[性]不歸, 无所(依)處.

지금 이미 참회(懺悔)를 하였으니 선지식 여러분들에게 무상(無相)삼귀의계를 설할 것이니 각자가 자기의 본성(本性)에서 받아들여야 합니다.

혜능(慧能)대사(大師)께서 말씀하셨다.

선지식들이시여!

자신(나)의 마음이 불성(佛性)이라는 사실을 자각(自覺)하여 진여의 지혜로 살아가는 부처로 살아가겠습니다.

자신의 마음이 불법(佛法)이라는 사실을 자각하여 자신의 일체법이 탐욕을 벗어난 불법(佛法)으로 살아가겠습니다.

자신의 마음이 진여(眞如)라는 사실을 자각하여 진여의 지혜로 청정하게 살아가겠습니다.

지금 이후로는 자신의 부처를 스승으로 할 것이며 다시는 삿된 외도로 살아가지 않겠습니다.

원하오니 삼학(三學)을 실천하는 자성(自性)의 삼보(三寶)로서 항상 자성의 불법(佛法)을 밝혀 증명(證明)하며 살아가기를 서원합니다.

선지식들이시여!

혜능은 선지식 여러분들에게 자성(自性)의 삼보(三寶)로 살아가시기를 권합니다.

(금일 이후에는 나 자신의 본성을 스승으로 삼고 다시는 삿된 외도로 살아가지 않고 자성(自性)의 삼보로써 항상 자신을 증명하겠습니다. 선지식들에게 자성의 삼보에 귀의하여 살아

가기를 권합니다.)

부처라고 하는 것은 자성(自性)을 불성(佛性)이라고 깨달아 실천하는 것이고, 법(法)이라고 하는 것은 자신의 일체법(一切法)이 진여(眞如)와 동등하게 되는 것이고, 승(僧)은 청정한 진여(眞如)와 화합하는 것을 말하는 것이다.

자기의 마음을 관조하여 진여의 지혜로 부처와 같이 살아감으로 삿된 망념이 일어나지 않는 것이고 항상 어디에서나 만족하므로 재욕과 애욕을 초월한 양족존(兩足尊)이라고 하는 것이다.

자기의 마음에서 일어나는 일체법(一切法)이 진여(眞如)와 같으면 항상 삿된 망념(妄念)이 없게 되어 애착(愛着)이 없는 것이고 애착(愛着)이 없으므로 탐욕을 초월한 이욕존(離欲尊)이라고 하는 것이다.

자기의 마음을 청정한 진여(眞如)와 같게 하므로 일체의 번뇌망념이 비록 자성(自性)에 있더라도 자성(自性)이 망념(妄念)인 중생심에 오염되지 않으므로 중중존(衆中尊)이라고 하는 것이다.

범부들은 하루 종일 대상으로 알고 입으로만 삼보(三寶, 佛法僧)에 귀의하여 살아가기를 서원하고 있다.

만약에 대상의 부처에 귀의한다고 말하면 부처는 어디에 있어야 하는 것이다.

그러나 만약에 부처가 있는 것을 볼 수 없다면 곧 귀의할 대상의 부처는 없는 것이 된다.

이미 귀의할 대상의 부처가 없다면 귀의한다고 하는 말은 오히려 허망한 것이 되는 것이다.

선지식들이시여!

각자가 자신을 관조하여 자성(自性)의 삼보(三寶)로 살아가라는 뜻을 착각하는 일이 없어야 합니다.

경전에는 단지 자신이 부처에 귀의한다고 귀의불(歸依佛)이라고 분명하게 말하고 있는 것이지 다른 부처에 귀의한다고 귀의타불(歸依他佛)이라고 말하지 않는 것이므로 자성(自性)의 삼보(三寶)로 돌아가 귀의하지 않는다면 귀의할 대상의 처소는 없는 것이 된다.

※ 수무상삼귀의계(受無相三歸依戒): 삼보(三寶)에 귀의하여 계율에 맞게 살아가는 사람이 되겠다고 자신의 마음으로 약속하는 것을 계(戒)라고 하는 것이다.

삼보라고 하면 불법승(佛法僧)을 말하는 것으로 여기에서 부처는 깨달음이고, 법이란 올바름이며, 승이란 청정함이라고 설하고 있듯이 불성(佛性)을 깨달아 실천하는 사람이 부처이고, 자신의 일체법이 진여와 동등하게 되는 것을 불법(佛法)에 맞게 불(佛)제자로 살아가는 올바른 사람이라고 하는 것이고, 청정한 수행자라고 하는 것은 자신이 진여와 화합하여 생활하기 때문에 승(僧)이 되는 것이다.

삼보에 귀의한다고 하는 것은 계율에 맞게 삼보로서 살아가겠다고 약속하는 것이며 자신이 삼보가 되는 것이다.

삼보로서 자리이타를 실천하는 방법이 자신의 일체법을 불성(佛性)을 자각하여 진여의 지혜로 정확하게 살아가기 때문에 자신이 삼보로 살아가게 되고 타인을 자비로 제도(濟度)하게 되는 것이다.

※ 귀의각양족존(歸依覺兩足尊): 자신의 자성이 불성(佛性)과 같다는 사실을 깨달아 살아가는 사람을 부처라고 하는 것이기에 자신도 불국토에서 살아가는 부처와 똑같이 살아가기를 약속하는 것이다.

　※ 귀의정이욕존(歸依正離欲尊): 자신의 일체법이 진여와 동등하게 되면 자신이 불법(佛法)에 맞게 살아가는 불(佛)제자가 되어 살아가게 되는 것이기에 자신도 탐진치를 초월하여 불법(佛法)에 맞게 살아가기를 약속하는 것이다.

　※ 귀의정중중존(歸依淨衆中尊): 자신이 청정한 수행자로서 살아가고자 하여 자신의 불성(佛性)을 자각하고 자신의 일체법에 맞게 진여와 화합하며 생활하는 스님(僧)이 되어 살아가기를 약속하는 것이다.

22. 삼보에 귀의하고 반야의 지혜로 윤회를 벗어나 살게 하다

今既自歸衣[依]三寶, 惣各各至心, 与善知識, 說摩訶般若波羅蜜法. 善知識, 雖念不解, 惠能与說, 各各聽. 摩訶般若波羅蜜者, 西國梵語, 唐言大智惠彼岸到.

此法須(心)行, 不在口[(念)], 口念(口念心)不行, 如(幻)如化.(如露如電. 口念心行即, 心口相應, 本性是佛, 離性無別佛.) 修行者法身, 与佛㝵也.

何名摩訶, 摩訶者是大, 心量廣大, 猶[由]如虛空. 莫定心座[心禪](第一莫着空, 若空心靜坐), 即落无既[无記](無記)空.(善知識, 世界虛空, 能含萬物色象), 能含日月星辰, 大地山何(河), 一切草木, 惡人善人, 惡法善法, 天堂地獄, 盡在空中, 世人性空, 亦復如是.

지금 이미 자신의 삼보(三寶)에 귀의하였으므로 모두가 각각 불심(佛心)으로 살기를 발원한 것이니 선지식(善知識) 여러분들에게 마하반야바라밀법을 설(說)하겠습니다.

선지식들이시여!

비록 입으로는 외울지라도 깨달아 실천하지 않으므로 혜능이 여러분들에게 설(說)하는 것이니 그대들 각각은 불심(佛心, 本心)으로 들도록 하십시오.

마하반야바라밀이란 서국(西國)의 범어(梵語)로 이곳의 말로 하면 위대한 지혜로 피안(彼岸)에 도달하는 것이다.

이 법(法)은 반드시 불심(佛心)으로 행(行)해야 하는 것이지 입으로 염불(念佛)하는데 있는 것이 아니며, 또 입으로 아무리 잘 외우고 염불(念佛)을 잘하더라도 불심(佛心)으로 실천하지 않으면 환상과 같은 것이 된다.

(마음으로 실천하지 않으면 환화와 같이 되고 아침 이슬과 같고, 번개와 같게 된다.

입으로 염불하고 마음으로 실천하면 마음과 입이 서로 상응하게 되어 본성(本性)으로 부처가 되는 것이고 본성(本性)을 떠나서 다른 부처는 없다는 것을 알게 되는 것이다.)

그러므로 수행자는 법신(法身)과 부처를 동등(同等)하다고 하는 것이다.

무엇을 마하(摩訶)라고 하는가하면 마하(摩訶)는 위대하다는 뜻으로 마음을 쓰는 것이 넓고 위대하여 비유하면 자신의 불심(佛心)도 청정하여 허공과 같다는 것이다.

그렇다고 마음을 허공과 같이 비워서 고정된 마음으로 앉아서 좌선(坐禪)만 한다면 곧 자신의 자성(自性)이 없는 무기공(無記空)에 떨어지게 것이다.

(첫째로 공(空)에 집착하지 말아야 하고, 만약에 공심(空心)으로 고요히 앉아 있으면 곧 무정물(無情物)처럼 멍한 무기공(無記空)에 떨어지게 되는 것이다.)

(선지식이시여! 삼천대천세계의 허공(虛空)은 능히 만물(萬物)과 색상(色象)을 함장(含藏)하고 있듯이,) 능히 일월성신(日月星辰), 산하대지(山河大地), 일체초목, 악인과 선인, 악법(惡法)과 선법(善法), 지옥과 천당 등 모두가 허공 속에 있는 것과 같이, 세상 사람들의 번뇌망념이 본성(本性)안에 있어도, 본성(本性)도 허공(虛空)과 같이 청정하므로 허공이 오염되지 않는 것처럼 본성(本性)도 역시 이와 같은 것이다.

※ 총각각지심(惣各各至心): 자신의 중생심을 모두 삼보에 귀의하여 궁극적으로 중생심이 사라져 공(空)이 되어 살아갈 수 있는 경지가 되었다는 말이다.
지금까지 일행삼매에서 무념, 무상, 무주의 마음을 살아갈 수 있게 삼신에 귀의하여 사홍서원을 발하고 참회하여 삼보에 귀의 한 것이 각자의 마음을 공(空)이 되게 한 것이다.
지금부터는 공(空)을 행할 수 있는 불공(不空)을 설하여 진여의 지혜로 살아가게 하는 설법이다.

※ 설마하반야바라밀법(說摩訶般若波羅蜜法): 마하반야바라밀법을 설하는 것은 위대한 반야의 지혜로 육도윤회를 벗어나 각자가 지금 본성으로 피안에서 살아가는 법을 설명하겠다는 것이다.
마하는 위대하다는 것이고 반야는 진여의 지혜이며 바라밀은 삼계를 초월하여 피안에 도달하는 것이므로 진여의 지혜로 고해를 벗어나 피안에 도달하여 살아가는 것이 된다.

※ 수행자법신(修行者法身): 모든 선지식들이 마하반야바라밀을 실천하기만 하면 모두가 법신이 되고 부처와 같게 되는 것이므로 지금까지 공(空)을 설하였다고 말하는 것이다.
중생심도 허공과 같은 마음으로 되니 자신의 일체법이 청정하여 만법

일여의 경지에서 법신으로 살아가게 되는 것이다.

혜능께서는 공(空)에 집착하여 무기공(無記空)에 떨어져 무정물이 되는 것을 염려하여 본성(本性)은 공(空)하다는 것을 설하며 불공(不空)으로 행하기를 설하고 있다.

※ 세인성공(世人性空): 세상의 사람들에게 있는 번뇌망념을 만물에 비유한 것이다. 대나무와 물의 비유나 백운(白雲)과 높은 산의 비유도 같은 것으로 허공이 물들지 않는 것처럼 본성(本性)도 무슨 번뇌망념이 있을지라도 오염되지 않는다는 것을 설한 것이다.

불성(佛性)이 본성(本性)이라고 하면 외도들은 여러가지로 반박하겠지만 본성(本性)이 공(空)이라는 사실을 허공에다 비유한 것은 불교만 무아(無我)를 입증하는 것이 된다.

그러므로 불성이나 본성은 공(空)이 되어야 하는 것이고 공(空)이 되므로 부처는 멀리에 있는 것이 아니게 되어 구경에는 세상 사람들이 모두 부처로 살아갈 수 있는 것이다.

23. 자신의 본성에 있는 일체만법을 허공과 같이
하여 살게 하다

性含万法是大, 万法盡是自姓[性]. 見一切人及非人, 惡知
[之]与善, 惡法善法, 盡皆不捨, 不可染着, 由(猶)如虛空, 名之
爲大. 此是摩訶行. 迷人口念, 智者, 心[行]*. 又有名[迷]人,
空心不思[空心靜坐, 百無所思, 自稱爲大, 此一輩人, 不可與
語, 爲邪見故]*, 名之爲大. 此亦不是. 心量[廣]*大[事]*, 不行是
少[小][道]*. 莫口空說. 不修此行, 非我弟子.

* 明版正統本(1439년)

사람들의 본성(本性)은 만법(萬法, 一切法)을 모두 함장(含
藏)하고 있으므로 위대한 것이고, 그러므로 만법(萬法)은 모
두 자기의 본성(本性)으로 인하여 있게 되는 것이다.

모든 일을 할 때에 선인(善人)이나 악인(惡人)이 하는 선
(善)한 일이나 악(惡)한 일을 하는 것을 보더라도 자신의 만법
(萬法)에서 악법(惡法)이나 선법(善法)을 모두 버리지도 않고
그것에 오염되거나 집착하지 않는 것이 마치 허공(虛空)과 같
이 하는 것을 위대(偉大)하다고 말하는 것이다. 이것을 마하
(摩訶)로 실천한다고 하는 것이다.

미혹한 사람들은 입으로만 외워서 말하지만 지혜로 살아가
는 사람들은 마음(佛心)으로 실천한다. 또한 미혹한 사람들은

마음을 비워서 아무 생각도 하지 않는 것을 위대하다고 말하기도 한다.

{마음을 비우고 고요히 좌선을 하면서 아무 생각도 하지 않는 것을 자칭 위대하다고 하지만 이것은 하나만 아는 무리들로서 더 말할 필요도 없는 사견(邪見)으로 미혹(迷惑)한 사람이다.}

그렇지만 이것은 옳지 못한 것이다. 그러므로 마음 쓰는 생각이 아무리 위대하고 커도 그것을 조금이라도 실천하지 않으면 작은 것이 된다.

입으로 외워서 헛되이 설법하지 말아야 한다. 이렇게 행(行)하는 사람들은 수행자가 아니고 나의 제자(弟子)가 아닙니다.

※ 만법진시자성(万法盡是自性): 만법(萬法)이 자성(自性)에 있다는 것은 일체의 대상경계를 인식하는 것은 자신이기 때문에 자성(自性)에 있다는 것이다.
만법일여(萬法一如)의 경지가 되어야 하기 때문에 자성(自性)에서 인식하는 만법(萬法)은 공(空)이 되는 것이기에 불성(佛性)이 되는 것이다.

※ 공심불사(空心不思): 마음에 아무생각도 하지 않는 것을 크다고 하고 위대하다고 하면 죽은 사람은 아주 위대한 것이 되고 생각하지 못하는 무정물이 위대한 것이 되는 것이기에 미혹한 사람이라고 설하고 있는 것이다.
이것은 북종선을 비판하는 것으로 신수의 게송에서 말하고 있는 것처럼 "時時勤拂拭 莫使有塵埃.(때때로 항상 부지런하게 망념의 때를 닦아서 깨끗하게 하여, 번뇌 망념(妄念)의 때가 붙지 않게 하여야 한다.)"는 말을 바르게 이해하지 못하고 망념(妄念)이 생기지 않게 아무 생각도 없이 있으면 망념도 없고 닦을 필요도 없게 되어 자신이 청정하다고

알고 있는 것을 말하는 것이다.

　망념(妄念)이 생기면 망념을 청정하게 해야 한다는 간심간정(看心看淨)을 걱정하여 무정물처럼 사는 것을 수행(修行)이라고 하는 것을 비판한 것으로 무기공(無記空)에 떨어지는 것을 경책하는 것이다.

　※ 비아제자(非我弟子): 무기공(無記空)에 떨어지지 말고 진여의 지혜로 생활해야 한다는 것을 강조한 것이다.

　부처는 지혜에 의하여 태어나기 때문에 진여의 지혜가 없으면 만법이 본성에 있다고 하더라도 선악(善惡)에서 벗어나지 못하게 되고 입으로만 하고 실천하지 못하게 되는 것이므로 불제자(佛弟子)가 아니고 외도(外道)가 되는 것이라고 하신 것이다.

24. 진여의 지혜는 자신이 여시하게 본성을 관조하여 행하는 것이다

何名般若. 般若是智惠. 一時中{一切處所, 一切時中}, 念念
不愚[思], 常行智惠, 即名般若行.

一念愚[思]即般若絶. 一念智即般若生. 心中常愚, 我修般
若.{世人愚迷, 不見般若, 口說般若, 心中常愚, 常自言我脩般
若, 念念說空, 不識真空. 般若無形相, 智惠心即是.} 无形相,
智惠性即是. {若作如是解, 即名般若智.}

{ } 안은 明版正統本(1439년)

무엇을 반야라고 하는가하면 반야는 지혜를 뜻하는 것이
다. 항상 생각을 할 때마다 어리석지 않고 항상 자신이 관조
하는 지혜로 실행하는 것을 반야의 지혜로 실천한다고 하는
것이다.

그러므로 자신의 한 생각이라도 사량분별하는 어리석음이
있게 되면 자신이 관조하는 반야의 지혜는 끊어지게 되는 것
이고, 한 생각이라도 자신을 관조하는 지혜가 있게 되면 반야
의 지혜가 생긴다고 하는 것이다.

마음으로 자신을 관조(觀照)하지 않고 항상 어리석으면서
도 나는 반야의 지혜로 수행한다고 말하기도 한다. {세인(世
人)들은 어리석고 미혹하면서도 반야의 지혜로 관조하려고

하지 않고 입으로 말할 때는 반야의 지혜를 실천한다고 말하면서 마음으로 자신을 관조(觀照)하지 않고 항상 어리석으면서도 나는 반야의 지혜로 수행한다고 말하는 것은 생각 생각마다 항상 마음을 비운다는 공(空)을 설(說)하지만 공(空)의 진실한 뜻을 정확하게 알지 못하고 지식으로 아는 것과 같은 것이다.

반야(般若)가 무형상인 것처럼 지혜의 마음도 형상이 없는 것이며 지혜로 관조해야 하는 것이다.}

그렇지만 반야의 지혜는 형상(形相)이 없으니 어느 뉘가 알 수 있는 것이 아니듯이 반야지혜의 본성(本性)도 이것과 같은 것이다.

{만약에 이와 같이 여시하게 깨달아 알고 실천하는 사람을 반야의 지혜로 살아간다고 하는 것이다.}

※ 반야시지혜(般若是智惠): 반야는 범어이고 반야의 지혜라는 말이다. 반야의 지혜(智慧)는 자신이 여시(如是)하게 불법(佛法)에 맞게 관조(觀照)하여 보살도를 실천하는 것이다.

※ 일념우즉반야절 일념지즉반약생(一念愚[思]即般若絶 一念智即般若生): 한 생각이라도 망념(妄念)이 있게 되면 반야의 지혜는 없게 되는 것이고 한 생각이라도 자신을 관조하는 지혜가 있는 것을 반야가 생긴다고 하는 것이다.

이와 같은 반야의 지혜를 진여의 지혜라고 하며 본성으로 일행삼매를 실천한다고 하는 것이다.

※ 반야무형상 지혜심즉시(般若無形相, 智惠心即是): 반야가 무형상이라고 하는 것은 본성의 본체는 원래 청정하여 대상경계에 대한 차별이 없으므로 무상(無相)인 것이다. 반야가 무상(無相)이면 지혜의 본체도 무상(無相)이 되므로 공(空)을 실천하는 것이 된다.

25. 반야바라밀은 무주(無住)를 실행하는 것이다

何名[般若]波羅蜜. 此是西國梵音, [唐]言彼岸到, 解義離生
滅. 着竟[境]生滅去[起], 如水有波浪, 即是於此岸. 離境无[無]
生滅, 如水承[永]長流{如水常通流}, 故即名到被[彼]岸, 故名
波羅蜜.　　　　　　　　　　　{ }안은 明版正統本(1439년)

무엇을 바라밀이라고 하는가 하면 이것은 서국의 범어(梵
語)로 피안(彼岸)에 도달한다는 것이고, 뜻을 풀이하면 자신
이 번뇌망념의 생멸(生滅)을 벗어난다는 것을 말하는 것이다.
　대상경계를 집착(執着)하면 망념의 생멸(生滅)이 생기는 것
은 물이 흘러가는데 파랑(波浪)이 생기는 것과 같아서 경계에
따라 망념(妄念)이 생기는 것이니 차안(此岸)이라고 한다.
　그러나 이 대상경계를 집착하지 않으면 번뇌망념의 생멸
(生滅)이 없게 되어 물이 흘러가는데 항상 끊이지 않고 흘러
서 뒤돌아보는 집착이 하나도 없는 것을 피안(彼岸)에 도달했
다고 하는 것으로 바라밀을 실천한다고 하는 것이다.

迷人口念,{當念之時, 有妄有非.} 智者心行. 當念時有妄,
有妄即非真有. 念念若行{般若}, 是名真{性}有. 悟此法者, 悟
般若法修般若. 行不修即凡, 一念修行, 法身等佛. 善知識,
即煩惱是菩提. 捉前念迷即凡, 後念悟即仏.

{ } 안은 明版正統本(1439년)

미혹한 사람들은 입으로 읽기만 하고 {입으로 읽을 때마다
망(妄)과 비(非)가 있지만} 지혜로 살아가는 사람들은 마음
(佛心)으로 실천한다.

마땅히 읽든지 생각할 때마다 망념(妄念)이 있는데 이 망념
(妄念)은 고정되어 진실로 존재하는 것은 아니다.

그러므로 생각 생각마다 만약에 항상 반야의 지혜로 실행하
면 이것이 진실로 반야의 지혜가 본성(本性)에 존재한다고 하
는 것이다.

이 법(法)을 깨달은 이는 반야의 지혜로 살아가는 법을 깨
달아서 반야의 지혜로 수행하게 되는 것이다.

반야의 지혜를 실천하지 않으면 범부(凡夫)가 되는 것이고
반야의 지혜를 일념(一念)으로 수행하면 자신의 법신(法身)
이 부처와 같게 되는 것이다.

선지식들이시여! 번뇌가 보리인 것도 이것과 같아서 이전
의 생각에 미혹하여 집착하고 다시 반복하게 되면 범부가 되
고 지금의 생각을 반야의 지혜로 청정하게 자각(自覺)하여 실
천하면 부처인 것이다.

※ 바라밀(波羅蜜): 자신의 번뇌망념을 벗어나 진여의 지혜로 피안에서 살아가는 것을 의미한다. 대상경계를 집착하지 않고 본성으로 여시하게 살아가는 것이 반야바라밀인 것이다.

※ 미인구념(迷人口念): 미혹한 사람들은 경전을 보든 생각을 하고 입으로 말을 하더라도 이것을 실천하려고 하지 않고 기억하려고만 하는 것을 비판한 것이다.
마음을 청정하게만 하려고 하고 실천하지 않으면 범부가 되는 것이라고 하며 마음만 청정하게 하려고 하는 수행자를 경책하는 것이다.

※ 염념야행(念念若行[般若]): 생각할 때마다 항상 진여의 지혜가 실행되면 본성(本性)이 살아나게 되어 반야의 지혜가 존재하게 되는 것이다.
이것은 마음을 청정하게 하면 부처라는 사실을 알게 하고 또 이 마음으로 실천하는 방법을 구체적으로 설명하고 있는 것이다.
즉 망념(妄念)을 불법(佛法)에 맞게 관조하여 실천하는 것이 진여의 지혜인데 이것은 구체적으로 생각이 일어난 것을 집착하지 말아야 부처가 된다고 하여 다음에 "後念悟即仏"라고 말하고 있다.

※ 번뇌시보리(煩惱是菩提): 번뇌가 보리라는 사실도 망념을 했다는 사실을 자각하고 다시 이것에 대한 집착을 하지 않으면 보리가 되는 것이다.
이것을 생사(生死)가 열반(涅槃)이라고 하는 것으로 즉 망념이 일어나는 것을 생(生)이라고 하고 망념이 사라지는 것을 사(死)라고 하는 사실을 자각하여 망념에 대한 집착이 없게 되면 열반이 되는 것을 북종선의 간심간정(看心看淨)과 비교하여 설하고 있는 것이다.

※ 착전념미즉범 후념오즉불(捉前念迷即凡, 後念悟即仏): 간심간정(看心看淨)하며 마음에 집착이 있게 되면 범부가 되는 것이며, 전념(前

念)에 대한 집착이 없이 지금 자각하여 만법이 부처라는 사실을 알고 실천하면 부처가 되는 것이다.

이것을 마하반야바라밀법이라고 하며 남종돈교가 최상승이라고 설하고 있는 것이다.

전념(前念)은 이전의 생각인데 지금 이전에 생각한 것을 말하는 것으로 망념(妄念)이든 정념(正念)이든 이것을 자각(自覺)하는 진여의 지혜가 있으면 부처인 것이고 이것을 집착하면 지금의 생활은 과거를 집착하는 것이 된다.

지금에도 집착한다면 지금은 지나가는 과거가 되는 것이기에 항상 집착하지 말고 생활하기를 바라지만 자신의 본성(本性)을 확고하게 무념(無念)의 반야바라밀로 실천하지 못하면 범부를 벗어나지 못하게 되는 것이다.

그러므로 후념(後念)은 본성(本性)의 지혜로 관조(觀照)하여 본성(本性)은 무념(無念)이라는 사실을 알고 무상(無相), 무주(無住)로 실천하면 부처라고 한 것이다.

26. 남종돈교의 종지(宗旨)를 설하다

善知識, 摩訶般若波羅蜜, 最尊最上第一, 无住无去无来, 三世諸仏從中出. 將大知[智]惠到彼岸, 打破五陰, 煩惱塵勞. 最尊最上第一, 讚最上, 最上乘法修行, 定成佛. 无去无住无来往, 是定惠苄, 不染一切法, 三世諸仏從中, 變三毒爲戒定惠.

선지식(善知識)이시여! 마하반야바라밀(摩訶般若波羅蜜)은 가장 존귀하고 최상(最上)이며 제일의 반야지혜로 윤회를 벗어나 본성으로 살아가게 설한 것이고, 반야의 지혜는 무주(無住), 무거(無去), 무래(無來)이므로 삼세(三世)의 모든 부처가 이 반야의 지혜에 의하여 출세(出世)하게 되는 것이다.

마땅히 위대한 지혜로써 피안의 세계에 도달하려면 오음(五陰)의 번뇌망념을 타파하여야 하는 것이다.

가장 존귀하고 최상이며 제일의 반야지혜로 윤회를 벗어나는 것을 찬탄한 것은 이 최상승법으로 수행하면 부처가 되는 것이 확실하기 때문이다.

반야의 지혜가 무주(無住), 무거(無去), 무래(無來)라고 하는 것은 정혜(定慧, 선정과 지혜)가 동등하여 본성(本性)이 일체법에 오염되지 않는 반야의 지혜에 의하여 삼세(三世)의 제불(諸佛)이 출세(出世)했다고 하는 것으로 탐진치(貪嗔癡)의 삼독심을 계정혜(戒定慧)로 전환한 것을 말하는 것이다.

善知識, 我此法門, 從(一般若生)八万四千智惠. 何以故.
為世[人]有八万四千塵勞. 若無塵勞, 般若常在, 不離自姓
[性]. 悟此法者, 即是无念, 无億(憶), 无着, 莫去[起]誰[雜]妄.
即自是真如[性], 用知[智]惠観照, 於一切法, 不取不捨, 即見
姓[性]成佛道. 　　　　　　　　　　　* 明版正統本(1439년)

선지식(善知識)들이시여! 나의 이 법문(法門)은 반야의 지
혜가 본성(本性)에 의하여 생기는 것을 알게 되면 8만4천의
지혜가 생기게 되는 것이다.
　왜냐하면 세상 사람들에게는 8만 4천의 번뇌망념이 있기
때문이다.
　만약에 번뇌망념이 없다면 반야의 지혜로 항상 자유자재하
게 살아가게 되므로 반야의 지혜는 자기의 본성(本性)을 벗어
나지 않게 되는 것이다.
　이 법(法)을 깨달으면 바로 무념(無念), 무억(無憶), 무착
(無着)이 되어 어떤 망념(妄念)도 없게 되는 것입니다.
　그러므로 바로 자신이 진여본성의 지혜로 일체법을 관조
하여 취하지도 버리지도 않게 되는 것이니 이것을 견성성
불(見性成佛)하여 도(道)를 실천하는 부처로 살아간다고 하
는 것이다.

※ 마하반야바라밀 최존최상제일(摩訶般若波羅蜜, 最尊最上第一): 지금까지 설한 내용을 다시 반복하여 최고로 존귀하고 최상대승이라고 강조하고 있는 부분이다. 마하반야바리밀은 이『단경』에서 뿐만 아니라 불교(佛教)에서 부처가 되는 근간이므로 다시 반복하여 설명할 필요는 없을 것이다.

※ 무주무거무래 삼세제불종중출(无住无去无来, 三世諸仏從中出): 반야바라밀을 실천하는 방법을 무주(無住)라고 하는 것은 진여의 지혜는 자신의 의식에서 다시 집착을 하지 않는 것이므로 무주(無住)인 것이고, 자신의 본성(本性)이 법신(法身)이므로 무거(無去)무래(無來)인 것이다. 삼세의 제불은 반야바라밀다에 의하여 아뇩다라삼먁삼보리를 체득했다고『반야심경』에 말하고 있듯이 자신의 일체법에 집착하지 않아야 무주(無住)가 되어 해탈하게 되는 것이다.

※ 변삼독위계정혜(變三毒為戒定惠): 탐진치의 삼독을 전환하여 계정혜가 되면 삼세의 제불과 같게 되는 것이다. 자신의 본성(本性)에서 탐진치를 제거하면 계정혜가 되는 것이다.
탐진치(貪嗔癡)에서 탐(貪)은 탐욕이며 진(嗔)은 탐욕을 성취하지 못했을 때에 화를 내는 것이고, 또 욕망을 성취하여 행복이나 만족감, 쾌감을 느끼는 것이 있다고 하면 이것을 성취하지 못했을 때의 좌절감이 있게 되는 것을 말하는 것이고, 치(癡)라는 것은 자신이 욕망에 의하여 성질을 내고 있다는 사실을 알지 못하는 것을 말하는 것이다.
탐진치를 계정혜로 전환하는 것은 탐욕은 계율을 불법(佛法)에 맞게 행하면 사라지는 것이고, 진애(嗔礙)는 탐욕이 공(空)이라는 사실을 알면 열반적정하게 되는 것이며, 우치(愚癡)는 자신을 관조하지 못하는 것이기에 자신을 불법(佛法)에 맞게 관조하여 진여의 지혜로 생활하면 우치(愚癡)는 사라지는 것을 삼독을 삼학으로 전환하여 부처가 된다고 하는 것이다.

※ 팔만사천진로(八万四千塵勞): 불법(佛法)에 맞는 진여의 지혜라는 사실을 한 번이라도 알게 되면 팔만사천의 진여지혜가 있게 되는 것이다.

　이것은 팔만사천의 번뇌를 돌이켜 지혜로 전환할 수 있기 때문이다. 이것 때문에 번뇌(煩惱)가 보리인 것이고 생사(生死)가 열반이라고 말하는 것이다.

　돈오(頓悟)하는 능력이 없다면 번뇌(煩惱)와 생사(生死)에서 벗어날 수가 없는 것이다. 여기에서 팔만사천이라는 숫자는 각자의 번뇌망념이 무수하게 많다는 사실을 말하는 것이지 숫자의 개념은 없는 것이다.

　※ 오차법자 즉시무념무억무착(悟此法者, 即是无念, 无憶, 无着): 번뇌가 보리라는 사실을 자각하여 반야의 지혜가 항상 본성(本性)에서 작용해야 하는 것이다.

　이와 같이 본성(本性)으로 행한다는 사실을 무념(無念)이라고 한 것이 돈교의 종지(宗旨)인 것이고, 무억(無憶)을 본체로 하는 것은 대상경계를 의식에서 기억하여 차별하지 않는 것으로 무상(無相)이라는 말이며, 무착(無着)을 근본으로 한다는 것은 집착을 하지 않는 다는 것으로 생각이 단절되지 않는 무주(無住)인 것이다.

　앞에서 설하였던 무념(無念), 무상(無相), 무주(無住)에서 무억(無憶)과 무착(無着)으로 설명하고 있는 것이다.

　무억(無憶)은 과거의 기억에 의지하여 현재를 차별분별하지 않는 것을 말하는 것이므로 무상(無相)과 같은 뜻이다.

　무착(無着)은 어디에도 집착이 없는 것이므로 무주(無住)가 되어야 하는 것이다.

　※ 견성성불도(見性成佛道): 견성(見性)은 자신의 본성(本性)을 친견하는 것이고 이 본성(本性)이 불성(佛性)이라는 사실을 자각하게 되면 모든 생활을 본성으로 행하는 것을 부처를 이룬다고 하는 것이기에 성불(成佛)이라고 한 것이다.

그리고 성불도라고 하고 있는 것은 부처로서 생활하는 것을 도(道)라
는 말로 하고 있는 것이고, 도(道)는 진여의 지혜로 항상 생활해야 하는
것을 강조하는 것이다.

27. 반야삼매를 자각하여 상인(上人)으로 살게 하는 것이 남종돈교다

善知識, 若欲入甚深法界, 入般若三昧者, 直修[須]般若波羅蜜行. 但持金剛般若波羅蜜經一卷, 即得見性, 入般若三昧. 當知此人, 功德无量. 經中分名[明]讚嘆, 不能具說. 此是最上乘法, 為大智上根人說. 少(小)根智人若聞法, 心不生信.

何以故, 譬如大龍, 若下大雨. 雨衣[提](於)閻浮提, 如漂草葉. 若下大雨, 雨放大海, 不增不減.

若大乘者, 聞說金剛經, 心開悟解. 故知本性, 自有般若[本性]之智, 自用知[(智)]惠觀照, 不假文字.

譬如其雨水, 不從無[天]有. 元是龍王, 於江海中, 將身引此水, 令一切衆生, 一切草木, 一切有情无情, 悉皆像[(蒙)]潤.

諸水衆流, 却入大海, 海納衆水, 合為一舵. 衆生本性, 般若之智, 亦復如是.

선지식이시여! 만약에 자신이 미묘한 일체법을 깨달아 반야삼매가 되어 대상경계와 만법(萬法)일여(一如)가 되고자하면 반드시 정확하게 반야바라밀을 실천해야 한다.

단지 『금강반야바라밀경』 1권만 수지독송하고 위타인설[5]

---

5) 『金剛般若波羅蜜經』卷1(『大正藏』8, 752쪽. 상1.):「若人以此般若波羅蜜經, 乃至四句偈等, 受持讀誦, 為他人說.」

할 수 있으면 곧바로 견성하여 자신의 일체법이 대상경계와 반야삼매가 되는 것을 깨닫게 되는 것이다.

그러므로 마땅히 이 사람은 반야의 지혜를 실천하게 되어 공덕(功德)이 무량하게 되는 것이다.[6]

경전에도 분명하게 찬탄하여 알고 있듯이 반야삼매를 실천하는 공덕은 모두 다 설명할 수 없는 것이다.

이것을 최상승법이라고 하는 것이며 위대한 반야의 지혜를 실천하는 상근기의 사람들에게 설법하는 것이다.

그러므로 만약에 소근기의 사람으로 신심(信心)이 얕은 세속의 사람들은 이 법(法)을 들어도 마음속에 확신(確信)이 서지 않는다.

왜냐하면, 비유하여 설명하면 만약에 아주 큰 용이 있어서 큰 비를 내리는 것과 같다.

그리하여 이 비에 의하여 염부제에 있는 모든 것들이 낙엽처럼 떠내려가는 것과 같이 방황하게 되는 것과 같은 것이다.

그러나 만약에 아무리 큰 비가 내려도 이 빗물이 바다(상근기인)로 들어가게 되면 바다는 이 물을 모두 수용하여서 늘고 줄고 하는 것이 없는 것과 같다.

만약에 대승의 상근기인이 『금강경』을 설하는 것을 들으

---

6) 『金剛般若波羅蜜經』卷1(『大正藏』8, 752쪽. 중23.):「須菩提！若有人以滿無量
阿僧祇世界七寶持用布施，若有善男子，善女人，發菩薩心者，持於此經，乃
至四句偈等，受持讀誦，為人演說，其福勝彼. 云何為人演說？不取於相，如
如不動. 何以故？'一切有為法，如夢幻泡影 如露亦如電，應作如是觀.'」

면 중생의 마음이 열려 반야삼매를 깨달아 알게 되는 것이 이와 같다.

그러므로 사람들의 본성(本性)에는 반야의 지혜가 있는 것이어서 자신이 지혜로 관조(觀照)하여 사용할 줄만 알면 언어 문자에 의존할 필요가 없는 것이다.

이것을 비유하여 보면 큰 비와 빗물에 쓸려 내려가는 것과 같은 것으로 빗물은 본래 하늘에 있어서 내리는 것이 아니다.

원래는 용왕(龍王)이 강이나 바다 등에서 자신이 물을 끌어다가 일체(一切)중생(衆生), 일체(一切)초목(草木), 일체(一切)의 유정(有情)무정(無情)들을 모두 윤택하게 하는 것과 같은 비유이다.

모든 물들이 모여 강으로 흘러서 강물은 다시 바다로 들어가고 바다는 모든 물들을 받아들여서 하나가 되는 것과 같다.

중생들의 본성(本性)에 있는 반야의 지혜도 역시 이와 같은 것이다.

※ 이 단에서는 혜능이 『금강경』을 독송하는 소리를 듣고 출가하여 출세하였다는 사실을 다시 확인시키고 있는 부분이기도 하지만 진여의 지혜로 무념, 무상, 무주를 실천하기만 하면 모두가 상근기인으로 살아갈 수 있다는 것과 공덕을 강조하고 있는 것이다.

이 부분 부터는 중생을 교화하는 입장에서 방편으로 상근기와 하근기로 구분하여 제도하고 있는 것이다. 중생은 아무리 좋은 말을 들어도 지식으로 알아듣고 마음으로 실천하려고 하지 않기 때문에 하근기라고 설하고 있다.

※ 입반야삼매자(入般若三昧者): 반야삼매를 실천하는 사람은 일행삼매가 되어야 한다는 것을 앞에 설명하였듯이 만법일여가 되어야 하는 것이다.

이것을 『금강경』에서 인용하여 반야바라밀을 실천해야 한다고 설하고 있는 것이다.

반야바라밀은 진여의 지혜로 윤회를 뛰어넘어 피안에서 본성으로 살아가는 법을 말하는 것이기에 최상승이 되는 것이다.

※ 차시최상승법(此是最上乘法): 이것이 최상승법이고 상근기인을 위한 설법이라고 하는 것은 반야바라밀을 실천하기 때문이다.

진여의 지혜가 본성에 있어도 사용하는 능력이 없다면 아무리 좋은 일물(一物)이 있다고 한들 무슨 소용이 있겠는가?

아무리 큰 용이 큰 비를 내린다고 해도 이 빗물을 받아들여서 먹을 수 없다면 쓸모없이 되는 것을 비유하여 소근기인이라고 하고 번뇌망념의 뿌리가 깊다고 한 것이다.

누구나 이 빗물을 사용할 줄만 알면 언어문자에 의존할 필요 없이 모두가 윤택하게 부처로 살아갈 수 있는 것이다.

※ 해납중수 합위일체(海納衆水, 合為一躰): 바다에 비유하여 바다가 모든 물들을 모두 받아들여서 하나의 바닷물이 되는 것처럼 자신의 본성(本性, 法海)에서 모든 번뇌망념을 받아들여 진여의 지혜로 생활하면 일행삼매가 되는 것이다.

※ 중생본성 반야지지(衆生本性, 般若之智): 모든 중생에게 본성(本性)이 있는 것은 똑같지만 사용하는 방법에 있어서 사상(四相)에 집착을 가지고 사용하면 중생이고 반야의 지혜로 사용하면 부처가 되는 것이다.

오온(五蘊)을 공(空)이라고 관조하면 일체의 고액(苦厄)을 뛰어넘게 된다고 『반야심경』에 분명하게 설하고 있고, 『금강경』에도 반야의 지혜를 실천하는 공덕(功德)이 무량하다고 찬탄하고 있는 것이다.

28. 모두가 견성(見性)하면 평등한 남종돈교를 실천하게 된다

(善知識), 少(小)根之人, 聞說此頓教, 猶如大地草木. 根性自少(小)者, 若被大雨一沃, 悉皆自到(倒), 不能增長. 少(小)根之人, 亦復如是. 有般若之智之, 与大智之人, 亦无差別, 因何聞法即不悟, 緣邪見障重, 煩惱根深.

猶如大雲, 蓋覆於日, 不得風吹, 日無能現. 般若之智, 亦无大小, 為一切衆生, 自有迷心, 外修覓仏, 来(未)悟自性. 即是小根人, 聞其(若開悟)頓教, 不信(執)外修. 但於自心, 令自本性, 常起正見, [一切邪見], 煩惱塵勞衆生, 當時盡悟. 猶如大海, 納於衆[生]流, 小水大水, 合為一躰. 即是見性, 內外不住, 来去自由, 能除執心, 通達无导. 心修此行, 即与般若波羅蜜經, 本无差別.

선지식(善知識)들이시여! 소근기의 사람들이 이 돈교(頓敎)의 법문을 듣는다고 하여도 비유하면 대지의 초목(草木)들이 뿌리가 얕은 것과 같은 경우이다.

뿌리가 얕은 초목들은 만약 큰 비가 한번 오게 되면 모두가 쓰러져 죽게 되어 더 이상 자랄 수 없는 것과 같은 것이다. 소근기의 사람들도 역시 이와 같다.

그러나 반야의 지혜를 구족하고 있는 것은 상근기의 지혜를 가진 사람과 조금도 다르지 않은데 왜 이 법을 듣고도 깨닫지 못하는가 하면 자신의 사견(邪見)이 자신을 가로막고 있으며 훈습된 번뇌망념의 뿌리가 너무 깊기 때문이다.

이것을 큰 구름에다 비유하여 보면 (번뇌망념의) 구름이 (반야지혜의) 해를 가리고 있는데 (佛法의) 바람이 불지 않으면 (반야지혜의) 해가 자기 스스로 나타날 수 없는 것과 같은 것이다.

반야의 지혜는 역시 대소근기에 따라 차별이 없지만 일체의 중생들은 자기가 미혹한 마음이 있다는 중생심 때문에 자신의 밖에서 수행하여 부처를 찾으려고 하고 있으니 자신의 안에 있는 자성(自性)의 지혜를 깨달아 부처가 될 수 없는 것이다.

즉 소근기의 사람들이 이 돈교법을 듣고도 믿지 않고 밖에서 수행하여 찾으려고 하는 것과 같은 것이다.

단지 자기의 마음에서 자기의 본성(本性)으로 하여금 항상 정견(正見)만 일어나게 하면 일체의 사견(邪見)과 번뇌망념의 중생들이 마땅히 바로 모두 깨닫게 되는 것이다. 비유하면 큰 바다가 모든 물들을 다 받아들여서 하나가 되는 것과 같은 것이다.

즉 이와 같이 견성(見性)하면 내외(內外)의 어디에도 집착하지 않으며 자유자재하게 능히 집착하는 마음을 제거하게 되어 반야지혜를 통달하니 아무런 장애가 없게 되는 것이다.

마음을 이와 같이 반야지혜로 수행하게 되면 반야바라밀경의 가르침과 똑같이 수행하게 되는 것이다.

※ 소근지인(小根之人): 어느 누구나 본성이 있지만 상근기나 대근기, 소근기, 하근기로 구분하는 것은 이 『단경』뿐만 아니라 시대적인 상황을 설명하고 있는 것이다.

북종선의 수행법인 망념을 제거하는 간심간정을 근본적으로 비판하여 소근기의 사람이라고 하는 것이다.

왜냐하면 두터운 망념의 구름만 걷어내면 누구나 자신의 태양이 나오는데 자신의 태양이 외부에 있다고 하는 것을 비판한 것이다.

망념도 역시 외부에 있다고 하며 마음을 청정하게 하려고 하는 수행법을 남종돈교와 비교하여 설하고 있는 것도 시대적인 상황 때문인 것이다.

자성(自性), 본성(本性), 불성(佛性), 영성(靈性)등을 외부에 있다고 생각하는 이들을 소근기의 신앙인 이라고 말하고 있는 것이다.

즉 근기가 작은 사람에게는 극락세계가 10만억 세계를 지나가야 있다고 말하고 상근기의 지혜인에게는 이곳이 극락이라고 말하는 것과 같은 논리이다.

그러므로 번뇌망념이 외부에 있다고 말하지 말아야 하고, 타인의 잘못으로 인하여 수행을 하지 못한다고 하지 말아야 하며, 부처가 멀리 있다는 말은 불법(佛法)을 알지 못하는 외도(外道)들이 하는 말이고, 말법(末法)에 불제자(佛弟子)가 없게 되는 것을 우려했던 것이다.

※ 외수멱불(外修覓仏): 부처가 외부에 있다고 수행하여 부처를 찾으려는 사람들을 소근기라고 말하고 있는 것이다. 남종돈교가 최상승인 이유 중의 하나가 청정한 본성(本性)이 외부에 있는 것이 아니고 내부에 있다는 것이다. 그러므로 외부에서 찾지 않아도 되는 것이다.

망념의 근원을 외부에서 찾고 본성(本性)을 외부에서 찾는다면 자신이 자신을 찾는 것과 같고 망념으로 망념을 치유하려는 것과 같아서 아무리 오랜 세월을 수행하여도 되지 않는 것이다.

깨달아 부처가 된다는 말은 자신의 본성이 공(空)이라는 사실을 자각하여 불법(佛法)에 맞게 진여의 지혜로 생활하는 것을 말하는 것이 된다.

그러므로 외부에 부처가 있다고 수행하여 찾는다면 잘못된 것이다.

또 본성(本性)을 너무 쪼개면 컴퓨터의 하드를 분리하여 기억소자나 전자가 무슨 활동을 하는 것처럼 되어 불행한 인생이 되는 것이다.

불성(佛性)을 영성(靈性)이라고 하여 특별한 의식으로 분리하여 7식(사량), 8식(識)이 아닌 불사(不死)의 귀신(鬼神, 불가사의 한 신)으로 하면 불교(佛敎)가 아닌 사도(邪道)가 되는 것이다.

남종돈교는 외부를 향한 수행이 아니고 내부로 향한 반야바라밀의 수행인 것이다.

※ 즉시견성 내외부주(即是見性, 內外不住): 본성(本性)에서 항상 정견(正見)만 일어나게 하여 사견(邪見)이 없게 된다는 사실을 자각하면 모든 중생들이 견성(見性)하게 되는 것이므로 대소(大小)가 없게 되는 것이다.

본성(本性)이 공(空)이라는 사실을 자각하면 내외(內外) 어디에도 집착하지 않게 되어 자유자재하다는 것을 설명하며 이것이 남종돈교의 종지(宗旨)라는 사실을 강조하고 있는 것이다.

29. 불법(佛法)으로 말법(末法)을 없애고 자성의 불도(佛道)를 행하게 하다

一切經書及文字, 小大二乘, 十二部經, 皆因[人]置, 因智惠性故, 故然能建立. 我若無智人(若無世人), 一切万法, 本无[亦]{自}不有.

故知万法, 本[從]人興, 一切經書, 因人說有. 緣在人中有[緣在人中], 有愚有智, 愚為少[小]故, 智為大人. 問迷人於智者(愚者, 問於智人).

智人与愚人說法, 令使(其)愚者{愚人中人忽然}, 悟解染[(心)]開. 迷人若悟心開, 与大智人无別. 故知不悟, 即是佛是衆生, 一念若悟, 即衆生不是佛[即衆生是佛].

故知一切万法, 盡在自身心中. 何不從於自心, 頓現[見]真如本姓[性]. 菩薩戒云經[菩薩戒經云][7]. 我本願[源]自姓[性]清淨. 識心見性, 自成佛道.

(淨名經云). 即時豁然, 還得本心.[8]

---

7) 『梵網經』卷2(『大正藏』24, 1003쪽. 하21.) : 「說我本盧舍那佛 心地中初發心 中常所誦一戒光明. 金剛寶戒是一切佛本源, 一切菩薩本源, 佛性種子, 一切衆生皆有佛性. 一切意識色心是情是心皆入佛性戒中, 當當常有因故. 有當當常住法身, 如是十波羅提木叉, 出於世界. 是法戒是三世一切衆生頂戴受持, 吾今當為此大衆重說十無盡藏戒品. 是一切衆生戒本源自性清淨. 我今盧舍那 方坐蓮花臺 周匝千花上 復現千釋迦 一花百億國 一國一釋迦 各坐菩提樹 一時成佛道 如是千百億 盧舍那本身 千百億釋迦 各接微塵衆 俱來至我所 聽我誦佛戒」

8) 『維摩詰所說經』卷1「弟子品」3(『大正藏』14, 541쪽. 상5.) : 「時維摩詰即入三昧, 令此比丘自識宿命, 曾於五百佛所植衆德本, 迴向阿耨多羅三藐三菩提, 即時豁然, 還得本心.」

일체의 경전과 언어문자로 설명하는 모든 대승(大乘)과 소승(小乘)의 12부 경전은 모두 사람들이 만든 것으로 지혜의 본성(本性)을 유지하기 위하여 불법(佛法)을 건립한 것이다.

내가 만약에 지혜가 없는 사람이 되면 (본성에 있는) 일체만법은 본래 스스로 존재하지 않는 것이 된다.

(대상경계를 자신이 인식하여 진여의 지혜로 관조하지 않으면 경계에 오염되어 佛法를 자각하지 못하므로 일체만법은 없는 것이 된다.)

그러므로 만법(萬法)은 본래 사람의 지혜를 일어나게 하려고 만든 것이고, 일체의 경서들은 모두 지혜가 없는 사람들을 위하여 설한 것이다.

사람들 중에는 우둔한 사람도 있고 지혜가 있는 사람도 있는데 우둔한 사람을 소인(小人)이라고 하고 지혜가 있는 사람을 대인(大人)이라고 하는 것일 뿐이다.

미혹하여 우둔한 사람이 지혜 있는 사람에게 물으면 지혜가 있는 사람은 우둔한 사람에게 불법(佛法)을 설하여 우둔한 사람이 망심(妄心)을 홀연히 해결하여 본심(本心)을 깨닫게 되는 것이다.

미혹한 사람이 만약에 이것을 깨달아 마음이 열리게 되면 지혜 있는 사람과 똑같게 되는 것이다.

그러므로 깨닫지 못하면 곧 부처가 중생이 되는 것이고 일념(一念)을 만약에 지혜로 자각하면 중생이 아니고 부처가 되는 것이다.

그래서 일체의 만법은 모두가 자기의 마음속에 있다는 것을 알 수 있는 것이다.

  그런데도 어찌하여 자기의 마음을 진여본성으로 깨달아 친견하지 못하는 것인가?

  『보살계경』에 말하기를, "나의 본원(本源)인 자성(自性)은 본래 청정하니 자기의 마음을 명확하게 알면 자기의 본성(本性)을 친견하게 되고 자신이 불도(佛道)를 행(行)하게 된다."고 하셨다.

  『정명경』에 말하기를, "지금 바로 확연히 자각하게 되면 도리어 본심(本心)을 체득하게 된다."고 하셨다.

※ 만법(萬法): 여기에서 법(法)이라는 것은 인연법을 말하는 것으로 자신이 인식하고 아는 모든 것을 뜻하는 것이다. 일체의 대상경계를 만법이라고 하는 것이지만 이것을 인식하고 아는 것은 자신밖에 없는 것이다. 그러므로 법은 자신의 일체법이 되는 것이다.

말법(末法), 말세(末世)라고 하는 것도 자신의 일체법(一切法), 만법(萬法)이 없는 것을 말하는 것으로 대상경계를 인식하는 중생심의 지식만 있을 뿐이지 진여의 지혜가 없는 것을 의미하는 말이다.

경에도 말법이라는 말이 나오는데 이것을 종말이라는 극단적인 언어로 해석하여 사람들을 미혹하게 하여 두렵게 한다든지 신앙화하면은 불법(佛法), 만법(萬法), 일체법에서 말하는 법의 의미와는 다른 것이 된다.

언어문자로 이루어진 모든 경(經)들은 사람들이 본성(本性)으로 살아가게 하기 위하여 만들어서 불법(佛法)을 건립한 것이므로 자신에게 만법(萬法)이 존재하게 되는 것이다.

※ 고지불오 즉시불시중생(故知不悟, 即是佛是衆生): 자신의 만법(萬法)이 모두 자신에게서 나온다는 사실을 깨닫지 못하고 대상경계에 있다는 사실만 알고 살아가면 소인(小人)이 되고 우둔한 사람이 되는 것이기에 부처가 중생이 된다고 설하고 있는 것이다.

본래 청정한 부처이지만 자신의 일체법은 없고 존재하지도 않는다고 하는 것을 말법(末法)이라고 하는 것이므로 말법(末法), 말세(末世)도 자신이 만드는 것임을 우리는 알아야 한다.

※ 일념약오, 즉중생시불(一念若悟, 即衆生不是佛[即衆生是佛]): 일념(一念)이라도 자신의 만법(萬法)이 본성(本性)에 있다는 사실을 자각하면 곧바로 중생이 부처가 되는 것이고, 일념(一念)이라도 외부에서 찾는다면 바로 부처가 중생이 되는 것이다.

망념은 외부에 있는 것이 아니고 내부에 있다는 것이고 본성은 본래부터 청정하기에 남종이 최상승이라고 설하고 있는 것이다.

여기에서 고정된 부처는 없는 것이기에 상구보리 하화중생(上求菩提下化衆生)9)을 항상 실천해야 하는 것이다.

『大乘起信論裂網疏』에 의하면 "자신이 깨닫기 이전에 중생제도를 실천해도 불법(佛法)에 맞게 실천하기만 하면 불도(佛道)를 실천하는 것이 되고 깨닫고 나서 불법(佛法)에 맞게 진여의 지혜로 생활하면 모든 것이 중생을 제도하는 것"이라고 설하고 있다.

---

9) 『靑色大金剛藥叉辟鬼魔法(亦名辟鬼殊法)』卷1(『大正藏』21, 100쪽. 중23.):「上求菩提下化衆生」
   『大乘起信論裂網疏』卷5(『大正藏』44, 455쪽. 하1.):「未證法身已前, 縱令下化衆生, 皆是上求佛道. 以自利利他種種方便皆為證會真如體故. 已證法身之後, 縱令上求佛道, 皆為下化衆生. 則如今文所明也.」
   『佛說佛名經』卷9(『大正藏』14, 222쪽. 하17.):「上弘佛道下化衆生」
   『妙法蓮華經玄義』卷4(『大正藏』33, 724쪽. 중15.):「上求佛道故, 有聖行天行. 下化衆生故, 有梵行病行嬰兒行也.」
   『大方廣圓覺修多羅了義經略疏』卷2(『大正藏』39, 553쪽. 중17.):「若諸末世一切衆生於大圓覺 此下正明大智上求菩提. 對前大悲下化衆生.」

154

30. 자신의 진여본성을 친견하고 해탈하여 육조가 되다

善知識, 我於忍和尚處, 一聞言下大伍[悟](便悟), 頓見真如本性. 是故汝[以]敎法, 流行後代, 今(令)李道者, 頓悟[悟]菩提, 各自觀心, 令自本性頓悟(自見本性). 若能自[不]悟者(若自不悟), 頓[須]覓大善知識, 亦[示](是)道見姓[性].

何名大善知[識], 解最上乘法, 直是[(示)]正路, 是大善知識, 是大因緣, 所爲(謂)化道(導), 令得見仏. 一切善法, 皆因大善知識, 能發起故. 三世諸佛, 十二部經云, 在人性中, 本自具有, 不能自姓悟, 須得善知識, 示道見性. 若自悟者, 不假外[求]善知識. 若取外求善知識, 望得解說[脫], 无有是處. 識自心內善知識, 即得解[脫].　　　　{ } 안은 明版正統本(1439년)

선지식(善知識)들이시여! 내가 홍인화상이 계신 곳에서 가르침을 받고 언하(言下)에 나의 진여본성을 바로 친견하게 되었다.

그리하여 그대들이 이 불법(佛法)의 가르침을 후대(後代)에 유행(流行)시켜 수행자들로 하여금 불심(佛心)을 돈오(頓悟)하게 하는 것은 각자가 자기의 마음으로 관조하여서 자기의 본성(本性)을 스스로 바로 친견하여 깨닫게 하기 위한 것이다.

만약에 자신이 깨닫지 못한다면 위대한 선지식을 찾아서 자신의 본성(本性)을 견성(見性)하면 된다.

어떤 사람을 위대한 선지식이라고 하는가 하면 최상승법을 알게 하여 견성(見性)하는 바른 방법을 정확하게 제시하는 사람을 위대한 선지식이라고 하는 것이며 이러한 인연(因緣)으로 인하여 교화를 받고 부처를 친견하게 되는 것이다.

그러므로 이러한 일체의 선법(善法)은 모두가 위대한 선지식으로 인하여 능히 일어나게 되는 것이다.   삼세(三世)의 모든 부처와 12부의 경전이 모두 사람의 본성에 본래부터 구족되어 있는 것을 자신이 깨닫지 못하면 반드시 선지식을 찾아가서 지도를 받아 견성(見性)하도록 해야 한다.

만약에 자신이 스스로 깨달을 수 있는 사람들은 외부의 선지식을 찾을 필요가 없는 것이다.

그렇지만 만약에 자신의 밖에서 선지식에게 깨달음을 구(求)하여 취(取)해서 해탈하기를 바란다면 이것은 잘못된 것이다.

왜냐하면 자기의 마음 안에 있는 선지식을 명확하게 자각하여 알 때에 해탈할 수 있기 때문이다.

※ 언하대오(言下大悟): 홍인화상의 가르침을 받고 그 말씀에 의하여 바로 크게 깨달았다는 말인데 이『단경』에서『금강경』독송하는 소리를 듣고 출가하여서 방아 찧는 수행을 8개월하고는 자신의 심지를 게송으로 나타내니 오조께서『금강경』의 대의를 설하여 주시어 언하에 대오

(大悟)하게 되어 인가를 받았던 것이다.

언하(言下)에 대오(大悟)한 것이 의발이 아닌 진여본성이라고 구체적으로 자신이 말하고 있는 것이다.

이『단경』에서 의발이나『단경』의 가르침을 중요시하여 남종의 종단을 만드는 형태를 나타내는 단면인데 이것은 북종을 견제하기위한 방법인 것이다.

이것을 잘못 이해하면『금강경』의 반야바라밀법을 전하려는 이 책의 의도와는 다른 방향으로 가게 되어 그 시대의 정치적인 상황과 얽히게 되면 여러 가지 복잡한 일이 벌어지게 되는 것이다.

『능가경』을 소의경전으로 하는 북종과『금강경』을 소의경전으로 하는 남종으로 구분한 것은 북종을 견제하기 위한 것이지만 선을 한 걸음 발전시켜 남종이 최상승이라는 것을 확증하는 것이다.

이『단경』에서는 신회(神會, 684-758, 670-762)를 인정하지만 육조혜능(638-713)은 소승(小僧, 어린 사미)으로 말하고 있고 20년쯤 후에 남종의 종지가 혹란하게 되면 어떤 사람이 나타나 남종의 종지를 다시 확립하게 된다고 말하는 것으로 보면 신회의 나이가 29세나 43세가 되는 것으로 활대의 무차대회(732)를 말하는 것이다.

그리고 혹란은 안록산의 난(755-763)을 말하는 것이니, 무차대회 이후에 신회가 남북돈점을『현종기』(745)에서 확정짓는다는 내용을 예언한 것으로 봐서 그 이후에『단경』을 다시 신회의 제자들이 편집하였을 가능성이 많다.

언하대오의 의미는 어느 누구나 선지식만 만나면 하루아침에 돈오한다는 말이 아니고 모든 것이 익었을 때에 이심전심으로 언하돈오라는 말이 가능한 것이다.

이『단경』에서 말하는 혜능은 일생을 수행으로 일관하였다는 말이 맞을 것이다. 부유한 집이 아니고 가난한 집에 태어나 겨우 출가하는 것이나 석가모니가 왕자의 위치에서 겨우 출가하는 것은 상황만 다른 뿐이지 출가하는 마음은 비슷한 것이다.

왜냐하면 쾌락을 버리지 못하는 것이나 가난에서 벗어나지 못하는 것에서 돌파구가 출가라는 인생의 역전을 이룩하는 마음이 비슷하다고 한 것이다.

유한한 인생을 영원하다고 보고 고락(苦樂)에서 벗어나지 못한다면 이『단경』에서 반야바라밀을 설할 필요가 없고 출가의 의미도 퇴색하게 되는 것이다.

그렇게 출가하여 수행하고 불법(佛法)을 계승하는 마지막에서 언하대오하게 된다는 것을 이『단경』에서도 강조하며 어느 누구나 스스로 할 수 있다고 설명하고 있는 것이다.

※ 각자관심(各自觀心): 돈오(頓悟)나 대오(大悟)하는 방법을 자신이 불법(佛法)에 맞게 관조하여 본성(本性)을 공(空)으로 스스로 친견해야 하는 것이다.

※ 외구선지식(外求善知識): 선지식을 만나서 남종의 최상승법을 자신이 알지 못하면서 외부의 선지식에게 구하여 깨달음을 얻고자 하는 행위를 경책하는 것이다.

이것은 불법(佛法)의 계율에 따라 수행하는 사람에게 더욱더 정진하기를 바라며 남종의 종지를 펼치는 것이고 외도(外道)나 사도(邪道)에게 하는 말은 아닌 것이다.

남종의 선지식을 만나 교화 받고 남종의 종단을 만들어가는 내용이 들어 있는 단이다.

그러므로 자신이 언하대오한 것이 진여본성이고 자신의 불법(佛法)이 정통이고 선지식은 최상승법으로 지도해야 한다고 강조하고 있는 것이다.

선재동자가 구법행하는 것을 선지식으로 비유하여 설하는 것이기에 모든 사람들이 선지식이 되는 것이다.

이 단은 수행자가 되는 법을 설한 것이고 스승으로 살아가는 법을 설하고 있는 것이지만 잘못 이해하면 사자(師資)간의 교육이나 불교의 교단을 무시하는 말이 될 수 있는 것이나 이『단경』은 기본적인 교육을 마친 수행자들에게나 가능한 말이지 외도(外道)나 사도(邪道)에게는 들리거나 보이지 않는 필요 없는 말들이다.

31. 자신의 만법이 무념(無念)이면 불지(佛地)에 오르게 된다

若自心邪迷, 妄念顛倒, 外善知識, 即有教授, 汝若不得.
自悟當起般若観照, 刹郍間妄念倶滅. 即是自真正善知識, 一
悟即知[至]佛也[地].

自性心地, 以智惠観照, 內外名[明]徹, 識自本心. 若識本心,
即是解脱. 既得解脱, 即是般若三昧. 悟般若三昧, 即是无念.

何名无念, 无念法者, 見一切法, 不着一切法, 遍一切處, 不
着一切處. 常淨自性, 使六賊從六門走出, 於六塵中, 不離不
染, 来去自由, 即是般若三昧, 自在解脱, 名无念行.

莫百物不思, 當令念絶, 即是法傳[縛], 即名邊見. 悟无念法
者, 万法盡通. 悟无念法者, 見諸佛境界. 悟无念頓法者, 至佛
位地.

만약에 자신이 자기의 마음을 삿되고 미혹하게 하여 번뇌망
념으로 전도(顛倒)되게 한다면 외부의 선지식에게 위대한 가
르침이 있다고 해도 그대가 얻을 수가 없는 것이다.

그러나 자성(自性)의 선지식을 깨달아 마땅히 반야의 지혜
로 관조하게 되면 순식간에 번뇌망념은 모두 사라지게 되는
것이다.

즉 이것을 진정한 자성의 선지식을 깨닫는다고 하는 것이고

160

바르게 깨달아 불지(佛地)에 도달했다고 하는 것이다.

자기 본성(本性)의 심지(心地)에서 자신이 진여의 지혜로 관조(觀照)하면 내외(內外)가 분명히 철저(徹底)하게 삼매가 되는 것을 자기의 본심(本心)으로 알게 되는 것이라고 한다.

그러므로 만약에 본심(本心)을 분명하게 알면 해탈하게 되는 것이다.

이미 해탈하였으면 이것이 반야의 지혜로 삼매가 되는 것이다. 반야삼매를 깨달으면 곧 무념(無念)이 되는 것이다.

무엇을 무념(無念)으로 실천하는 무념법(無念法)인가 하면 대상경계의 일체법(一切法)을 보더라도 자신의 일체법(一切法)은 대상경계에 집착을 하지 않으면서 어디를 가더라도 어디에도 차별분별하는 망념으로 집착하지 않는 것을 말한다.

이와 같이 하면 항상 자성(自性)은 청정하게 되어 육적(六賊, 안이비설신의 탐욕의 도적)을 육문(六門, 안이비설신의)에서 쫓아내게 되어 육진(六塵)에 살면서도 육진(六塵)에 오염되지 않고 오가는데 자유로운 반야삼매가 되어 자유자재하게 해탈한 것을 무념(無念)으로 살아간다고 하는 것이다.

온갖 것들을 사량분별하지 않으려고 하고, 마땅히 망념(妄念)을 단절(斷絕)하려고 하지 말아야 한다.

이와 같이 하면 이것에 자신이 법박(法縛)된 것이며 편견인 것이다. 이 무념법(無念法)을 깨달으면 만법(萬法)이 모두 일여(一如)가 되어 어디에나 통하게 되는 것이다.

이 무념법(無念法)을 깨달은 사람은 모든 부처의 경계를 깨달은 사람이다.

이 무념(無念)으로 자신의 일체법(一切法)을 깨달으면 불지(佛地)에 도달하게 된다.

※ 외선지식(外善知識): 외부의 선지식이라는 말인데 외부의 선지식에게 배우는 것과 구분하여 설하고 있는 것이다.

출가하여 8개월간 수행한 것과 경전의 대의를 계승한 것이 외부의 선지식에 의한 것이라고 한다면 자성(自性)의 선지식이라고 하는 것은 자신의 자성(自性)이 본성(本性)이고 불성(佛性)이라는 사실을 자각하면 번뇌망념으로 전도된 마음에서 벗어나게 되어 자성(自性)을 선지식으로 삼아서 불공(不空)의 생활을 하게 된다고 설하고 있는 것이다. 외부의 선지식이 하여줄 수 없는 것이 이것이다.

※ 약식본심 즉시해탈(若識本心, 即是解脫): 자신의 본심을 진여지혜로 관조하여 만법(萬法)이 일여(一如)가 되는 것을 자신이 자신의 본심(本心)을 안다고 말하는 것이고 이것을 해탈이라고 하는 것이다.

즉 자신의 본 마음이 공(空)이나 불법(佛法)에 맞게 청정하다는 사실을 자신이 알게 되는 것이다.

그래서 계정혜(戒定慧) 삼학(三學)을 말하는 것이고 정혜(定慧)만 말하면 불법(佛法)의 기초를 익힌 사람에게는 가능하지만 기초가 없는 사람에게 정혜만 말하면 외도(外道)가 될 가능성이 많게 되므로 불법(佛法)에 맞아야 한다고 하는 것이다.

해탈이라는 것도 무정물이 되는 해탈을 원하는 것이 아니고 지금 자신이 있는 그곳에서 항상 해탈을 하여 연꽃과 같은 삶을 살아가기를 발원하는 것이다.

※ 오반야삼매 즉시무념(悟般若三昧, 卽是无念): 반야삼매가 되는 것을 자각하면 무념(無念)이 되는 것은 자신의 마음을 관조하여 본성이 공(空)이라는 사실을 자각하면 무념(無念)이라는 사실을 돈오(頓悟)하게 된다고 설하고 있는 것이다.

자신이 무념이라는 사실을 철저하게 관조하여 법박(法縛)이 없게 되어야 공(空)하게 되는 것이다.

※ 오무념법자 만법진통(悟无念法者, 万法盡通): 무념법을 깨닫는다고 하는 것은 무념(無念)이라는 사실을 인식하여 자각하는 것이다.

이와 같은 사실은 번뇌망념이 없는 것이지 정념(正念)이 없는 것이 아니므로 망념이 없다는 사실을 알지만 즉 사상(四相)으로 안다는 마음이 없는 것이다.

즉 망념으로 집착하는 자신의 일체법이 없다는 사실이 무념법을 깨닫는 것이므로 자신의 만법은 어디에나 일여(一如), 삼매(三昧)의 경지가 되는 것이기에 어디에나 통한다고 하는 것이다.

그러므로 무념(無念)의 돈법(頓法)을 깨달으면 불지(佛地)에 도달한다고 말하는 것이다.

32. 후세에도 남종돈교법을 실천하면 성자의 지위가 된다

善知識, 後代得悟[吾]法者, 常見吾法身, 不離汝左右. 善知識, 將此頓教法門, 同見同行, 發願受持, 如是佛故[教], 終身受持, 而不退者, 欲入聖位. 然須縛[傳]受時, 從上已来, 嘿然而付於[衣]法, 發大誓願, 不退菩提, 即須分付. 若不同見解, 无有志願, 在在處處, 勿妄宣傳. 損彼前人, 宂[究]竟无益. 若遇[愚]人不解, 謗此法門, 百劫万劫千生, 斷佛種性.

선지식(善知識)들이시여! 후대(後代)에 나의 법을 체득한 사람들은 항상 내가 설한 법신(法身)이 그 사람들의 좌우(左右)에 있는 것을 알게 된다.

선지식들이시여! 이 돈교의 법문과 같은 견해를 가지고 똑같이 행하기로 발원하고 수지(受持)하여 여시(如是)하게 부처와 같이 행하며 종신토록 수지(受持)하여 물러나지 않는다면 성자의 지위에 들어가게 되는 것이다.

그러나 법을 전수할 때는 옛날부터 지금까지 반드시 묵연(默然)하게 이심전심으로 법을 부촉하여 보리심에서 물러나지 않겠다는 큰 서원을 발원하면 불법(佛法)을 부촉했다.

만약에 견해(見解)가 다르거나 불법(佛法)에 대한 마음이나 서원이 없다면 어디에서나 마음대로 선전(宣傳)하지 말아야 한다.

마음대로 법을 전(傳)하게 되면 선인(先人)들을 욕되게 하
는 것이고 궁극적으로 아무런 이익이 없게 되는 것이다.

  만약에 우둔한 사람으로 불법(佛法)을 이해하지 못한다면
이 법문(法門)을 비방하게 되는 것이어서 백겁 만겁동안에 아
무리 많은 부처가 탄생하게 된다고 하더라도 부처의 종성(種
性, 종자)이 끊어지게 되는 것이다.

  ※(불법(佛法)을 정확하게 알고 사람의 근기에 맞게 잘 전하여야 되
는 것이지 사사로운 감정이나 이익을 위하여 아무에게나 전하여 인가증
명하면 부처의 종자가 단절되는 것이라고 경고한 것이다.)

  ※ 불리여좌우(不離汝左右): 법신(法身)을 자각하면 항상 자신의 본
성으로 살아가는 것을 알게 되는 것이고 자각하지 못하면 불제자(佛弟
子)가 아니며 어리석고 우둔하면 비방하게 된다고 설하고 있는 것이다.
  무념(無念)으로 자신의 만법이 일여(一如)가 되면 부처의 종성(種性)
은 영원하게 되는 것이다.

  ※ 불퇴보리(不退菩提): 이것은 어느 누구나 진정한 참회(懺悔)를 할
줄 알고 실천하며 보리심에서 물러나지 않는 이가 되어야 불법(佛法)을
전수한다는 것이다.
  이심전심이 아니고 인가 증명서를 발부하든지 사상(四相)을 가지고
행하는 행위를 차단하여야 만법일여의 경지에서 보살도를 실천하게 된
다고 설하고 있는 것이다. 종단은 예외가 된다.

33. 남종돈교는 자성(自性)의 지혜로 무상(無相)을 실천하는 것이다

大師言. 善知識, 聽悟[吾]說无相訟[頌]. 令汝名[迷]者罪滅, 亦名滅罪頌. 頌曰.

愚人修福不修道, 謂(只)言修福而[如](便)是[道], 布施供養福无邊, 心中三業(惡)元来在.

若(擬)將修福欲滅罪, 後世得福罪无[元]造(還在), 若解向心除罪緣, 各自世[性]中真懺海[悔].

若悟大乘真懺海[悔], 除邪行正造[即]无罪, 孛道之人能自觀[觀], 即与悟人同一例.

大師令傳此頓教, 願孛之人同一躰, 若欲當来覓本身, 三毒惡緣心中[裏]洗.

努力修道莫悠悠, 忽然虛度一世休, 若遇大乘頓教法, 虔誠合掌志心求.

大師說法了, 韋使君 · 官寮 · 僧衆 · 道俗, 讚言无盡, 昔所未聞.

혜능대사께서 말씀하시기를, 선지식들이시여! 내가 설(說)하는 무상(無相)의 게송(偈頌)을 청정하게 본심(本心)으로 듣기를 바랍니다.

그대들에게 미혹으로 인한 죄업을 소멸하게 하는 것이므로

166

죄업을 소멸하는 게송이라고 하는 것이다. 게송으로 말씀하셨다.

  우둔한 사람들은 복 짓는 것을 수행이라고 하며 도(道, 진여의 지혜)로 수행하지 않고
  복 짓는 것을 도(道)를 수행한다고 말하고 있으니
  보시하고 공양 올리는 복도 한량이 없지만
  마음속에 삼업(三業)이 본래 그대로 있으면 아직도 삼업을 짓고 있는 것이네.

  (愚人修福不修道, 謂(只)言修福而[如](便)是[道], 布施供養福无邊, 心中三業(惡)元来在.)

  만약에 복을 쌓아서 죄업을 소멸시키려고 하면
  다음에 복을 얻어도 죄업은 도리어 그대로 있게 되고
  ※ (다음에 본성을 체득하려면 죄와 복이라는 조작이 없어야 하고)
  만약에 마음가운데 있는 죄의 반연을 제거하게 되면
  각자가 자기의 본성으로 진실하게 참회하는 것이 되네.

  (若(擬)將修福欲滅罪, 後世得福罪无[元]造(還在), 若解向心除罪緣, 各自性中真懺悔.)

  만약에 대승법을 깨달아 진실한 참회를 하게 되면,
  사법(邪法)을 제거하여 정법(正法)을 행하게 되어 죄업이 없게 되니

도(道)를 수행하는 사람이 능히 진여지혜로 자신을 관조하면
즉 깨달은 본래인과 똑같게 되네.

(若悟大乘真懺海[悔], 除邪行正造[即无罪, 孚道之人能自觀[觀], 即
与悟人同一例.)

대사께서 이 돈교의 법문을 나에게 전하게 한 것은
수행자들이 깨닫게 되어 불법(佛法)과 하나 되기를 원하는
것이니
만약에 앞으로 자신의 법신(法身)을 찾고자 한다면
삼독(三毒)의 악연(惡緣)을 마음속에서 제거하여 청정하게
해야 하네.

(大師令傳此頓教, 願孚之人同一躰, 若欲當来覓本身, 三毒惡緣心中
[裏]洗.)

열심히 수도(修道)하지 않고 빈둥거리며 세월을 헛되이 보내면
홀연히 한 세상(일생)이 헛되이 지나가게 되니
만약에 대승의 돈교 법문을 듣고 견성(見性)하려면
정성을 다하여 합장하고 지극한 마음으로 구(求)하여야 하네.

(努力修道莫悠悠, 忽然虚度一世休, 若遇大乘頓教法, 虔誠合掌志心求.)

대사께서 설법을 마치시니 위사군(刺史使君)·관료(官僚)·
승중(僧衆)·도속(道俗)들이 모두가 아직까지 들어보지 못한
법문이라고 찬탄하였다.

※ 청오설무상송(聽吾說无相頌): 무념을 종지로 하고, 무상을 본체로 하며, 무주를 근본으로 삼는다고 앞에 설하였듯이 무상(無相)이라는 말은 일체의 차별(差別)상(相)을 벗어나는 것으로 다시 무상송(無相頌)을 혜능께서 설하는 것은 무상(無相)을 본체(本體)로 하여 실천하는 법을 설하고 있는 것이다.

이 게송에서 수행법은 수도(修道, 진여의 지혜로 수행)이고, 대승의 정법(正法)으로 수행해야 하며, 본성을 관조하여 법신이 되는 것이니, 삼독을 제거하여 본성과 일행삼매가 되어 살아가기를 간절하게 요청하는 것이기에 청정하게 본심으로 들어야(聽) 하는 것이다.

※ 우인수복불수도(愚人修福不修道): 이것은 다음 단의 달마와 양무제의 만남에서 공덕과 복덕의 차이를 시중(示衆)설법한 부분이다.

복을 짓는 것이 공덕인양 생각하는 양무제를 달마가 비판한 것이지만 사람들은 마음속에 종적을 가지고 하기를 바라는 탐욕이 있기에 불교에서는 반야바라밀을 중요시하는 것이다.

종적을 남기려고 하는 마음은 탐욕이 강하기 때문에 베품 조차도 상거래하는 마음이 있는 것이고, 자신은 영원하다는 사상(四相; 아상·명상(命相, 人相)·중생상·수자상)이 있기 때문이다.

그래서 이것은 불교의 무아(無我), 공(空), 본성(本性)을 모르므로 우둔한 사람이라고 하고 소근기인이라고 하는 것이다.

남의 고통이 자기의 안락이라는 사실을 모르기 때문에 자신의 안락이나 자신의 명예만을 추구하는 것이 수도(修道)라고 하며 살아가는 것이다.

※ 약우대승돈교법(若遇大乘頓教法): 지금까지의 시중설법이 대승의 돈교법문이라는 것을 확인시키는 게송이다.

이와 같은 돈교법을 들으면 지극한 마음으로 돈교법을 구해야 견성하게 되어 자신의 본성을 친견하고 공덕(功德)을 짓는 수행을 하게 된다고 설하는 것이다.

지금까지 자신의 본성(本性)을 친견하여 대상경계와 자신이 만법일여 경지에서 생활하는 방법을 구체적으로 설하신 것이다.

　　무념(無念), 무상(無相), 무주(無住)로 자신이 수행하는 것이 반야바라밀이며 반야삼매, 일행삼매가 되어야 한다고 설하고 있는 것이다.

　　지금까지의 시중설법은 자신이 출가해서 수행하고 인가를 받은 것을 간절하게 솔직히 묘사하고 있다.

　　훌륭하고 뛰어난 사람들만 수행하여 부처가 되는 것이 아니란 사실을 자신의 과거 행적으로 설명하여 불교(佛敎)가 추구하는 천상천하유아독존의 자유와 평등을 사실로 설명하고 있는 것이다.

　　어느 누구나 본성을 친견하여 생활하면 모두가 혜능과 같은 삶을 살아갈 수 있다고 호소하고 있는 것이다.

　　이와 같은 돈교법을 듣고 본성(本性)을 친견하려고 하면 자신의 본성이 불성(佛性)이라는 사실을 알아야 하고 공(空)이라는 사실을 자각하여 무념(無念), 무상(無相), 무주(無住)의 삶을 살아가면 된다고 간절하게 설명하는 설법이다.

　　그래서 지극한 마음으로 구해야 한다고 하는 것이다. 지극한 마음이 아니면 본성을 친견할 수가 없는 것이라고 하며 시중설법을 마무리 짓고 다음 단 부터는 문답으로 교화하고 있다.

Ⅳ. 선문답으로 위사군과 대중을 남종돈교로 교화

34. 위사군과 무공덕에 대하여 문답하다

使君礼拜, 自[白]言. 和尚說法, 實不思議. 弟子當有少疑,
欲聞[問]和尚, 望意和尚, 大慈大悲, 為弟子說.

大師言. 有議即聞[(有疑即問)], 何須再三. 使君聞法, 可不
不是(韋公曰, 和尙所說, 可不是)西國第一祖[師]達磨[摩]祖
師宗旨.

大師言. 是. 弟子見說, 達磨[摩]大師代(初化), 梁武諦[(帝)]
問達磨[摩], 朕一生未[已]來, 造寺・布施・供養・有(設齊),
有功德否. 達磨[摩]答言. 並無功德.

武帝惆悵, 遂遣達磨[摩]出境. 未審此言, 請和尚說. 六祖言.
實无功德. 使君朕勿疑, 達磨大師言. 武帝着邪道, 不識正法.

위사군이 예배하고 말했다.

화상의 설법은 참으로 부사의(不思議)합니다. 제자에게 지
금 작은 의심이 있는데 화상에게 여쭈오니 화상께서는 대자
대비로 제자를 위하여 설법을 하여 주시기 바랍니다.

대사께서 말씀하셨다.

의논하고 들으시면 되지 어찌 여러 말씀을 하십니까?

(의심이 있으면 바로 물으시면 되지 어찌 여러 말씀을 하십니까?)

(물었다.) 위사군이 들은 법(法)은 (위공이 물었다. 화상께서 설한 법은) 서국에서 오신 제1조 달마조사의 종지(宗旨)가 아니십니까?

대사께서 대답하여 말씀하셨다. 그렇습니다.

제자가 듣기로는, "달마대사께서 처음으로 교화하실 때에 양무제가 달마대사에게 묻기를, '짐(朕)이 일생동안 사찰을 짓고, 보시하고, 공양을 올리고, 대중들에게 공양을 했는데 공덕(功德)이 있습니까?'라고 물었다.

그러니 달마대사께서 대답하여 말씀하시기를, '공덕이 하나도 없습니다.'라고 하여 양무제가 한탄하고 원망하며 달마대사를 국경 밖으로 내쫓았다."라고 하는 이 말의 뜻을 잘 모르겠는데 청하오니 화상께서 설명을 하여 주십시오.

육조께서 말씀을 하셨다.

실제로 공덕이 없습니다. 위사군께서는 달마대사가 양무제에게 한 말을 의심하지 말아야 합니다.

양무제는 사도(邪道)에 빠져서 정법(正法)을 정확하게 몰랐던 것입니다.

※ 무제착사도 불식정법(武帝着邪道, 不識正法): 양무제가 일생동안 사찰을 짓고 보시하고 대중공양을 올렸으나 공덕이 없다고 한 것은 간심간정의 수행법을 비판한 것이다.

왜냐하면 마음을 맑혀서 청정하게 하는 것을 실행하는 것인데 마음속에 착한 일을 한다는 마음이 남아 있으면 자신은 복을 짓는 것이라는 것을 앞단에서 수복(修福)은 우둔한 사람이라고 설하였기 때문이다.

이것은 북종을 비판하기 위한 것으로 양무제의 행적을 수복(修福)이라고 하며 정법을 깨닫지 못했다고 하여 북종의 수행법을 사도(邪道)라고 하는 내용이다.

마음을 청정하게 하여 보시를 하여도 보시바라밀이 되지 않으면 수복(修福)이고 공덕(功德)이 될 수가 없다는 것을 강조하여 북종수행법은 삼악도를 벗어나는 수행이고 남종은 공덕을 짓는 돈교이고 만법일여의 수행법이라고 한 것이다.

35. 위사군에게 공덕의 의미를 정확하게 설하다

使君問. 何以无功德. 和尚言. 造寺・布施・供養, 只是修
福, 不可將修福, 以為功德. [功德]在法身, 非在於福田. 自法
性有功德, 平直是德, 仏性外行恭敬.

(見性是功, 平等是德, 念念無滯, 常見本性, 眞實妙用, 名為
功德. 外行於礼是功, 內心謙下是德. 自性建立萬法是功, 心
體離念是德. 不離自性是功, 應用無染是德. 若覓功德法身,
但依此作是眞功德. 若修功德之人, 心即不輕常行普敬也.
홍본에 의해첨가)

위사군이 물었다. 어찌하여 공덕이 없습니까?

대사께서 대답했다. 사찰을 짓고, 보시하고, 공양을 올리는
것은 단지 복을 짓는 것인데 복을 가지고 공덕(功德)이라고
하시면 안 됩니다.

공덕(功德)은 법신(法身)으로 살아가는데 있는 것이지 복전
(福田)에 있는 것은 아닙니다.

자신의 법성(法性)에 공덕이 있는 것이니, 평등하고 정직하
게 살아가는 것이 덕(德)이고 자신의 불성(佛性)으로 밖의 일
체를 공경해야 하는 것입니다.

(자신의 본성을 견성하는 것이 공(功)이고 밖으로 평등하고
정직하게 살아가는 것이 덕(德)이며, 항상 생각마다 집착하지

174

않고 항상 본성으로 진실하게 현묘한 생활을 하는 것을 공덕(功德)이라고 하는 것이다.

밖으로 일체를 공경하는 것을 덕(德)이라고 하고, 안으로는 자신의 마음을 겸손하게 낮추는 것을 공(功)이라고 하는 것이다. 자성으로 만법을 건립하는 것이 공(功)이고, 심체(心體)에 망념이 없이 실행하는 것을 덕이라고 한다.

자성을 잃지 않는 것을 공(功)이라고 하고 본성으로 오염되지 않고 실행하는 것을 덕이라고 한다.

만약에 공덕을 실천하는 자성의 법신을 깨달아 찾으면 단지 이것에 의지하여 실행하는 것을 진실한 공덕이라고 한다.

만약에 공덕으로 수행하려는 사람들은 마음을 경솔하게 하지 말고 항상 널리 공경하는 마음으로 실행해야 한다.)

※ 수복(修福): 복(福)을 짓는다고 하는 것은 자신이 소유하고 그것을 사용하는 것을 행복이라고 알고 있는 것이고, 또 자신이 베푸는 의미도 있지만 자신의 명예를 위한 생각을 가지고 하는 의미도 있는 것이다.

어려운 사람들을 높은 지위에 있는 사람이나 부자들이 나누어 주는 것이 복(福)이며 보시라는 것은 자신을 나타내기 때문인 것이다.

베풀 수 있는 것을 복이라고 하는 것은 자신의 능력에 맞게 베풀되 누구에게 베푸느냐에 따라 차이가 있는 것이다.

여기에 자신을 나타내느냐 아니면 보시바라밀을 행하느냐에 따라 복이 공덕이 되기도 하는 것이다.

타고난 복(福)를 가지고 선행을 베푸는 것을 복덕(福德)이라고 하는 것인데 이것을 이용하여 가난한 사람에게 강요한다면 이것은 가난한 사람이 이생에 선행을 베풀면 다음 생에 많은 복(福)을 받을 수 있다는 신앙이 되는 것이다.

현대사회를 보면 이 신앙이 너무나 많이 팽배해 있는 느낌이 드는 것은 무슨 이유일까?

그러므로 베푸는 것도 자신과 연결된 사람에게 베푸는 것과 그렇지 않은 경우에 따라 받기 위한 복과 그렇지 않은 보시바라밀과는 차이가 있는 것이다.

비유하면 가지고 모으는 것이 복(福), 행복(幸福)이라고 하며 꿀벌처럼 생각하는 경우이다.

즉 꿀벌이 꿀을 모으되 누구를 위하여 모으는지 모르는 것과 같은 사람이 되지는 않아야 하는 것이다.

한 세상 살다가면서 자신이 행복하게 되는 방법을 재물이나 명예를 소유하는 것에 두지 말고 행복해야 진정한 선행(善行)이 되는 것이고, 여러 사람들이 진정으로 잘살아가게 하는 자비의 의미를 알게 되는 것이다.

꿀벌처럼 모으고 영원할 것처럼 생각하며 다음 생의 자손들만 믿고 살아가는 꿀벌이 되지 말고 지금 남종으로 돈오하여 항상 행복한 삶을 살아야 한다고 강조하는 것이다.

※ 자법성유공덕(自法性有功德): 공덕이란 자신의 법성(法性)에 있는 것이기에 본성(本性)을 친견해야 한다고 하는 것이다.

※ 견성시공 평등시덕(見性是功, 平等是德): 공덕이 본성에 있다는 것을 다음과 같이 설하고 있는 것으로 견성(見性)하는 것이 공(功)이고 어느 대상경계를 만나도 평등하게 실천하는 것이 덕(德)인 것이다.

자신의 본성(本性)이 공(空)이라는 사실을 친견하고 공(空)을 실천하면 공덕(功德)이 되는 것이다.

36. 자기의 본성으로 수행하는 것이 공덕이다

若輕一切人, 悟[吾]我不断, 即自无功德. 自性虛妄[无功德], 法身无功德. 念念德行, 平等真心, 德即不輕, 常行於敬. 自修身即功, 自修身心即德.

(念念無間是功, 心行平直是德, 自修身是功, 自修性是德. 善知識, 功德須自性內見.) 功德自心作, 福与功德別. 武帝不識正理, 非祖大師有過.

만약에 일체(一切)의 사람들을 업신여기면서 나는 깨달았다고 하는 마음을 없애지 못하면 곧 자신의 공덕(功德)은 없는 것이 됩니다.

자성이 허망(虛妄)하면 자신의 법신에는 공덕이 없는 것이다.

생각마다 항상 덕을 실행하면서 마음이 평등하고 진심이면 그 덕(德)이 가볍지 않아서 항상 공경을 실행하게 됩니다.

자신이 안으로 자신의 마음을 닦는 것이 공(功)이고 자신이 밖으로 법신의 마음으로 수행(修行)하는 것을 덕이라고 합니다.

(진심(眞心)이 항상 끊임이 없는 것이 공(功)이고 진심(眞心)으로 평등하고 정직하게 실행하는 것이 덕(德)이며, 자신의 법신을 자각하는 수행이 공(功)이고 자신의 본성으로 수행하는 것이 덕(德)이다.

선지식이여! 공덕은 반드시 자성 안에 있는 것을 친견하고 실행하는 하는 것이다.)

공덕은 자기의 본심으로 깨달아야 하는 것이므로 복과 공덕은 다른 것입니다.

양무제가 이와 같은 불법(佛法)의 바른 도리를 알지 못한 것이지 달마대사에게 허물이 있는 것은 아닙니다.

※ 공덕의 실천법을 자세하게 설명한 것으로 홍성사 본에서는 이것을 더욱 첨가하여 설명하고 있다.

37. 남종돈교의 대승법을 깨달으면 지금 바로 이곳이 극락세계이다

使君礼拜, 又問. 弟子見僧道俗, 常念阿弥大[陁]佛, 願往生西方. 請和尚說, 德[得]生彼否, 望爲破疑.

大師言. 使君聽. 惠能与說. 卋[世]尊在舍衛國[城], 說西方引化, 經文分明, 去此不遠.[10]

只爲下根, 說近說遠, 只緣上智.(說遠爲其下根, 說近爲其上智.) 人自(有)兩重[種], 法无不[般](兩般). 名[迷]悟有殊, 見有遲疾. 迷人念佛生彼, 悟者(人)自淨其心. 所以言佛[仏言], 隨其心淨, 則(即)佛土淨.

使君. 東方但淨心无罪, 西方心不淨有愆, 迷人願生(東方人造罪 念佛求生西方, 西方人造罪 念佛求生何國), 東方西者所在處, 並皆一種. 心[地]但无不淨, 西方去此不遠. 心起不淨之心, 念佛往生難到. 除(十)惡即行十万, 无八邪即過八千, 但行眞心(常行平直), 到如禪(彈)指.

使君. 但行十善, 何須更願往生. 不斷十惡之心, 何佛即来

---

10) 『佛說觀無量壽佛經』卷1(『大正藏』12, 340쪽. 중17.): 「如是我聞. 一時佛在王舍城耆闍崛山中... 」
『佛說觀無量壽佛經』卷1(『大正藏』12, 341쪽. 하5.): 「阿彌陀佛去此不遠.」
『佛說阿彌陀三耶三佛薩樓佛檀過度人道經』卷1(『大正藏』12, 300쪽. 상7.): 「佛在羅閱祇耆闍崛山中, 時有摩訶比丘僧萬二千人」
『佛說大阿彌陀經』卷1(『大正藏』12, 364쪽. 중18.): 「如是我聞一時佛在王舍國靈鷲山中, 與大弟子眾千二百五十人俱」

迎請. 若悟无生頓法, 見西方只在剎那. 不悟頓教大乘, 念佛
往生路遙[遠], 如何得達[但].

위사군(위거)이 예배하고 또 물었다. 제자가 승가와 도속
(道俗)들을 보니 모두가 항상 아미타불만 염불하면서 극락세
계에 태어나기를 원하고 있습니다.

청하오니 화상께서는 이와 같이 수행하면 극락세계에 태어
나게 되는지를 설명하여 저의 의심을 해결하여 주십시오.

대사께서 말씀하시기를, 위사군이시여! 본심으로 청정하게
잘 들으시기 바랍니다.

혜능이 설명하여 드리겠습니다.

세존께서 사위국에 계실 때에 서방정토를 설명하시면서 중
생들을 극락세계로 인도하여 교화하신 내용으로 경전에 분명
하게 극락세계는 이곳에서 멀지 않다고 설명하셨습니다.

그러나 단지 근기가 낮은 사람들에게는 멀다고 하고 가깝다
고 한 것은 단지 상근기의 지혜를 구족한 이를 위한 것이다.

(멀다고 설한 것은 하근기를 위한 것이고, 가깝다고 설한
것은 상근기의 지혜를 구족한 이를 위한 것이다. 說遠爲其下
根, 說近爲其上智.)

사람들을 두 가지로 구별할 수는 있으나 자신의 법(法)에는
차별이 없는 것이다. 그러나 미혹과 깨달음이 다르기 때문에
견해에 늦고 빠름이 있는 것이다.

미혹한 사람들은 염불하여 극락세계에 태어나려고 하지만 깨달은 사람들은 자기의 마음을 깨끗하게 하려고 한다.

그러므로 부처님은 지금의 그 마음을 청정하게 하면 곧바로 청정한 불국토가 되는 것이라고 하셨다.

위사군이시여! 동방(東方)에 있을지라도 마음이 청정하면 죄업이 없지만 서방극락세계에 살지라도 마음이 부정하면 허물이 있는 것인데 미혹한 사람들은 극락세계에 왕생(往生)하기를 원하지만 동방이나 서방이나 장소는 모두 지금 이곳으로 한 곳입니다.

(동방인이 죄를 지으면 서방에 태어나기를 구한다고 하지만 서방인이 죄를 지으면 염불하여 어디에 태어나기를 구해야 하겠는가?)

마음이 단지 부정(不淨)하지 않으면 서방극락세계는 이곳에서 멀지 않는 것입니다.

마음으로 부정(不淨)한 생각을 하게 되면 염불하여 극락세계에 왕생하고자 하나 도달하기는 어렵습니다.

마음속에 10악(惡)을 제거하면 십만억 불국토를 지나가게 되고 팔사(八邪)가 없으면 팔천리를 지나가게 되는 것으로 단지 진실한 마음으로 실천하기만 하면 순식간에 극락세계에 도달하게 되는 것입니다.

위사군이시여! 단지 십선(十善)만 실행하면 무엇 때문에 다시 왕생하기를 원할 필요가 있겠습니까?

십악(十惡)의 마음을 없애지 않으면서 왕생하기를 원하면 어느 부처가 와서 맞이하겠습니까?

만약에 무생(無生)의 돈교법문을 깨달으면 서방극락세계에 순식간에 태어나 있는 것을 보게 되는 것입니다.

돈교의 대승법을 깨닫지 못하면서 염불하여 왕생하기를 원한다면 (십만억불국토, 십만팔천리의) 길이 멀어서 어떻게 극락세계에 도달할 수 있겠습니까?

※ 원왕생서방(願往生西方): 염불하여 서방정토에 왕생하는 것을 잘 못알고 실제로 사후(死後)에 태어나기를 바라는 잘못된 정토관을 가진 사람들을 꾸짖는 것이다.

근기에 따라 방편으로 말한 극락세계가 멀고 가깝다는 의미를 잘 알아야 염불(念佛)하여 바로 여기에서 왕생하는 것이다.

염불(念佛)이란 자신이 정념(正念)으로 행한다는 사실을 자신이 진여의 지혜로 알게 되면 본성이 청정하다는 것을 친견하여 염불하여 왕생하게 되는 것을 말하고 있는 것이다.

정념(正念)으로 실천하는 법을 십악과 팔사를 제거하면 십만억 세계를 지나가서 왕생한다고 하는 것으로 십악과 팔사를 자신의 마음속에서 제거하기가 어렵다는 것을 단적으로 말하고 있는 것이다.

십악(十惡)을 십선(十善)으로 행하고 팔사(八邪)를 팔정도(八正道)로 행하게 되면 십만팔천리를 지나가며 또 십만억불국토를 지나가서 극락세계에 도달한다고 하는 것이다.

이 정토관과 남종돈교의 내용을 보면 염불(念佛)이란 팔정도(八正道)를 실천해야 하는 것이기에 팔정도를 자신이 정확하게 알아야 왕생하는 것이고, 본성(本性)이란 자신의 만법이 본래 청정하다는 사실을 친견해야 남종돈교를 실천하여 견성(見性)하고 성불(成佛)할 수 있는 것이다.

※ 약오무생돈법 견서방지재찰나(若悟无生頓法, 見西方只在刹那): 남종의 돈교법과 서방정토관을 통합하여 정토교를 남종으로 편입시키는 내용이다.

정토에 왕생하는 방법을 구체적으로 남종에서 견성성불하는 것이라고 제시하고 있는 것이다.

즉 자신의 본성(本性)이 불성(佛性)이고 만법(萬法)이 청정한 본성(本性)에서 작용하여 일여(一如), 삼매(三昧)의 경지에서 염불삼매가 되어 왕생하는 것이라고 팔정도를 비유하여 (교학)불교를 선불교로 전환하는 것이다.

이것이 불교에서 커다란 혁신이며 이후에 선불교가 성행하게 되는 것이다.

38. 지금 바로 본성으로 극락세계에 태어나게 하다

六祖言. 惠能与使君, 移西方刹邪間[(間)], 日[(目)]前便見, 使君願見否. 使君礼拜. 若此得見, 何須往生. 願和尚慈悲, 為(便)現西方, (普願得見), 大善.

大師言. 唐[一時]見西方, 无疑即散. 大衆愕然, 莫知何是[事]. 大師曰. 大衆, 大衆, 作意聽. 世人自色身是城, 眼耳鼻舌身即是城門, 外有六(五)門, 內有意門.

心即是地, 性即是王. 性在王在, 性去王無. 性在身心存, 性去身(心)壞. 佛是自性作, 莫向身(外)求. 自性迷, 佛即[是]衆生, 自性悟, 衆生即是佛. 慈悲即是観音, 喜捨名為勢至, 能淨是釋迦, 平真[(直)]是弥勒.

人我[即是須弥, 邪心[即]是大海[海水], 煩惱[即是波浪, 毒心[即是惡龍, 塵勞[即是魚鼈, 虛妄即是神鬼[鬼神], 三毒即是地獄, 愚癡即是畜生, 十善[即是天堂(常行十善天堂便至). 我无人[无我人]須弥自倒(除人我須彌倒), 除(無)邪心海水竭, 煩惱无波浪滅, 毒害除魚龍絕.

육조께서 말씀하셨다. 혜능이 위사군에게 서방극락세계를 순식간에 목전(目前)에 나타나게 한다면 위사군께서는 보기를 원하십니까?

위사군이 예배하고는 만약에 여기에서 볼 수 있다면 어찌 그 멀리 가서 태어날 필요가 있겠습니까?

원하오니 화상께서는 자비로 서방극락세계를 나타나게 하시어 보여주신다면 대단히 감사하겠습니다.

혜능대사께서 말씀하시기를 잠시(一時)에 서방극락세계에 태어난 것을 볼 수 있게 하겠으니 여러분들이 의심만 하지 않으면 곧바로 모든 번뇌망념은 바로 사라지고 이곳이 바로 극락세계가 되는 것입니다.

대중들이 놀라하면서 무슨 뜻인지 모르자 대사께서 말씀하시기를 대중들이시여! 본성(本性)으로 청정하게 잘 듣도록 하십시오.

세상 사람들의 육신(肉身, 色身)은 성(城)과 같고 안이비설신은 성문(城門)과 같은 것이니, 외부에는 5문(門)이 있고 안에는 의문(意門)이 있는 것이다.

마음은 곧 그곳의 토지이고 본성(本性)은 곧 그것을 다스리는 왕이다.

본성(本性)이 있으면 왕이 있는 것이고 본성(本性)이 없으면 왕도 없게 된다. 본성(本性)이 있으면 몸과 마음이 있게 되고 본성(本性)이 없으면 몸과 마음은 파괴되는 것이다.

부처는 자기의 본성(本性)으로 되는 것이므로 자신의 밖에서 구(求)하지 말아야 한다.

자기의 본성을 미혹하게 하면 부처가 중생이 되고 자기의 본성이 청정하다는 것을 깨달으면 중생이 부처가 되는 것이다.

자비(慈悲)는 관세음보살이고, 희사(喜捨)는 대세지보살이라고, 자성을 능히 청정하게 하는 것을 석가라고 하고, 평등하고 정직한 생활이 미륵이다.

인아상(人我相)이 수미산이고 사심(邪心)은 대해(大海)이고 번뇌는 파랑(波浪)이고, 독심(毒心)은 악룡(惡龍)이며, 진로(塵勞, 망념)는 어별(魚鼈)이고, 허망(虛妄)은 귀신(鬼神)이고, 삼독(三毒)은 지옥이며, 우치(愚癡)는 축생이고, 십선(十善)을 행하면 천당이 되는 것이다.

인아상이 없으면 수미산도 저절로 사라지고, 사심(邪心)을 제거하면 해수(海水)도 고갈되며, 번뇌가 없으면 파랑도 소멸되고 독해(毒害, 나쁜 마음과 번뇌)를 없애면 어룡(魚龍, 물고기와 용, 중생)도 없어진다.

※ 불시자성작 막향신외구(佛是自性作, 莫向身外求): 부처가 되고자 하면 자신의 자성(自性)이 청정하다는 사실을 자각하여야 부처가 되는 것이기에 외부에 아무리 뛰어난 부처가 있다고 하여도 자신이 음식을 먹지 않으면 자신의 배가 부르지 않듯이 자신의 자성이 미혹하면 부처가 중생이 된다고 하는 것이다.

※ 독해제어룡절(毒害除魚龍絶): 해치려는 마음이나 흉악한 마음등을 말하는 것으로 나쁜 마음을 제거하고 아상인상이 없게 되면 자신의 수미산도 사라지게 되는 것이므로 본성으로 살아가게 되는 것이다.

그러므로 중생심으로 보는 어룡(魚龍)은 사라지고 부처만 남게 되는 것이다.

어룡(魚龍)은 모든 중생(인천)이라는 뜻으로 어룡을 한자로 비유하여 여기에 사용한 것을 보면'독심(毒心)은 악룡(惡龍)이며, 진로(塵勞)는 어별(魚鼈)'이라고 비유하여 나타낸 것이므로 즉 독심(毒心)이 악룡(惡龍)이니 선심(善心)은 여의주를 지닌 훌륭한 용(龍)인 것이고 번뇌 망념을 어별(魚鼈)이라고 비유한 것이다.

　　번뇌망념만 없게 되면 중생심을 벗어나 성자의 경지에 오를 수 있고 이곳이 바로 극락세계가 된다는 것을 비유하여 강조하고 있는 것이다.

39. 위사군과 대중들이 본성을 깨달아 극락 세계에 태어나 부처가 되다

自心地上, 覺性如来, 施大智惠, 光明照曜, 六門淸淨, 照波[破 六欲, 諸天下照. (覺性如來, <u>放大光明, 外照六門</u>淸淨, <u>能破六欲 諸天, 自性內照</u>.) 三毒若除, 地獄一時消滅. 內外明徹, 不異西方.

不作此修, 如何到彼. 座下問[聞]說(大衆聞說), 讚聲徹天 (俱歡), 應(但)是迷人, 人[了]然便見(見性).

使君(悉皆)礼拜, 讚(唯)言. 善哉善哉. 普願法界衆生, 聞者 一時悟解.

자신의 심지(心地)에서 본성(本性)을 불성(佛性)이라고 깨 달으면 여래(如來)가 되어 위대한 진여지혜로 자신의 마음을 분명하게 관조하니 육문(六門)이 청정하게 되어 육욕(六欲) 의 제천(諸天)을 관조하여 탐욕을 파괴하게 되는 것이다.

(본성(本性)을 깨달은 여래(如來)로서 위대한 반야의 지혜 로 광명을 발하니 외경을 관조하는 육문(六門)이 청정하게 되 어 육욕(六欲)의 제천(諸天)을 파괴하고 안으로는 자기본성 을 지혜로 관조하게 되면 覺性如來, <u>放大光明, 外照六門</u>淸淨, <u>能破六欲諸天, 自性內照</u>)

삼독(三毒)의 마음이 제거되어 지옥이 일시(一時)에 소멸 되는 것이다.

그리하여 내외가 명철(明徹)하게 되면 서방극락세계와 이곳이 다르지 않게 되는 것이다.

이와 같이 수행하지 않고 어떻게 하여야 피안에 도달할 수 있겠습니까?

이곳에서 법문을 들은 대중들이 모두가 찬탄하였으며 미혹한 사람들도 바로 자기의 본성을 깨닫게 되었다.

위사군이 예배하면서 찬탄하여 말하기를 대단히 훌륭하십니다.

법계의 모든 중생들이 이 법문을 듣게 되어 모두가 일시(一時)에 깨닫게 되기를 발원합니다.

※ 시대지혜 광명조요(施大智惠, 光明照曜): 자성(自性)을 자각하면 여래가 되는 것을 위대한 진여의 지혜로 자신의 마음을 불법(佛法)에 맞게 정확하게 관조하면 육욕(六欲)과 삼독심이 제거되어 지옥이 사라지니 이곳이 바로 극락세계가 된다고 설하고 있는 것이다.

※ 내외명철 불이서방(內外明徹, 不異西方): 내외라고 하는 것은 잘 아는 언어이지만 자신의 마음을 안이라고 하면 자신의 마음으로 외부의 대상경계를 보는 것이 밖이 되는 것이다.

자신의 마음이 본성(本性)으로 청정하다는 사실을 알았으면 외부의 대상경계가 청정하다는 사실을 정확하게 아는 것을 말하는 것이다.

즉 자신의 마음이 청정하지 않으면 외부의 대상경계도 청정하지 않다는 것을 말하는 것이고 자신의 마음이 청정하면 모든 대상경계도 청정하게 된다는 것을 정확하게 알면 이곳이 바로 서방정토와 다르지 않게 된다고 설하는 것이다.

육욕(六欲)과 삼독심(三毒心)을 전환하면 육근(六根)과 육진(六塵)이 청정하게 되어 삼학(三學)을 실천하는 여래를 각성여래라고 설하고 있는 것이다.

40. 누구나 청정한 수행을 하면 어디에나 좌도량이다

大師言. 善知識, 若欲修行, 在家亦得, 不由在在寺寺[在寺. 在寺]不修, 如西方心惡之人. 在家若修行, 如東方人修善, 但願自家修淸淨, 即是惡[西]方.

使君問和[尙]. 在家如何修, 願爲指授. 大師言. 善智[知]識, 惠能与道俗, 作无相頌, 盡誦取, 衣[依]此修行, 常与惠能說, 一處無別.

대사(大師)께서 말씀하시기를, "선지식들이시여! 만약에 수행(修行)을 하고자하면 속가(俗家)에서도 깨달을 수 있는 것이나 사찰에 살면서도 수행하지 않으면 서방극락세계에 살고 있으면서 악한 마음을 가지고 있는 것과 같게 된다.

또 세속에 살면서 만약에 수행(修行)하면 동방의 세속에 살면서도 선(善)한 일을 행하는 사람이 되는 것처럼 단지 자기가 수행하여 자기의 마음이 청정하면 곧바로 어디에든지 서방극락세계가 되는 것도 이것과 같습니다."라고 하셨다.

위사군이 화상(和尙)에게 묻기를, "세속에서는 어떻게 수행을 하여야 하는지 가르쳐 주시기를 원합니다."라고 하였다.

대사께서 말씀하시기를, "선지식이시여! 혜능이 도속(道俗)에게 무상송(無相頌)을 지어줄 것이니 모두가 암송하고 이것에 의지하여 수행하면 항상 혜능과 같이 있는 것과 다름이 없을 것입니다."라고 하셨다.

   ※ 남종의 수행법을 게송으로 나타낸 것이며 승속을 초월하여 수행하는 만법일여의 경지에서 남종돈교로 수행하면 지금 자기가 살고 있는 곳이 극락세계가 되는 것이므로 어디에나 불국토이고 좌도량이 된다고 설하시고 있는 내용이다.

41. 위사군의 청으로 재가의 수행자를 위하여 무상송을 설하다

頌曰.

說通[11]及心通, 如日至虛空, 惟傳頓教法, 出世破邪宗.

教即无頓漸, 迷悟有遲疾, 若學頓教法[法門], 愚人不可迷(悉).

說即須万般, 合離還歸[歸]一, 煩惱暗[闇]宅中, 常須生惠日.

邪来因煩惱, 正来煩惱除, 邪正疾[悉](俱)不用, 清淨至无餘.

菩提本清淨, 起心即是妄, 淨性於妄中, 但正除三障.

世間若修道, 一切盡不妨, 常現在(自見)已過, 与道即相當.

色貌(類)自有道, 離道別覓道, 覓道不見道, 到頭還自懊.

* (色類自有道, 各不相妨惱, 離道別覓道, 終身不見道, 波波度一生, 到頭還自懊.)

若欲貪覓道(欲得見眞道), 行正即是道, 自若无正心, 暗行不見道.

若真修道人, 不見世間愚(過), 若見世間非, 自非却是左.

---

11) 『楞伽阿跋多羅寶經』卷3「一切佛語心品」(『大正藏』16, 499쪽. 중28.):「宗通及說通. 大慧! 宗通者, 謂: 緣自得勝進相, 遠離言說文字妄想, 趣無漏界自覺地(也)自相, 遠離一切虛妄覺想, 降伏一切外道眾魔, 緣自覺趣光明暉發, 是名宗通相. 云何說通相? 謂: 說九部種種教法, 離異不異 有無等相, 以巧方便隨順眾生如應說法, 令得度脫, 是名說通相. 大慧! 汝及餘菩薩, 應當修學.」
『楞伽阿跋多羅寶經』卷3「一切佛語心品」(『大正藏』16, 503쪽. 상20.):「說通者, 謂: 隨眾生心之所應. 為說種種眾具契經, 是名說通. 自宗通者, 謂: 修行者, 離自心現種種妄想. 謂: 不墮一異, 俱不俱品, 超度一切心. 意. 意識. 自覺聖境界, 離因成見(是)相, 一切外道, 聲聞, 緣覺墮二邊者, 所不能知. 我說是名自宗通法. 大慧! 是名自宗通及說通相. 汝及餘菩薩摩訶薩, 應當修學.」

他非我有罪[不罪](不非), 我非自有罪(過), 但自去(却)非心, 打破煩惱[恼碎].

若欲化愚人, 是[事](自)須有方便, 勿令破彼疑(彼有疑), 即是菩提(自性)見.

法元在世間, 於世出世間, 勿離世間上, 外求出世間.

*(佛法在世間, 不離世間覺, 離世覓菩提, 恰如求兔角.)

邪見出[在]世間, 正見出世間, 邪正悉[迷]打却.

(正見名出世, 邪見是世間, 邪正盡打却, 菩提性宛然.)

此但是頓教, 亦名為大乘, 迷来經累劫, 悟則刹那間.

게송으로 다음과 같이 말씀하셨다.

청정하게 설법하고 진여의 지혜로 망심(妄心)을 모두 관조하면

태양이 허공에서 비추는 것과 같으니

오로지 돈교의 가르침만 전하게 되면

일체중생이 출세하여 사종(邪宗)을 타파하게 되네.

(說通及心通, 如日至虛空, 惟傳頓教法, 出世破邪宗.)

가르침에는 돈점(頓漸)이 없는 것이지만

번뇌를 지혜로 자각하는 깨달음과 미혹 때문에 늦고 빠름이 있는 것이니

만약에 돈교의 가르침을 배우게 되면

우둔한 사람도 미혹하지 않게 되네.

(教即无頓漸, 迷悟有遲疾, 若學頓教法[法門], 愚人不可迷(悉).)

194

근기에 따라 법을 설하는 것은 비록 온갖 방편으로 하지만
불법(佛法)에 계합하여 모두가 일법(一法)으로 돌아가게 하
는 것이니
번뇌망념의 어두운 무덤 속에 산다고 해도
항상 진여의 지혜를 발휘하게 되네.
(說即須万般, 合離還歸[歸]一, 煩惱暗[闇]宅中, 常須生惠日.)

사념(邪念)이 생기는 것은 번뇌로 인한 것이고
정념(正念)으로 자각하면 번뇌는 사라지는 것이지만
사념(邪念)과 정념(正念)이라는 병(病)을 모두 사용하지
않으면
청정하게 되어 망념(妄念)이 하나도 없는 공(空)의 경지에
도달하네.
(邪来因煩惱, 正来煩惱除, 邪正疾[悉](俱)不用, 清淨至无餘.)

보리(菩提)는 본래 청정한 것이나
마음(妄心)이 일어나면 곧바로 망념(妄念)이라고 하지만
청정한 자기의 본성도 망념(妄念)속에 있는 것이니
단지 정심(正心)으로 살면 삼장(三障)이 없게 되네.
(菩提本清淨, 起心即是妄, 淨性於妄中, 但正除三障.)

세간의 사람들이 만약에 어디에서나 수도(修道)하여도
일체의 모든 세상일은 방해되는 것이 아니고
항상 자신에게 있는 허물을 나타내어 자각하면
도(道)와 곧바로 서로 계합하게 되네.

(世間若修道, 一切盡不妨, 常現在(自見)已過, 与道即相當.)

일체중생들은 모두 자신들에게 도(道)가 있지만
자신의 도(道)는 버리고 특별한 도(道)를 찾으니
아무리 도(道)를 찾아도 도(道)는 찾을 수 없게 되어
백발이 되어서는 도리어 한탄하네.

(色貌自有道, 離道別覓道, 覓道不見道, 到頭還自懊.)

일체중생들은 모두 자신들에게 도(道)가 있어서 각자가
서로 방해와 괴로움 없지만
자신의 도(道)는 버리고 특별한 도(道)를 찾으니
종신(終身)토록 도(道)를 찾아도 도(道)는 찾을 수 없게
되어 헛되이 일생을 보내고는
백발이 되어서 도리어 한탄하네.

(色類自有道, 各不相妨惱, 離道別覓道, 終身不見道, 波波度一生, 到頭
還自懊.)

만약에 진실한 도(道)를 찾고자하면

행동을 올바르게 하는 것이 도(道)이지만

자신이 만약에 마음을 바르게 하려고 하지 않으면

아무리 남모르게 비밀스럽게 하여도 도(道)는 찾을 수 없는
것이네

(若欲貪覓道(欲得見眞道), 行正即是道, 自若无正心, 暗行不見道.)

만약에 진정한 수행자라면

세간의 허물을 보지 않아야 하고

만약에 세간의 허물을 보게 되면

자신의 허물이 되어 도리어 자신만 그릇되게 되네.

(若眞修道人, 不見世間愚(過), 若見世間非, 自非却是左.)

타인의 허물을 보는 것도 나에게 허물이 있는 것이고

나의 허물은 나에게 허물이 있는 것이니

단지 자신의 허물만 제거하면

번뇌를 타파(打破)하여 깨뜨리는 것이네.

(他非我有罪[不罪](不非), 我非自有罪(過), 但自去(却)非心, 打破煩惱
[恼]砕.)

만약에 우둔한 사람을 교화(敎化)하고자 하면
자신의 근기에 따라 반드시 방편으로 교화(敎化)하고
그들의 의혹을 파괴하여 없애려고 하지 말고
곧바로 그들이 자성(自性, 菩提)을 친견하게 하여야 하네.
(若欲化愚人, 是[事](自)須有方便, 勿令破彼疑(彼有疑), 即是菩提(自
性)見)

불법(佛法)은 본래 세간에 있는 것이니
세간(世間)에 살면서 세간(世間)을 벗어나는 것이 출세(出
世)이고
세간(世間)을 벗어나서 불법(佛法)을 구(求)하면
자신의 밖에서 출세간을 구(求)하는 것이 되네.
(法元在世間, 於世出世間, 勿離世間上, 外求出世間.)

불법(佛法)은 세간에 있는 것이니
세간(世間)을 벗어나지 않고 깨닫는 것이고
세간(世間)을 벗어나서 깨달음을 구(求)하면
흡사 토끼의 뿔을 구(求)하는 것과 같네.
(佛法在世間, 不離世間覺, 離世覓菩提, 恰如求兎角.)

사견(邪見)은 세간에 있는 것이고
정견(正見)은 출세간에 있는 것이지만
사견(邪見)과 정견(正見)을 도리어 타파하여야 하네.

(邪見出[在]世間, 正見出世間, 邪正悉[迷]打却.)

정견(正見)을 출세간이라 하고
사견(邪見)은 세간이라 하지만
사견(邪見)과 정견(正見)을 도리어 모두 타파하면
보리의 본성이 그대로 나타나게 되네.

(正見名出世, 邪見是世間, 邪正盡打却, <u>菩提性宛然</u>).

이것이 바로 돈교의 가르침이고
역시 대승이라고 하는 것이니
미혹하면 오랜 세월을 허비하게 되며
깨달으면 순식간에 도(道, 진여의 지혜로 생활)를 이루네.

(此但是頓教, 亦名為大乘, 迷来經累劫, 悟則刹那間.)

※ 삼장(三障): 번뇌장(煩惱障), 업장(業障), 보장(報障)은 자신이 수행하는데 장애가 되는 것을 말하는 것이다. 번뇌장(煩惱障)은 탐진치의 번뇌를 삼학(三學)으로 전환하지 못하는 어려움 때문에 수행을 하지 못하게 방해하는 것이다.

업장(業障)은 번뇌로 인하여 악업을 행하는 자신의 숙업에서 벗어나지 못하는 장애가 있는 것이다.

고정관념을 공(空)으로 전환하여 훈습하는 고행(苦行)이 있어야 바른 수행을 하게 되는 것이다.

보장(報障)은 악업으로 인하여 지옥, 아귀, 축생의 삼악도에서 벗어나기 어려워 바른 수행을 하지 못하게 되는 것이다.

『慈悲道場水懺法科註』卷1(『卍續藏』74, 741쪽. 하8.):「所言三障者, 一曰煩惱, 二名為業, 三是果報. 此三種法更相由藉, 因煩惱故, 所以起諸惡業. 惡業因緣故得苦果, 是故(某)等今日至心懺悔.」

※ 물령파피의 즉시보리견(勿令破彼疑(彼有疑), 即是菩提(自性)見): 중생들이 가진 의심을 모두 제거하여 주려고 하면 중생들은 자신이 하려고 하지 않고 의존하려는 신앙이 생기기 때문에 중생들 자신이 자기의 자성(自性)을 친견하여 스스로 해결하게 하여야 한다는 것이다.

즉 하나를 해결하여주면 또 다른 하나를 가지고 오기 때문에 중생을 중생으로 만드는 것이고 신앙을 조장하는 결과를 초래하게 되는 것을 경책하는 것이다.

42. 남종돈교의 수행법으로 무상게를
수지(受持)하게 하다

大師言. 善智[知]識, 汝等盡誦取此偈, 依[此]偈修行, 去惠
能千里, 常在能邊. [依]此不修, 對面[底]千里[遠].

各各自修, 法不相持[待]. 衆人旦[且]散, 惠能歸[歸]漕溪山.
衆生若有大疑, 来彼山間. 為汝破疑, 同見佛世[性].

合座官寮道俗, 礼拜和尚, 无不嗟嘆, 善哉大悟, 昔所未問
[聞], 嶺南有福, 生佛在此, 誰能得智. 一時盡散.

대사께서 말씀하시기를, 선지식들이시여! 여러분들은 모두
이 게송을 모두 암송하여 익히고, 이 게송에 의지하여 수행하
면 혜능이 천리나 먼 곳에 있더라도 항상 혜능의 주변에 있는
것과 같다.

그러나 이와 같은 수행을 하지 않으면 얼굴을 마주보고 있
더라도 천리나 떨어져 있는 것과 같다.

그러므로 각자가 자신이 수행해야 하는 것이고 불법(佛法)
은 상대(相對)하여 수지(受持)하는 것이 아닙니다.

대중들은 모두 돌아가시고 혜능은 조계산으로 돌아가겠습
니다. 대중들은 만약에 큰 의심이 있으면 조계산으로 오면 그
대들의 의심을 다하게 하여 다같이 불성(佛性)을 친견하게 하
겠습니다라고 말씀하셨다.

그때에 법회에서 법문을 들은 관료(官僚)와 도속(道俗)들이 예배하고 찬탄하여 말하기를 훌륭한 깨달음이며 이전에 들어볼 수 없었던 법문이라고 하며 영남지방에 살면서 무슨 복이 있어 부처가 탄생(生佛, 살아 있는 부처)하여 여기에 있을 줄을 누가 알기나 했겠습니까? 라고 찬탄하면서 모두가 돌아갔습니다.

　※ 법불상지(法不相持[待]): 법(法)은 서로 기다리는 것이 아니다라고 돈본에서는 말하고 있는 것을 저본에서는 불법(佛法)은 상대(相對)하여 수지(受持)하는 것이 아니라고 하였는데 이것은 상대(相待)와 상지(相持)를 어떻게 이해하느냐 하는 차이 이다.
　결국은 같은 의미이지만 자신의 일체법, 만법을 대상경계와 짝하여 알려고 하면 어긋난다고 하는 것이다.
　즉 자신의 마니보주를 소중하게 사용하여야 하는 것이지 여의주를 멀리에서 찾게 되면 용이 물고 있는 것을 빼앗아야하는 도둑이 되는 것이다.
　마니보주에 비친 모습만 중요시하는 것을 경계하는 말이다.

　※ 영남유복 생불재차(嶺南有福, 生佛在此): 혜능을 부처로 추앙하는 것이고 부처의 탄생지를 영남이라고 하여 신성시하는 내용이다.
　천축(네팔)에서 석가모니가 출세하여 부처가 되었다면 당나라 영남에서 혜능조사(祖師)가 출세하게 되어 많은 조사들이 출세하여 국격을 높이게 되었고 많은 중생을 구제하는 계기가 되었다고 볼 수 있다.

43. 이 『단경』으로 남종의 종단(宗團)을 건립하다

　大師往漕溪山, 韶廣二州, 行化四十餘年. 若論門人, 僧之
与俗, [約有]三五千人, 說不[可]盡. 若論宗指[旨], 傳授壇經,
以此爲衣約. 若不得壇經, 即无稟受. 須知法(去)處, 年月日
性[姓]名, 遍(遞)相付囑. 无壇經稟承, 非南宗定[弟]子也. 未
得稟承者, 雖說頓教法, 未知根本, 修(終)不免諍. 但得法者,
只勸修行. 諍是勝負之心, [仏]与道違背.

　혜능대사께서 조계산으로 가서는 소주와 광주에서 40여년
을 교화하셨다.
　만약에 그의 문인(門人)들을 말한다면 승려와 재가자들 모두
합하면 대략 일만 오천 여명이지만 모두를 설명할 수가 없다.
　만약에 종지(宗旨)를 논한다면 이 『단경』을 전수(傳授)하여
이 『단경』에 의지하여 수행하도록 하였다.
　그리고 만약에 이 『단경(壇經)』을 공부하여 체득하지 못하
면 품수(稟受)하지 못한 것이 된다.
　그러므로 반드시 『단경(壇經)』에서 체득(體得)한 불법(佛
法)이 누구에게서 언제 어디에서 무엇을 공부한 누구인지 알

고 서로 『단경』을 부촉해야 하는 것이다.

이 『단경(壇經)』을 품승(稟承)하지 못한 사람들은 남종(南宗)의 제자가 아니다.

아직까지 이 『단경(壇經)』을 품승(稟承)하지 못한 사람이 비록 돈교법을 설하더라도 근본을 알지 못하고 설하는 것이므로 결국에는 다투게 되는 것이다.

단지 이 『단경(壇經)』으로 불법(佛法)을 체득한 사람에게만 오직 이와 같은 수행(修行)을 하기를 권해야 한다.

다투는 것은 승부(勝負)하는 마음이므로 불도(佛道)를 수행하는 것과는 어긋나는 것이 된다.

※ 전수단경(傳授壇經): 의발을 전수하여 제자를 인가하던 방식에서 『단경』을 전수하는 것으로 인가하는 것은 어느 누구나 본성을 친견하여 누구나 성불(成佛)해야 하기 때문이다.

오직 한사람에게만 전수하는 의발은 종단을 위한 것이고 이제부터는 종단에 소속된 사람들을 위하여 『단경』을 전수하여 모두가 육조가 되어야 하는 것이다.

『단경』에서는 혜능을 육조(六祖)로 인가하여 다른 종단을 견제하는 역할을 하지만 실제로 종단의 구성원들이 모두 다 인가를 받아야 하는 것이다.

이렇게 하려고 하면 의발이 하나만 있어서는 되지 않는 것이다. 그래서 『단경』을 전수하라고 하는 것이고 『단경』을 전수하게 하는 것이 신앙이 아닌 남종의 종단을 만드는 초석이 되는 것이다.

『단경』의 내용을 정확히 알고 『단경』을 품수하게 한 것으로 사경문화가 발달하였었지만 사경하여 불법(佛法)을 전수하는데 문자의 첨삭이 있었다는 것과 불성(佛性)을 이해하는데 지역적인 언어의 차이가 있었다는 것을 나타내는 것으로 볼 수 있다.

종단의 지도자가 되기 위하여 의발을 전수받고 인가증명을 받아야한다고 생각한다면 이것은 졸부가 종단을 운영하는 관리자 밖에 되지않는 것이다.

지금부터는 육조혜능을 최고의 수장으로 만들고 자신들이 종단을 정당하게 유지하려고 하는 것이 된다.

그리고 자기단체의 일원이 되려고 하면 가입절차를 정확하게 불법(佛法)에 맞게 통과하고 누구의 법맥을 계승했다고 확인이 되어야 한다고 하는 것이다.

이것은 불법(佛法)의 논리로는 맞지 않지만 많은 사람들을 신앙화하고 종단을 유지하는데는 좋은 방편이 될 수 있는 것이다.

※ 미득품승자 … 종불면쟁(未得稟承者, 雖說頓教法, 未知根本, 終不免諍.): 이 『단경』을 누구에게 전수받은 것이라는 정확한 법맥이 있어야남종이라고 인가하는 내용이다.

이 당시에 선불교가 흥성하던 시기라고 볼 수 있는데 아무나 불법(佛法)을 깨달았다고 하여 법을 설한다고 하는 사람들이 많아서 혼란하게되는 것을 방지하기 위하여 정부(正否)를 가리기 위한 방편이었다고 볼수도 있다. 그러므로 좋은 면도 있지만 이것의 부작용이 단체에 가입해야 하고 자신들의 전유물로 할 수 있는 문제등도 있는 것이다.

불법(佛法)을 누구에게 전하고 받게 되는 것을 가능하게 하려는 이것은 또다시 불법(佛法)에 위배되는 모순을 가지고 있는 것이다. 모순(矛盾)을 방지(防止)하려고 모순(矛盾)을 사용하는 어리석은 일을 저지르게 되었다고 보면 이것은 불법(佛法)을 정확하게 깨달은 사람이 편집한것이라고 보기는 어렵다.

44. 혜능이후에 남종(南宗)이 최고가 되다

世人盡傳, 南宗能比(北)秀, 未知根本事由. 旦[且]秀禪師, 於南荊(荊南)府, 堂陽縣玉泉寺, 住時[持]修行, 惠能大師, 於韶州城東, 三十五里, 漕溪山住. 法即一宗, 人有南比[北], 因此便立南北. 何以漸頓. 法即一種, 見有遲疾, 見遲即漸, 見疾即頓. 法无漸頓, 人有利鈍, 故名漸頓.

세상 사람들이 모두다 남종(南宗)은 혜능이고 북종(北宗)은 신수라고 하는데 이것의 근본적인 사유(事由)를 모르고 전하는 말이다.

다만 신수선사는 남형부의 당양현에 있는 옥천사에서 주지(住持)로 수행하였고, 혜능대사는 소주성의 동쪽으로 삼십오리(里)나 떨어져 있는 조계산에서 주지(住持)하고 있었다.

불법(佛法)은 같은 종지(宗旨)인데 사람이 지역에 따라 남과 북에 있는 것을 보고 이것 때문에 남북을 건립한 것이다.

무엇 때문에 돈점(頓漸)이라고 하는가하면 불법(佛法)은 하나의 종자(種子)에서 시작되었지만 견해가 늦고 빠름이 있는 것으로 견해가 늦으면 점(漸)이라 하고 견해가 빠르면 돈(頓)이라고 한다.

그러나 불법(佛法)에는 돈점(頓漸)이 없는 것이나 사람들에게 영리하고 우둔한 것이 있는 것을 돈점(頓漸)이라고 말하는 것이다.

※ 신수(606-706)에 대한 신앙이 강했기 때문에 남능북수라는 말이 돈점으로 잘못 알려져 남종으로 교화하여 편입시키는데 방해가 되었기에 이것을 다시 견해가 빠르고 늦고, 영리하고 우둔하다고 설명하고 있다.

이것은 말은 맞는 것 같지만 문제가 있다. 본성(本性)을 자각하면 우둔이나 지질(遲疾)이 없는 것인데 이와 같이 기록한 것은 교화하는데 어려움이 있었기에 이 부분은 후대에 편입한 것으로 볼 수 있다.

북종의 점교가 신수대사의 영향으로 너무 방대하기에 신회가 설하기로 남종의 돈교가 바른 수행법이고 북종의 점교수행법도 틀린 것은 아니고 삼악도(三惡道)만 벗어 날 수 있고 불법(佛法)의 문(門)앞에 도달한 것이고 문(門)안으로 들어오지 못한 수행이라고 비판하고 있는 것이다.

이것은 자신이 신앙하는 것에 대한 미련이나 집착이 강한 것을 점(漸)이라고 한다면 돈(頓)은 자신의 본성(本性)이 공(空)이라는 사실을 받아들여 확신하는 것을 말하는 것이다.

본성(本性)이 공(空)으로 청정하다는 것을 자각하기만 하면 자신이 익혀왔던 숙업(宿業)만 고쳐서 훈습시켜 가야 하는 것만 존재하는 것이다. 이것을 하지 못하면 스승이나 단체에서 훈습해야 하는 것이다.

먼저 스승에게 이것을 훈습하고 나서 본성이 공(空)이라고 익히는 수행법과 먼저 본성이 공(空)임을 확인하고 훈습하는 수행법, 이것을 동시에 하는 수행법이 있는데 혼자 하는 법과 단체로 하는 법을 자신에게 맞게 수행하면 잘 할 수 있을 것이다.

V. 제자들과 선문답

45. 남종의 교화법이 북종보다 뛰어나다고 설하다

神秀師, 常見人說, 惠能法疾, 直旨[見]路(直指見性). 秀師遂換[喚], 門人僧志誠曰. 汝聰明多智, 汝与吾至漕溪山(可與吾到曹溪山), 到惠能所礼拜, 但聽(坐聽法)莫言 吾使汝来. 所德[聽]得意旨記取, 却来与吾說, 看惠能見解, 与吾誰疾遲. 汝弟[第]一早来, 勿令垰吾[怕]. 志誠奉使歡喜, 遂[行]半月中間, 即至漕溪山, 見惠能和當[尚], 礼拜即聽, 不言来處.

志城聞法, 下言[言下]便悟, 即契[啓]本心. 起立即礼拜, 自[白]言和尚, 弟子從玉泉寺来. 秀師處不德[得]契[啓]悟, 聞和尚說, 便契[啓]本心. 和尚慈悲, 願當散[教示]. 惠能大師曰. 汝從被[彼]来, 應是紃[細]作. 志誠曰. [不是. 六祖曰. 何以不是. 志誠曰.] 未說時即是, 說乃了即[不]是. 六祖言. 煩惱即是菩提, 亦復如是.

　신수대사는 사람들이 자주 혜능대사의 법은 빠르고 바른 길을 직지(直指)한다고 말하는 것을 보았다.
　신수(神秀)대사는 문인(門人, 제자)인 지성(志誠)스님을 불러서 말하기를, "그대는 총명하고 지혜가 많으니 그대는 나를 위하여 조계산으로 가서 혜능대사의 처소에 도착하여 예배하고 단지 청정하게 법(法)을 듣기만하고 내가 시켜서 왔다고 말하지 말라.

그리고 청정하게 들은 법(法)의 의지(意旨)를 기억하여서 돌아와 나에게 설명하여 혜능대사의 견해와 나의 견해(見解) 중에서 누가 빠르고 늦는지를 관찰하여 보아라. 그대는 본래 제일이니 나의 말을 괴이하게 생각하지는 마라."고 하였다.

지성(志誠)이 기쁘게 명령을 받고는 반(半)달 정도 가서 조계산에 도착하여 혜능대사를 뵙고 예배하여 법(法)을 들었으나 자기의 신분을 말하지 않았다

지성(志誠)이 법(法)을 듣고는 언하(言下)에 바로 깨닫게 되어 본심(本心)에 계합하게 되니 바로 일어나서 예배하고는 고백하여 말하기를, "제자는 옥천사에서 왔습니다. 그리고 신수대사의 처소에서는 깨달아 본심(本心)에 계합하지 못했는데 화상의 법문을 듣고는 바로 본심(本心)에 계합하게 되었습니다.

화상께서는 자비로 법을 제시하여 가르쳐주시기 바랍니다."라고 하였다.

혜능대사께서 말씀하셨다. 그대가 그곳에서 왔다면 응당(應當) 염탐꾼이다.

지성이 대답했다. [그렇지 않습니다. 육조께서 물었다. 왜

그렇지 않은가? 지성이 대답했다.] 말씀드리기 전에는 염탐꾼입니다만 이제 말씀을 드렸으니 염탐꾼이 아닙니다.

　육조께서 말씀하셨다. 번뇌라는 사실을 자각하여 깨닫게 되는 것을 보리라고 하는 것도 역시 이와 같은 것이다.

　※ 신수(606-706)의 제자를 등장시켜서 북종신수의 가르침은 아무리 뛰어나도 쉽게 깨닫지 못하는 것이고 혜능의 가르침은 언하(言下)에 돈오(頓悟)하는 것이라고 하여 북종의 가르침은 점교라고 설하고 있는 장면들이다.

　북종은 점교(漸敎)이고 남종은 돈교(頓敎)라고 하여 혜능의 가르침은 누구나 들으면 깨닫게 된다는 것을 강조하는 내용이다.

　이것을 시절인연이라는 말로 표현하기도 하고 맹구(盲龜)에 비유하기도 하며 불법(佛法) 만나는 것을 백천만겁난조우라고 하여 지금의 만남을 언하(言下)대오(大悟)하는 어려운 기회라고 하여 남종만이 돈오한다는 것을 부각시키는 것이 된다.

　그렇지만 이것은 북종의 제자들도 남종으로 개종해야 언하(言下)에 돈오하게 된다고 하는 것으로 신수의 가르침은 삼악도는 벗어나도 돈오할 수는 없다고 이『단경』에서 계속하여 북종을 비판하고 있는 것이다.

　신수의 게송에서부터 시작하여 신수의 제자(弟子)까지 등장시켜 신수를 철저하게 비판하며 혜능의 남종을 부각시키고자 한 것이다.

　차별이 없어야 한다고 하면서 남북이나 돈점등으로 차별하는 것은 혜능과 신수의 문제가 아니라 이『단경』을 이용하여 종단을 유지하고 세력을 키우려는 사람들이 문제인 것이다.

　어느 누구나가 돈오해야 하는 것인데 비판의 대상이 된다고 하면 이들의 가르침이 문제가 아니라 더 큰 의도가 있는 것이 되어 종교(宗敎)를 빌미로 만든 종단(宗團)이 문제인 것이다.

　사람들이 사람들을 위한다고 하면서 사람위에 존립해야 한다고 하면 사람들을 위한 공(空)이 존재해야 가능한 것이다.

공(空)이 아니고 자신을 나타내려는 세작(細作)이 조금이라도 있으면 누군가는 고통을 받게 되는 것이 된다.

※ 미설시즉시(未說時即是): 자신이 자신의 입장을 숨기고 있는 경우에는 자신이 조작하고 있는 것이므로 자신이 염탐꾼이 되는 것이다.

그러나 자신이 지금 무엇을 하고 있다는 사실을 자각하고 참회하고 참괴하면 자신이 염탐꾼이라는 사실을 벗어나게 되는 것을 자신이 번뇌 망념을 자각하면 보리의 지혜가 된다고 설하고 있는 것이다.

이것을 번뇌즉시보리(煩惱即是菩提)라고 혜능이 지성에게 설하고 있는 것이다.

46. 삼학으로 남종과 북종의 차이를 구분하다

大師謂志誠曰. 吾聞与[汝]禪師教人, 唯傳戒定惠. 与[汝]和尚教人, 戒定惠如何, 當為吾說.

志城[誠]曰. 秀和尚言戒定惠, 諸惡不作名為戒, 諸善奉行名為惠, 自淨其意名為定, 此即名為戒定惠, 彼作如是說, 不知和尚, 所見如何.

惠能和尚答曰. 此說不可思議, 惠能所見又別. 志城[誠]問. 何以別.

惠能答曰. 見有遲疾. 志城[誠]請. 和尚說所見戒定惠. 大師言. 如汝聽悟[吾]說, 看悟[吾]所見處. 心地无疑非, 自姓[性]戒. 心地无乱, 是自姓[性]定. 心地无癡, [是]自姓[性]是惠. 能大師言. 汝[師]戒定惠, 勸小根諸[智]人, 吾戒定惠, 勸上[智]人. 得吾[悟]自(性), 亦不立戒定惠.

志城[誠]言請. 大師說不立如何. 大師言. 自姓[性]无非·无乱·无癡, 念念般若觀照, 當(常)離法相, (自由自在, 縱橫盡得) 有何可立. 自姓[性]頓修, 立(無)有漸此[次], 契[所以不立(一切法, 佛言寂滅, 有何次第)

志誠礼拜, 便不離漕溪山, 即為門人, 不離大師左右.

212

혜능대사께서 설명하기 위하여 지성에게 물었다.

내가 듣기로 그대의 선사(禪師)께서는 학인들에게 오직 계정혜(戒定慧)만 가르치신다고 하는데 그대의 화상께서 학인들에게 계정혜(戒定慧)를 어떻게 가르치시고 있는지 나에게 말해 보아라.

지성이 대답하여 말했다.

신수(神秀)화상(和尙)께서 말씀하시는 계정혜(戒定慧)에서 계(戒)는 모든 악(惡)을 짓지 않게 하는 것을 계(戒)라고 설명하시고, 혜(慧)는 모든 행(行)을 선(善)하게 하는 것을 혜(慧)라고 하시고, 정(定)은 자기의 마음을 청정하게 하는 것을 정(定)이라고 그곳에서는 이와 같이 계정혜(戒定慧)를 설명하시는데 혜능화상의 견해는 어떠신지 모르겠습니다.

혜능화상께서 대답하셨다. 이 설법도 불가사의(不可思議)하여 생각으로 논할 수 없지만 혜능의 견해(見解)는 또한 이것과는 다르다.

지성이 물었다. 어떻게 다르십니까?

혜능께서 대답하셨다.

사람에 따라 깨닫게 되는 견해가 빠르고 늦는 것이 있는 것이다.

지성(志誠)이 청하였다.

혜능화상께서 설하시는 계정혜(戒定慧)의 견해(見解)는 어떻습니까?

혜능대사께서 말씀하셨다.

그대는 내가 설하는 계정혜(戒定慧)를 본심(本心)으로 들어보고 나에게 중생심의 소견(所見)이 있는지 잘 살펴보아라.

심지(心地, 본심)에 망심(妄心)이 없게 하는 것을 자성(自性)의 계(戒)라고 하고,

심지(心地, 본심)에 망심(妄心)으로 산란함이 없는 것을 자성(自性)의 정(定)이라고 하며,

심지(心地, 본심)에 어리석음이 없는 것을 자신이 아는 것을 자성(自性)의 혜(慧)라고 한다.

혜능대사께서 말씀하셨다.

그대가 말하는 계정혜는 근기가 작은 사람에게 권하는 것이고 내가 설하는 계정혜는 상근기의 상인(上人)에게 권하는 것으로 만법이 자성(自性)에서 일어난다는 것을 체득하면 역시 계정혜라는 말도 할 필요가 없게 된다.

지성(志誠)이 청하여 물었다.

대사께서 말씀하신 계정혜라는 말도 할 필요 없다는 말은 무슨 뜻입니까?

대사께서 대답하셨다.

자성(自性)은 본래 그릇된 망심(妄心)이 없고, 산란함도 없고, 어리석음도 없어서 항상 생각마다 반야의 지혜로 관조(觀照)하면 마땅히 항상 법상(法相)을 벗어나게 되어 (자유자재하여 종횡무진하게 되는데) 계정혜라는 말도 할 필요가 있겠는가?

자성(自性)을 본래부터 불성(佛性)이라고 바로 깨달으면 점차(漸次)가 없게 되는 것이므로, 언어문자로 주장하면 점차가 있게 되는 것이고, 불성(佛性)과 계합하면 일체법을 주장할 필요가 없는 것이다.

지성(志誠)이 예배하고는 바로 조계산을 떠나지 않고 문인(門人, 제자)이 되어 혜능대사의 곁에서 시봉하였다.

※ 북종은 소근기인을 위한 가르침이고 남종은 상근기인을 위한 가르침이라고 하여 북종의 신수(606-706)를 신앙하는 사람들을 편입시키려는 의도인 것이다.

이것은 현대에서 종교라는 말을 하여 무조건적으로 종단을 확장시키고 명예나 재물, 권력을 탐하는 이들에게 좋은 본보기가 될 수 있는 대목이다.

정치적으로 황금기였던 신수의 시대를 벗어나 남종을 세워서 자신들을 나타내려고 하였던 후대의 기록으로 보여지는 것도 이것 때문이다.

※ 계정혜(戒定惠): 신수의 삼학은 칠불통계게(七佛通戒偈)의 내용을 벗어나지 않는 내용으로 "계정혜에서 계(戒)는 모든 악을 짓지 않게 하는 것을 계(戒)라 하고, 혜(慧)는 모든 행(行)을 선(善)하게 하는 것이 혜(慧)이고, 정(定)은 자기의 마음을 청정하게 하는 것이 정(定)이다."라고 한다.

혜능의 삼학은 "심지(心地, 본심)에 망심(妄心)이 없게 하는 것을 자성(自性)의 계(戒)라고 하고, 심지(心地, 본심)에 망심(妄心)으로 산란함이 없는 것을 자성(自性)의 정(定)이라고 하며, 심지(心地, 본심)에 어리석음이 없음을 자신이 아는 것을 자성(自性)의 혜(慧)이다."라고 무상게(無相偈)를 설하고 있다.

혜능의 삼학은 반야의 공사상을 근거로 반야바라밀을 실천하는 법을 구체적으로 설하면서 칠불통계의 가르침을 북종이라고 하며 이것을 실천하여 부처로 살아가는 근간을 남종돈교라고 설하고 있다.

그리고 북종의 수행은 삼악도는 벗어나도 본성을 깨달아 실천하기는 어려우므로 남종이 최고라고 하는 것이다.

※ 불립계정혜(不立戒定惠): 계정혜에서 자신이 지혜를 체득하여 본심(本心)을 지금 바로 여기에서 돈오(頓悟)하는 것이다.

자신의 본성(本性)이 공(空)이라는 사실을 돈오하여 체득하였으면 이제 이것을 실천하는 일만 남은 것이다.

이것이 "수처작주 입처개진"에서 견성성불(見性成佛)하는 것을 말하고 있는 것이다.

자신의 본성(本性)을 친견하였으면 이제부터는 공(空)의 실천인 몰종적의 생활을 하면 되는 것이기에 계정혜라는 생각을 다시하게 되면 조작하는 일이 있게 되어 조사(祖師)나 부처에서 다시 보살이 되는 것이다.

조사(祖師)나 부처는 불립계정혜의 생활이 훈습되어서 불퇴전의 경지에 들어간 것이므로 조도(鳥道)를 실천하는 것이다.

※ 이법상(離法相): 반야의 지혜로 관조하게 되면 차별분별하는 것이 없게 되므로 법상(法相)을 벗어난다고 설하는 것이다.

법상(法相)을 벗어나면 계정혜라는 언어문자도 필요가 없는 것이다.

자성(自性), 본성(本性), 불성(佛性)으로 생활하는 법은 법상(法相)을 벗어나서 초월하여 살아가는 법을 무념(無念), 무상(無相), 무주(無住)라고 강조하는 이것이 반야바라밀법의 실천인 것이다.

47. 경전독송만 수행법으로 하는 이들을 대오(大悟)하게 교화하다

又有一僧, 名法達, 常誦法華經七年, 心迷不知(悟)正法之處. [来至漕溪山礼拜問大師言, 弟子常誦妙法華經七年, 心迷不知正法之處], (来詣曹溪, 礼拜問曰, 和尙, 弟子誦法華經, 心常有疑, 又不知正法之處), 經上有疑[癡], 大師智惠廣大, 願為時[除]疑.

大師言法達, 法即甚達, 汝心不達. 經上(本)无癡(疑), 汝心自邪(疑), 而(則)求正法. 吾心正定, 即是持經. 吾一生已来, 不識文字. 汝將法華經来, 對吾讀一遍, 吾問[(聞)]即之[(知)].

法達取經到, 對大師讀一遍, 六祖問[聞]已, 即識仏意, 便汝[已]法達, 說法華經.(師知佛意, 乃與說經)

六祖言法達, 法華經无多語, 七卷盡是譬喻[如]內[因]緣. 如来廣說三乘, 只為世人根鈍, 經聞[(文)]公[分]明, 无有餘乘, 唯[有]一佛乘.

大師法達, 汝聽一佛乘, 莫求二仏乘, 迷[即]却汝聖[性]. 經中何處, 是一仏乘, 汝与說[吾与汝說]. 經云, 諸仏世尊, 唯汝[以]一大事因緣故, 出現於世 已上十六家[字]是正法

(此)法如何解, 此法如何修, 汝聽吾說. 人心不思, 本源空寂, 離却邪見, 即一大是[事]因緣. 內外不迷, 即離兩邊. 外迷看[着]相, 內迷着空. 於相離相, 於空離空, 即是不空迷[不迷].

[(若)]吾(悟)此法, 一念心開, 出現於世. 心開何物, 開仏知見.
仏猶如覺[文見]也, 分爲四門, 開覺知見, 示覺知見, 悟覺知見,
入覺知見. 開示悟入, 上(從)一處入, 卽覺知見, 見自本性, 卽
得出世(現).

大師言法達, 悟吾[常願(吾勤), 一切世人, 心地常自, 開仏知
見, 莫開衆生知見. 世人心(邪), 愚迷造惡(愚迷造罪, 口善心惡,
貪瞋嫉妬, 讒佞侵害), 自開衆生知見. 世人心正, 起智惠觀照,
自開佛智[知]見, 莫開衆生智[知]見, 開佛智[知]見, 卽出世.

大師言法達, 此是[事]法達(華)經一乘法, 向下分三(乘者,
盖), 爲名[迷]人故, 汝但於[依]一仏乘.

大師言法達, 心行轉法華, 不行法華轉. 心正轉法華, 心耶(邪)]
法華轉. 開仏智[知]見, 轉法華, 開衆生智[知]見, 被法華轉.

大師言. 努力依法修行, 卽是轉經. 法達一聞, 言下大悟,
涕淚悲泣, 自[白]言和尙, 實未僧[(曾)]轉法華七年, 被法華轉,
已後轉法華, 念念修行佛行.

大師言. 卽佛行是佛. 其時聽入[人], 无不悟者(各得見性).

또 법달(法達)이라고 하는 스님이 있었는데 법화경을 7년
간 항상 독송하며 수행하고 있는데 마음이 미혹하여 아직까
지 올바른 불법(佛法)의 깨달음이 무엇인지를 몰랐다.
[그리하여 조계산의 혜능대사를 찾아와서 예배하고 화상에
게 묻기를, "제자는 법화경을 7년간 항상 독송하며 수행하고

218

있는데 마음이 미혹하여 아직까지 올바른 불법(佛法)의 깨달음이 무엇인지 모르겠습니다."라고 물었다.]

(그리하여 조계의 혜능대사를 찾아와서 예배하고 묻기를 화상이시여 제자는 법화경을 독송하며 수행하고 있는데 마음에 항상 의심이 있고 또 올바른 불법(佛法)의 깨달음이 무엇인지 모르겠습니다라고 물었다.)

그리고는 청하기를, '경전에 의심이 있는 것을 대사께서는 지혜가 광대하시니 저의 의심을 제거하여 주시기를 원합니다.'라고 하였다.

혜능대사께서 법달(法達)에게 말씀하셨다.

불법(佛法)은 아주 잘 외워 통달(通達)하였는데 그대의 마음을 아직 통달하지 못한 것이다.

경전을 몰라서 의심(疑心)이 있는 것이 아니고 그대의 마음에 정법(正法)을 구하려는 의심(疑心)이 있는 것이다.

나의 마음이 정정(正定, 팔정도의 하나, 열반적정)하면 경전을 수지(授持)한다고 하는 것이다.

그러므로 나는 한 평생을 살아오며 언어문자를 (깨달음이라는) 대상으로 알지 않고 있다.

그러니 그대가 법화경을 나에게 독송하여 설명하면 내가 듣고 곧바로 해설하여 주겠다.

법달(法達)이 법화경을 처음부터 끝가지 자세하게 혜능대사 앞에서 독송하며 설명하니 육조(六祖)께서 듣고는 부처님

께서 법화경을 설하신 뜻을 아시고는 바로 법달(法達)에게 법
화경에 대하여 설(說)하셨다.

육조(六祖)께서 법달(法達)에게 말씀하셨다.

법화경에는 많은 말이 없고 7권이 모두 다 인연법을 비유로
설한 것이다.

여래께서 널리 삼승(三乘, 성문·연각·보살)으로 불법(佛
法)을 설한 것은 단지 세간의 근기가 우둔한 사람들을 위하여
설한 것이고, 법화경의 경전에는 분명하게 다른 승(乘)인 이
승(二乘)과 삼승(三乘)은 없고 오직 일불승(一佛乘)만 있다[12]
고 설하신 것이다.

혜능대사께서 법달(法達)에게 말씀하셨다.

그대는 일불승(一佛乘)을 본심(本心)으로 청정하게 듣고 이
불승(二佛乘)을 구하지 말아야 하며 만약에 다른 승(乘)을 구
하면 그대의 성(聖)스런 자성(自性)을 오히려 미혹하게 하는
것이 된다.

법화경 중에 어느 부분이 일불승(一佛乘)인가를 내가 그대
에게 설(說)하여 주겠다.

경(經)에 말씀하시기를, "제불(諸佛) 세존(世尊)은 오로지
일대사인연(一大事因緣)으로 세상에 출현하신 것이다."라고

---

12) 『妙法蓮華經』 卷1 「方便品2」(『大正藏』 9, 7쪽. 중2.):「如來但以一佛乘故, 為
眾生說法, 無有餘乘, 若二·若三.」
『妙法蓮華經』 卷1 「方便品2」(『大正藏』 9, 7쪽. 하7.):「舍利弗！汝等當一心信
解受持佛語. 諸佛如來言無虛[*]妄, 無有餘乘, 唯一佛乘.」[*]妄＝忘

하셨다.　　　　이상의 16자(字)는 정법(正法)이다.

이 법을 어떻게 이해하고 어떻게 수행하여야 하는지 그대는 내가 설하는 것을 청정하게 들어라.

사람들이 마음으로 사량분별만 하지 않으면 각자의 본성(本性)은 공적하여 사견(邪見, 생사망념)을 벗어나게 되는 것을 (자각하고 실천하여 세존이 출세한 것을) 일대사인연(一大事因緣)이라고 하는 것이다.

사람들이 안과 밖으로 미혹하지 않으면 양변을 벗어나게 된다.

그러나 밖으로 미혹하면 상(相)에 집착하게 되고 안으로 미혹하면 공(空)에 집착하게 되는 것이다.

그러므로 밖으로 일체의 상(相)을 차별분별하지 않고 일체의 상(相)을 초월하여 항상 청정하게 상대하고, 안으로는 일체가 공(空)이라고 알고 공(空)이라는 마음도 초월하게 되면, 불공(不空)으로 살게 되어 미혹하지 않게 되는 것이다.

만약에 이와 같은 법(法)을 깨달아 일념(一念)으로 마음이 열리게 되면 세상에 부처가 출현하게 되는 것이다.

마음이 열린다는 것이 무엇인가 하면 불지견(佛知見)을 여는 것이다.

불지견(佛知見)은 비유하면 깨닫는 것을 나누어 4단계의 문(門)인 개각지견(開覺知見), 시각지견(示覺知見), 오각지견(悟覺知見), 입각지견(入覺知見)으로 설명할 수 있는 것이다.

개시오입(開示悟入)하여 모두가 한 곳으로 깨달아 들어가면 구경에는 자기의 본성(本性)을 불성(佛性)이라고 친견하여 출세(出世)하고 부처로 살아가게 되는 것이다. ※(돈오견성)

대사께서 법달(法達)에게 말씀하시기를, 나는 모든 사람들이 항상 자기의 심지(心地)에서 불지견(佛知見)을 열기를 바라며 중생의 견해를 갖지 않기를 원한다고 말씀하셨다.

세상의 사람들은 마음이 삿되고 우둔하며 미혹하여 악업(惡業)을 지어서(우둔하며 미혹하여 죄업(罪業)을 짓는 것이 입으로는 선을 말하나 마음은 악하여 탐진(貪瞋)과 질투심으로 아첨하여 타인을 해(害)하며) 자신이 스스로 중생지견을 내는 것이다.

그렇지만 사람들이 마음을 바르게 하여 진여의 지혜로 관조하여서 자신이 부처의 지견을 내고 중생의 지견을 내지 않으면 부처의 지견(知見)을 열게 되어 곧바로 출세(出世)하게 되는 것이다.

혜능대사께서 법달(法達)에게 말씀하시기를, 이것이 『법화경』의 일승법(一乘法)인데 다시 뒤에 삼승(三乘)으로 나누어 설한 것은 미혹한 사람들을 제도하기 위한 방편이니 그대는 단지 일불승(一佛乘)만을 의지해야 하는 것이다.

혜능대사께서 법달에게 말씀하시기를, "경을 읽고 마음으로 행(行)하면 법화경을 굴리는 것이지만 법화경을 읽고 행(行)하지 않으면 법화경에 속박되는 것이다. 그리고 마음이 정직하여 무념(無念)이면 법화경을 굴리는 것이고 마음이 삿되어 망념(妄念)이 있으면 법화경에 속박되는 것이다.

불지견(佛知見)을 열면 법화경를 굴리는 것이 되고 중생의 지견을 열면 법화경에 속박되는 것이다."라고 하셨다.

대사께서 말씀하셨다.

노력하고 법(法)에 의지하여 수행하면 법화경을 굴리게 되는 것이다.

법달(法達)이 이 말을 듣고는 언하(言下)에 크게 깨닫고 슬피 울면서 고백하여 말하기를 진실로 7년간 법화경을 굴리지 못하였고 법화경에 속박되어 굴림을 당하였으니 이후에는 법화경을 굴리면서 항상 수행하여 일불승(一佛乘)을 행하겠습니다.

대사께서 말씀하셨다.

곧 일불승(一佛乘)을 행하는 것이 부처인 것이다.

그때에 이 법문을 청정하게 들은 사람들은 모두가 깨닫게 되었다. (모두가 견성(見性)하였다.)

※ 상송법화경칠년 심미부지정법지처(常誦法華經七年, 心迷不知(悟)正法之處): 경전을 독송(讀誦)하고 사경(寫經)하는 것이 수행이라고 생각하며, 앵무새와 같이 경전을 독송하고 복사기와 같이 베껴 쓰는 수행을 7년이나 하여도 정법(正法)을 알지 못하면 중생지견을 벗어나지 못하게 된다는 법달의 법화경 수행담이다.

이것은 경전의 내용을 정확하게 파악하고 수지독송 위타인설하면 공덕이 한량없다는 『금강경』의 내용으로 경전의 뜻을 정확히 알고 자신이 진여의 지혜로 생활해야 경전에 굴림을 당하지 않게 된다는 것이다.

경전독송이나 사경, 간경(看經), 설법등이 삼매가 될 때에 선불교의 실천을 하게 된다는 것이다. 경전의 언어문자에 속박되어 수행하면 중생지견으로 수행하여 일승법(一乘法)을 실천하지 않는 수행이 된다는 것으로 지관쌍수를 주장하며 실천하지 않는 수행을 비판한 것이다.

당대의 잘못된 수행법을 이『단경』으로 지적하며 남종돈교로 교화하려는 것이며, 북종과 교학불교와 지관수행등의 문제점들을 비판하며 남종돈교의 수행으로 돈오견성하는 법을 설하고 있다.

사람이 일생을 살아가는데 여러 수행법들이 있지만 이것을 잘못 선택하게 되면 자신의 인생이 아닌 남의 인생을 흉내 내는 일생을 살다간다고 하고 있는 것이다. 경전에 속박되는 삶을 살지 않기를 바라는 근본적인 선불교의 수행을 설하고 있는 것이다.

종교(宗敎)와 신앙(信仰)이라는 차이점을『법화경』에 속박되어 살아가는 것과『법화경』을 체득하여 살아가는 것이라고 설하는 것이며,『법화경』에서 일불승을 행하게 하는데 부처님이 설한 경전의 내용을 잘 알지 못하고 수행하면 중생지견을 가지게 된다는 것이다.

돈오(頓悟)견성(見性)하는 법을 자세하게 설하고 있는 남종선의 내용으로 견성성불(見性成佛)하는 기초를 설하고 있는 것이다.

※ 불식문자(不識文字): 언어문자를 대상으로 알지 못한다고 하는 말이지만 혜능이 언어문자를 모르는 것으로 이『단경』에서는 일관하고 있다.

이 말의 의미는 어느 누구나 할 수 있다는 평등한 의미도 가지고 있지만 언어문자에 대한 집착을 가지고 수행하지 말고 진여의 지혜로 수행하라는 뜻인 것이다.

즉 언어문자에 대한 집착을 버리면 언어문자는 오로지 방편설법이라는 사실을 알게 되어 자신이 진여의 지혜로 경전을 굴리면서 생활할 수 있다는 것을 강조하고 있는 것이다.

※ 일대사인연고(一大事因緣故): 중생으로 하여금 불지견(佛知見)을 개시오입(開示悟入)하여 본성(本性)으로 살아가게 하기 위하여 세존이 출세한 것을 일대사인연이라고 하는 것이다.

『妙法蓮華經』卷1「方便品2」(『大正藏』9, 7쪽. 상21.):「所以者何？諸佛世尊唯以一大事因緣故出現於世. 舍利弗！云何名諸佛世尊唯以一大

事因緣故出現於世？諸佛世尊, 欲令眾生開佛知見, 使得清淨故, 出現於世; 欲示眾生佛之知見故, 出現於世; 欲令眾生悟佛知見故, 出現於世; 欲令眾生入佛知見道故, 出現於世. 舍利弗！是為諸佛以一大事因緣故出現於世.」

※ 어상이상 어공이공(於相離相, 於空離空): 대상경계를 만나서 대상경계에 미혹하지 않으면 차별분별하지 않게 되니 대상경계를 초월한 것이고, 본성(本性)이 공(空)이라는 사실을 자각하고는 불공(不空)을 실천하면 무주(無住)의 생활을 하게 된다는 것이다.

앞에 설하였던 무념(無念)으로 무상(無相)을 무주(無住)로 실천하는 설명을 다시 설하는 것으로 반야바라밀의 수행이 되지 않으면 언어문자에 속박되어 수행하게 된다고 설하고 있는 것이다.

48. 최상승선을 실천하는 것이 남종돈교이다

時有一僧, 名智常, 来漕溪山, 礼拜和尚, 聞[(問)]四乘法義.
智常聞[問]和尚曰. 仏說三乘, 又言㝡上乘, 弟子不解, 望為敬
[教]示. 惠能大師曰. 汝自身心見, 莫着外法相. 元无四乘法,
人心不量[人心量](自有)四等, 法有四乘. 見聞讀誦是小乘,
悟(法)解義是中乘, 衣[依]法修行是大乘. 万法盡通, 万幸[
(行)]俱俻, 一切无離[不離染](不染), 但離法相, 作无所德[
(得)], 是㝡上乘. 乘是㝡上行義, 不在口諍. 汝須自修, 莫問悟
[吾]也.

어느 때에 지상(智常)이라는 스님이 조계산으로 찾아와서
화상에게 예배하고 사승법(四乘法)의 뜻을 물었었다.

지상(智常)이 혜능화상에게 이렇게 물었다.

부처님은 삼승(三乘)을 설하시고 나서 또 최상승(最上乘)을
설하신 이유를 제자는 잘 이해하지 못하는데 가르쳐 주십시오.

혜능(慧能)대사(大師)께서 말씀하셨다.

"그대는 자신의 마음을 관조하여 친견하고 외부의 법상(法
相)에 집착하지 말아야 한다.

원래는 사승법(四乘法)이 없는데 사람들의 마음에 따라 네
등급으로 구분하여서 법(法)에 사승(四乘)이 있게 된 것이다.

즉 경전을 보고 듣고 독송하는 사람을 소승(小乘)이라고 하

고, 불법(佛法)을 깨달아 아는 사람을 중승(中乘)이라고 하고, 불법(佛法)을 깨달아 불법(佛法)에 의지하여 수행하는 사람을 대승(大乘)이라고 한다.

그리고 만법(萬法)을 모두 일여(一如)라고 통달하고 만행(萬行)을 진여의 지혜로 불법(佛法)에 맞게 행하여 일체법(一切法)을 여의지 않고 단지 법상(法相)을 초월하여 무소득(無所得)으로 실천하는 사람을 최상승(最上乘)이라고 한다.

승(乘)은 최상(最上)의 행(行)을 한다는 뜻이고 입으로 논쟁하는 것이 아니다. 그대는 반드시 스스로 자성(自性)으로 수행하고 나에게 물으려고 하지 말아야 한다."라고 하셨다.

※『금강경』에 나오는 최상승은 반야바라밀을 실천하는 것이며 이『단경』에서는 자신이 무념(無念)으로 무상(無相)을 무주(無住)로 실천하는 것이 최상승이라고 구체적인 실천방법을 설하고 있다.

※ 최상승(最上乘): 혜능은 사승(四乘)을, "경전을 보고 듣고 독송하는 사람을 소승(小乘)이라고 하고, 불법(佛法)을 깨달아 아는 사람을 중승(中乘)이라고 하고, 불법(佛法)을 깨달아 불법(佛法)에 의지하여 수행하는 사람을 대승(大乘)이라고 하고 최상승은 대승을 초월하여 몰종적의 무주(無住)를 실천하는 것이라고 한다."라고 하였듯이 최상승은 무상(無相)을 무주(無住)로 생활하는 것이라고 설하고 있다.

마음으로 수행하여 실천하지 않고 입으로만 하는 수행과 형식적인 논쟁만 하는 이들의 잘못을 지적하는 것이고, 본성(本性)·자성(自性)·불성(佛性)을 밖에서 찾아서 받으려고 하는 이들을 경책하는 것이다.

※ 승시최상행의 부재구쟁(乘是最上行義, 不在口諍): 여기에서 승(乘)은 사승(四乘)이나 삼승(三乘)이라는 말에 속박되어 논쟁하지 말고 최상의 행(行)을 행하라는 것이다.

혜능은 언어문자에 속박되어 승(乘)을 가지고 논쟁할 것이 아니라 자신의 본성(本性)을 친견하여 실천하는 것이 중요하다고 설하시고 있는 것이다.

소승이든 중승이든 대승이든 수행하여 실천하지 않으면 무슨 소용이 있을 것이며 최상승자도 역시 무소득(無所得)으로 실천하지 않고 입으로 논쟁(論諍)만 하면 소용이 없다고 설하고 있는 것이다.

49. 신회가 남종의 좌선법으로 수행하다.

又有一僧, 名神會, 南陽人也, 至漕溪山礼拜, 問言. 和尚禪座[坐禪], 見亦不見. 大師起把打神會三下, 却問神會. 吾打汝, 痛不痛. 神會答言. 亦痛亦不痛.

六祖言曰. 吾亦見 亦不見.

神會又問大師. 何以亦見 亦不見.

大師言. 吾亦見, 常見自過患, 故云亦見. 亦不見者, 不見天地人過罪. 所以亦見亦不[見]也. 汝亦痛亦不痛如何.

神會答曰. 若不痛,即同无情木石. 若痛,即同凡(夫),即起於恨.

大師言神會, 向前見不見是兩邊, 痛[不痛]是生滅, 汝自性旦[且]不見, 敢来弄人. [神會]礼拜, 礼拜更不言.

大師言. 汝心迷不見, 問善知識覓路. 以[汝]心悟自見, 依法修行. 汝自名[迷]不見自心, 却来問惠能見否. 吾不(見)自知, 代汝迷不得. 汝若自見, 代得吾迷. 何不自修(何不自知自見), 問吾見否(乃問吾見與不見). 神會作礼, 便為門人, 不離漕溪山中, 常在左右.

또 신회(神會, 684-758, 670-762)라고 하는 남양출신의 한 스님이 있었는데 조계산에 와서 혜능대사에게 예배하고 물었다.

화상께서는 좌선(坐禪)할 때에 보는 것이 있습니까? 보는 것이 없습니까?

혜능대사께서 신회(神會)를 세 번 때리고는 신회에게 물었다.

내가 그대를 때렸는데 아픈가? 아프지 않은가?

신회가 대답했다. 역시 아프기도 하고 또 아프지 않기도 합니다.

육조께서 말씀하셨다.

나는 보는 것이 있기도 하고 또 보는 것이 없기도 하다.

신회가 대사에게 물었다. 어찌하여 보는 것이 있기도 하고 또 보는 것이 없기도 한다고 말씀하십니까?

혜능대사께서 말씀하셨다. 내가 보는 것이 있다고 말한 것은 항상 나 자신의 마음에 허물을 좌선(坐禪)하며 보는 것을 본다고 말한 것이다.

그리고 보는 것이 없다는 것은 천지인(天地人, 모든 사람들)의 허물을 보는 것이 없다고 한 것이다.

그러므로 보는 것이 있기도 하고 또 보는 것이 없기도 하다고 말한 것인데 그대가 아프기도 하고 역시 아프지 않기도 하다고 한 것은 무슨 뜻인가?

신회가 대답했다. 아프지 않다고 말한 것은 마음을 무정의 목석과 같이 하는 것이고, 아프다고 한 것은 마음을 범부와 같이하여 원망하는 마음을 일으킬 때를 말한 것입니다.

대사께서 신회에게 말씀하셨다.

앞에 그대가 보는 것이 있기도 하고 또 보는 것이 없기도 하느냐고 물은 것은 양변(兩邊)을 말한 것이 되고, 또 아프기도 하고 아프지 않기도 한다고 대답하여 말한 것은 생멸(生滅)을 말한 것이 되니, 그대는 자성(自性)을 친견(親見)하지 못하고 감히 와서 사람을 놀리는 것이 된다.

그러자 신회가 예배하고는 다시는 무슨 말을 할 수가 없었다.

혜능대사께서 말씀하셨다.

그대가 자신의 마음이 미혹하여 자성(自性)을 친견하지 못하였으면 선지식에게 물어서 올바른 길을 찾아 수행해야 한다.

그대의 마음으로 자성(自性)을 친견하여 깨달았다면 불법(佛法)에 맞게 수행하면 된다.

그러나 그대는 미혹하여 자신의 마음도 보지 못하면서 도리어 혜능에게 와서 '혜능의 마음으로 보는 것이 있는가? 없는가?'를 묻고 있는 것이다.

내가 보는 것이 있고 없는 것은 내가 깨닫고 아는 것이지 그대의 미혹을 대신할 수는 없는 것이다.

그러므로 그대가 만약에 자성(自性)을 친견하여 깨달아 알았다고 할지라도 나의 미혹을 대신하여 없앨 수는 없는 것이다.

어찌하여 그대는 그대의 마음으로 자성(自性)을 친견하여 스스로 수행하지 않고 나에게 '나의 마음으로 보는 것이 있는가? 없는가?'를 묻고 있는가?

신회가 예배하고 바로 문인(門人, 제자)이 되어 조계산을 떠나지 않고 항상 곁에서 스승을 모시면서 수행(修行)하였다.

※ 남종의 좌선(坐禪): 신회가 혜능의 가르침을 받아 인가받는 내용을 설명하면서 남종의 좌선법을 강조하는 것이다. 북종의 간심간정(看心看淨)에서 남종의 본래 자성청정심에 이르기까지의 수행이 모두 자신이 스스로 자성을 친견하여 수행해야 한다는 것이다.

신회의 선수행이 훗날에 혜능의 서자가 되고 회양이 적자가 되는 이것이 이『단경』에서 기록에는 신회를 적자로 인정은 하지만 내용상으로는 서자가 되는 이것은 여기의 이『단경』이 뒤에 편집된 것일 가능성을 말하고 있는 것이다.

왜냐하면 신회가 자성(自性)을 어떻게 이해하는지에 대하여 한 단면만 기록하고 있기 때문이다. 신회를 기점으로 남종선과 북종선을 구분하려는 의도가 있었던 것으로 보인다.

신회의 생몰연대는 (684-758), (670-762)[13]의 라는 것은 서지학적인 것이고 여기에서 말하는 것은 신회의 불성(佛性)에 대한 것이고 그 이외는 연구서들을 참조하시기 바람.

※ 견역불견(見亦不見): 혜능이 말하고 있는 見亦不見과 신회가 말하는 見亦不見의 차이를 설하고 있는 것이다.

혜능은 안으로 자신의 마음에서 일어나는 망념을 공(空)으로 자각하고, 밖으로는 대상경계를 만나더라도 공(空)을 실천하는 불공(不空)을 실천한다고 자신의 입장을 설하고 있다.

신회는 망념이 일어나면 인욕하며 무정물과 같다고 생각하면 원한의 마음이 없게 되는 것이고 망념에 따라 대응하면 원한을 가지는 것이라고 북종선의 간심간정(看心看淨)을 비판하고 있는 것이다.

---

13) 鄭性本,『돈황본 육조단경』, 521쪽. 2003.
　　鄭唯眞,『돈황본 육조단경 연구』, 384쪽. 2007.

50. 삼과법문을 설하여 본성으로 사는 부처가 되게 하다

大師遂喚, 門人法海·志誠·法達·智常·志通·志徹·志道·法珍·法如·神會. 大師言. 汝等拾弟子近前, 汝等不同餘人, 吾滅度後, 汝各為一方頭[(師)]. 吾(今)教汝說法, 不失本宗. (先須)擧[(三)]科法門, 動(用)三十六對, 出沒即離兩邊. 說一切法, 莫離於性相(自性). 若(忽)有人問(汝)法, 出語盡雙, 皆取法對, 来去相因, 冗[究]竟二法盡除, 更無去處. 三科法門者, 蔭·界·入, 蔭是五蔭, 界(是)十八界, (入)是十二入. 何名五蔭, 色蔭·受蔭·相[想]蔭·行蔭·識蔭是. 何名十八界, 六塵·六門·六識. 何名十二入, 外六塵, 中(內)六門. 何名六塵, 色聲香未獨[(味觸)]法是. 何名六門, 眼耳鼻舌身意是. 法性起六識, 眼識·耳識·鼻識·舌識·身識·意識, 六門, 六塵. 自性含万法, 名為含藏識, 思量即轉識, 生六識, 出六門, (見)六塵, 是三六十八. 由自性邪(起用), 起十八邪, 含自性十八正(自性若正, 起十八正). 含[合]惡用即衆生, 善用即仏(用). 用油[(由)]何等, 油[(由)]自性對.

대사께서 마침내 문인(門人)인 법해(法海)·지성(志誠)·법달(法達)·지상(智常)·지통(志通)·지철(志徹)·지도(志道)·법진(法珍)·법여(法如)·신회(神會)를 불렀다.

대사께서 말했다. 그대들 10명은 내 가까이에 있는 제자로서 그대들은 다른 사람과 같지 않고 내가 입적하고 나면 그대들은 각각의 방면에서 불법(佛法)을 바르게 펼칠 스승이 될 것이다.

그래서 내가 그대들에게 지금 이 법을 설하여 본래의 종지(宗旨)를 잃지 않게 하겠다.

먼저 반드시 삼과의 법문을 제시하고 그 다음에 36대법을 이용하여 출몰(出沒, 出入)하는 양변을 벗어나야 한다.

그리고 일체법(一切法)을 설할 때에 항상 본성(本性)으로 일체법을 대하는 것을 벗어나면 안 된다.

만약에 사람들이 법을 물으면 말을 할 때에 모두가 짝이 되는 상대적인 법(法)을 모두 취하여 대답하는데 오고가는 것은 상인(相因)으로 모두가 찰나에 생멸하는 것이니 구경(究竟)에 이 두 가지 상대하는 차별법을 모두 제거하게 되면 다시는 차별법으로 질문을 할 수 없게 되는 것이다.

삼과의 법문이란 음(陰)·계(界)·입(入)을 말하는데 음(陰)란 오음(五陰)을 말하는 것이고, 계는 18계를 말하고, 입(入)이란 12입을 말하는 것이다.

무엇을 오음(五陰)이라고 하는가 하면 색음(色陰), 수음(受陰), 상음(想陰), 행음(行陰), 식음(識陰)을 말한다.

무엇을 18계(界)라고 하는가 하면 육진(六塵), 육문(六門), 육식(六識)을 말한다.

무엇을 12입(入)이라고 하는가 하면 외부의 육진(六塵)과 내부의 육문(六門)을 말하는 것이다.

무엇을 육진(六塵)이라고 하는가 하면 색성향미촉법을 말하는 것이다.

무엇을 육문(六門)이라고 하는가 하면 안이비설신의를 말하는 것이다.

법의 본성에서 육식(六識)14), 육문(六門), 육진(六塵)이 일어나는 것이다.

자기의 본성(自性)은 만법(萬法)을 모두 함장하고 있기에 함장식이라고 하는 것인데 사량분별하는 것은 전식(轉識)15)이므로 자신의 육식(六識)이 생겨서 육문(六門)으로 육진(六塵)을 보게 되는 것을 18계라고 하는 것이다.

자성(自性)에서 전식(轉識)으로 삿된 생각을 하면 18계가 삿된 것이 되고, 자성(自性)에 함장(含藏)되어 있는 본성(本性)으로 바르게 생각하면 18계가 청정하게 되는 것이다.

그러므로 본성(本性)을 악용(惡用)하면 중생이 되고 바르게 선용(善用)하면 부처가 되는 것이다.

이와 같이 왜 악하게 사용하고 선하게 사용하게 되는가 하면 이것은 자성(自性)에서 전식(轉識)으로 상대하는 법(法)을 사용하기 때문이다.

---

14) 육식(六識): 眼識·耳識·鼻識·舌識·身識·意識
15) 전식(轉識): 본성(本性) 이외에 변화하는 7가지 식을 말하는 것으로 즉 아뢰야식을 제외한 안이비설신의의 6식과 말나식을 말한다.

※ 이 단은 부처님에게 십대제자가 있었듯이 홍인도 십대제자를 등장시키고 있는 것처럼 혜능도 십대제자에게 법을 부촉하고 인가하는 것은 남종종단을 건립하기 위한 한 단면이라고 보여 진다.

그리고 교학적인 소승선을 다시 자신의 제자들에게 설한 것이라고 하면서 이 책에 편입시킨 것은 자신의 제자들에게도 이것을 중요하게 지시하였으므로 남종의 제자들은 이 내용을 확실히 하여 다시는 미혹하지 않아야 한다고 하는 것이다.

이런 사실들로 보면 이 시대의 상황은 유식이나 소승선이 유행하였고 볼 수 있고 이것의 부작용을 극복하기 위하여 이 단을 편집한 것이라고 보여 진다.

※ 삼과법문자(三科法門者): 삼과란 음계입(蔭界入)을 말하는 것으로 음이란 오음을 말하는 것이고(蔭是五蔭) 계란 18계를 말하는 것이며(界是十八界) 입이란 12입(入是十二入)을 말하는 것이라고 위에서 설하고 있다.

교학을 중시하는 소승에서 본성으로 부처와 같이 살아가는 법을 설하는 것이다. 즉 본성에서 전식득지(轉識得智)하면 불지(佛智)가 되는 것이고, 자성으로 대상경계에 따라 악용(惡用)하면 중생이 되는 것이므로 불교의 기초인 교학을 본성으로 선용(善用)하여 부처로 살아가기를 바라는 것이다.

십대제자에게만 이것을 부촉하였다고 이『단경』에 기록하는 것은 교학을 중요시하는 많은 사람들에게 교학의 한계점을 본성으로 극복해야 부처가 된다는 것을 설하고 있는 것이며 십대제자를 인가하는 것이다.

이것은 아난이 부처님께서 하신 말씀을 모두 기억하지만 본성으로 선용(善用)하지 못하였으므로 다시 수행한 후에 자각하고 경전을 결집하는데 합류하는 것과 같은 이치를 혜능이 직접 가르치고 십대제자를 인가하였다는 것을 강조하고 있는 것이다.

십대제자를 혜능이 직접 인가하였다고 하는 것은 이『단경』을 편집하던 시대의 남종의 상태를 나타내는 단면을 보여주는 것이기도 하다.

※ 함악용즉중생 선용즉불(含[合]惡用即衆生, 善用即仏): 함장식을 악용(惡用)하면 중생이고 선용(善用)하면 부처라고 하는 것은 자신이 본성(本性), 불성(佛性)으로 살아가면 무주(無住)의 부처인 것이고 대상경계와 본성이 삼매가 되지 않으면 만법일여가 되지 않고 중생으로 살아가게 된다고 하는 것이다.

함장식이나 본성을 악용한다고 하는 것은 자신의 자성(自性)이 본성(本性), 불성(佛性)이라는 사실을 친견하지 못하였기에 대상경계를 따르는 중생이 된다고 하는 것이다.

51. 제자들에게 남종돈교의 가르침으로
실천하는 법을 설하다

外境无情對有五, 天与地對, 日与月對, 暗与明對, 陰与陽對, 水与大[火]對.(此是五對也.)

語与言對, 法与相對, 有十二對(法相語言十二對, 語與法對), 有爲无爲[對], 有色无色對, 有相无相對, 有漏无漏對, 色与空對, 動与淨(靜)對, 淸与濁對, 凡[乱]与性[(聖)]對, 僧与俗對, 老与少對, 大大与少少(小)對.(此是十二對也.)

*長与短對, 高与下對.

自性居起用對(自性起用對), 有十九對, *邪与正對, *癡与惠對, *愚与智對, *乱与定對, *戒与非對, *直与典[(曲)]對, *實与虛對, *嶮与平對, *煩惱与菩提對, 慈与空[害]對(*慈与毒對, *悲与害對), *喜与嗔對, *捨与慳對, *進与退對, *生与滅對,

*常与无常對, *法身与色身對, *化身与報身對, 躰与用對, 性与相[對], 有淸[情与]无親對. (*丑 此是十九對也.)

言語与法相[對], 有十二對, 內外境有無五對(* 앞 부분 外境无情對有五), 三身有三對 (* 앞 부분 自性居起用對, 有十九對), 都合成三十六對法也.

此三十六對法, 解[能]用通一切經, 出入即離兩邊. 如何自性起用, 三十六對, 共人言語, 出外於(相)離相, 入內於空離空. 着空即惟長无名[明], 着相惟(即長)邪見. 謗法直言, 不用

文字, 既云不用文字, 大[人]不合言語. 言語即是文字. 自性
上說空, 正語言本性不空. 迷自惑, 語言除故. 暗不自暗, 以名
[明]故暗. 暗不自暗, 以名[明]變暗. 以暗現明, 来去相因. 三十
六對, 亦復如是.

　외부의 대상경계에 무정(無情)을 상대로 5가지 상대하는
것이 있는데 하늘과 땅이 서로 상대하는 것이고, 해와 달이
상대하는 것이고, 어둠과 밝음이 상대하는 것이고, 음과 양이
상대하는 것이고, 물과 불이 상대하는 것이다.(이것을 5대라
고 하는 것이다.)

　법상어언(언어문자로 법상을 나타내는 말)에 상대한 것으
로 12가지 상대가 있는데, (언어와 법이 상대이고,) 유위(有
爲)와 무위(無爲)가 상대이고, 유색(有色)과 무색(無色)이 상
대이고, 유상(有相)과 무상(無相)이 상대이고, 유루(有漏)와
무루(無漏)가 상대이고, 색(色)과 공(空)이 상대이고, 동(動)
과 정(靜)이 상대이고, 맑음(淸)과 탁함(濁)이 상대이고, 범부
와 성자(聖者)가 상대이고, 승(僧)과 속(俗)이 상대이고, 노
(老)와 소(少)가 상대이고, 대(大)와 소(小)가 상대이다. (이
것이 12대이다.) 장(長)은 단(短)과 상대이고, 고(高)는 하
(下)와 상대이다.

　자성에서 작용하여 상대하는 것으로 19가지 상대가 있는데
삿됨과 정직이 상대이고, 우치와 지혜가 상대이고, 우둔함과

현명함이 상대이고, 산란함과 적정이 상대이고, 계율에 맞게 청정함과 어긋남이 상대이고, 정직함과 왜곡됨이 상대이고, 진실됨과 허망함이 상대이고, 거짓됨과 평등함이 상대이고, 번뇌와 보리가 상대이고, 자비(慈悲)와 독해(毒害)가 상대이고, (자(慈)는 악독(毒)과 상대이고, 비(悲)는 해(害, 방해)와 상대이고), 기쁨(喜)은 성냄과 상대이고, 베풂(捨, 보시)과 간탐(慳貪, 인색한 욕심)이 상대이고, 선(善)으로 전진(轉進) 과 악(惡)으로 후퇴가 상대이고, 망념(妄念)이 생기는 것(生) 과 망념(妄念)이 사라지는 것이 상대이고, 항상함과 변화함이 상대이고, 법신(法身)과 색신(色身)이 상대이고, 화신(化身) 과 보신(報身)이 상대이고, 체(體)와 용(用)이 상대이고, 성(性)과 상(相)이 상대이고, 유정(有情)과 무정(無情)이 상대 이다. (이것이 19대이다.)

언어(言語)와 법상(法相)으로 상대하는 것으로 12대가 있고, 외부의 경계에 무정(無情)을 상대로 5대가 있고, 자성(自性)에서 작용하여 상대하는 것으로 19대가 있는 것을 모두 합하면 36대법이 되는 것이다.

이 36가지 상대법을 잘 알고 활용하여 일체의 모든 경전을 통달하게 되면 출입(出入, 出沒)하는 양변(兩邊, 生死의 妄念)을 곧바로 벗어나게 되는 것이다.

어떻게 자성에서 작용하여 36대법을 활용하는가하면 그대들이 다른 사람에게 말을 할 때에도 외부의 대상경계를 대하지만 그 대상경계를 차별분별하지 말고 안으로는 법상(法相)을 공(空)으로 보되 공(空)이라는 집착도 없이 말을 해야 하는 것이다.

공(空)에 집착하면 무명(無明)만 늘어나게 되고 법상(法相)에 집착하면 사견(邪見)만 늘어나는 것이다.

이와 같이 공(空)과 법상(法相)에 집착하면서 불법(佛法)을 비방하는 말을 하는 사람들은 언어문자를 사용하지 않는다고 말하는데 이미 자신이 말한 언어문자를 사용하지 않는다는 말을 하려면 언어문자로 아무 말도 하지 말아야 하는 것이 된다.

왜냐하면 말하고 있는 언어는 문자라는 법상(法相)이기 때문이다.

자기 스스로 자기의 본성(本性)을 공(空)이라고 설명하지만 이것은 바로 언어로 설명하는 것이므로 본성(本性)이 공(空)한 것이 아니다.

이것은 자신이 미혹하여 자신이 언어문자로 의심(疑惑)하면서 언어문자를 제거하여 자신의 마음을 비우려고 하는 것과 같다.

즉 어둠은 자체가 어둠이 아니고 밝음을 원인으로 해서 어둡다고 말하는 것이다.

어둠은 자기가 어둡다는 것이 아니고 밝음이 변화하여 어둠이 있게 되는 것이다.

어둠으로 인하여 밝음이 분명하게 나타나는 것은 오고 가는 것이 서로 상대하는 원인이 되기 때문이다.

36가지 상대법도 역시 이와 같은 것이다.

※ 현실에서 상대하는 모든 것들을 본성으로 하되 본성이 공(空)이라는 사실도 초월하면 대상경계와 하나 되어 살아가는 만법일여의 경지가 된다고 36대법을 들어 상세하게 설명하고 있는 것이다.

※ 36대법(三十六對法): 이것은 깨달음을 무정물(無情物)과 세상의 언어문자로 알고 있는 자신의 일체법과 자성에서 상대하여 알고 있는 우리들의 모든 것들은 모두가 상대하여 아는 것이니 이것을 이용하여 경전을 간경하면 번뇌망념에서 벗어나 깨달음을 체득하게 된다고 설하고 있다.

본성이 공(空)이라는 사실을 알았으면 공(空)이라는 집착을 하지 말고 생활해야 하는 것이다.

※ 불용문자(不用文字): 언어문자를 사용하지 않는다는 것이나 언어문자를 사용하지 말라는 것은 언어문자에 속박되는 것을 경계하는 것이다.

오래된 언어문자를 오해하거나 오용하기 때문에 자신의 마음을 비우지 못하는 부작용을 방지하기 위하여 설한 것이다.

그러므로 불립문자(不立文字)나 불용분자(不用文字)를 목석과 같이 무정물이 되는 것이 선(禪)이라고 잘못 아는 것을 경계한 것이다.

마조의 좌선을 비판하며 그런 좌선은 기왓장으로 거울을 만드는 것과 같다고 설한 것과 같은 것이다.

언어문자에 대한 집착을 없애란 말을 경전을 보지 말라고 한다면 배가 산으로 간 것이 되고 부처를 비난하는 외도(外道), 사도(邪道)가 되는 것이다.

※ 이암현명 래거상인(以暗現明, 來去相因): 어두운 상황에서 빛이 조금씩 들어와서 밝은 상태로 되면 사람들이 밝다고 하고 사람들의 눈에 잘 보이지 않으면 어둡다고 하는 것이다.

사람들이 대상을 볼 수 있는 것을 말하는 것으로 대상을 보고 알기만 하면 어둡다고 하지 않는 것이다.

구경에는 자신이 대상을 알면 밝은 것이므로 어둠도 자신의 본성에 있다는 것을 알아야 한다.

　현대에는 기계를 사용하면 대상을 실제로 볼 수 있는 것은 무궁무진한데도 보고 알아도 중생심의 부분적인 지식으로 아는 것이므로 자신에게 사용하지도 못하는 경우가 많다.

　여기에서 상대법을 제시하여 교화하는 것은 항상 양면성이 있다는 것을 알고 이 양면성을 초월하여야 공(空)이라는 언어문자에 속박되지 않게 된다는 명암의 비유이다.

52. 10대 제자에게 『단경』을 품수한 자만 남종종단의 제자로 인정하게 하다

大師言十弟子, 已後傳法, 迎[遞]相教授, 一卷檀[壇]經, 不失本宗. 不稟授[受]檀[壇]經, 非我宗旨. 如今得了, 迎[遞]代流行. 得遇檀[壇]經者, 如見吾親授. 拾[十]僧得教授已, 寫爲檀[壇]經, 迎[遞]代流行, 得者必當見性.

혜능대사께서 10명의 제자에게 말씀하시기를, "이후에 법(法)을 전(傳)할 때에는 이 1권의『단경』을 서로 교수(敎授)하여 근본 종지(宗旨)를 잃지 않게 하여라.

이『단경』을 품수(稟受)하지 않으면 우리의 남종돈교 종지(宗旨)가 아니다.

지금과 같이 이『단경』을 듣고 체득하였으면 서로 대대로 유행하게 하여야 한다.

이『단경』을 읽고 체득한 사람들은 내가 직접 전수(傳授)하여 준 것과 같다.

10명의 제자들은 대사의 가르침을 받고 이미 불법(佛法)의 가르침을 체득하였으니 이『단경』을 사경(寫經)하여 대대로 유행하게 하여 수지(授持)하고 체득한 사람들이 반드시 견성할 수 있게 하여야 한다."라고 하셨다.

※ 이 단도 육조의 가르침과는 다른 맥락을 나타내고 있는 부분이다.

　남종의 종단을 유지하는 지침을 설하여『단경』에 의한 남종의 종단을 만들고자 하는 의도가 있는 것이다.

　이것 때문에 혜능이 기록한 것이 아니고 법해가 기록하여 후대에 편집되어질 때에 많은 첨삭이 있었다고 보여 지고 많은 편집이 있었을 것으로 볼 수 있는 것이다.

　이『단경』을 전수하려는 의도가 남종의 종단을 확장시키고 근원을 이『단경』에다 집중시켜서 자신들이 종단의 적자라는 것을 홍포하는 것이다.

　굳이 이『단경』이 아니라도 남종선을 유지할 수 있는 것은 반야바라밀법이면 되는데『단경』을 품수하려고 하는 것은 혜능에 대한 인지도를 이용하는 것과 다른 종단과 같이 의지처가 되는 경전을 주장하는 것이다.

　즉 전수해야할 의발보다는 많은 사람들에게 전수할 수 있는 경전은 사경(寫經)을 하기만 하면 무궁무진하게 전수가 가능하고『능가경』이나『금강경』을 전수하는 것과 같은 것이 되기 때문에『단경』을 전수하고자 하는 것이 된다.

53. 육조가 신회를 적자로 인가한 것으로 편집하다

大師, 先天二年, 八月三日滅度, 七月八日, 喚門人告別. 大師[先]天元年於, 樺(新)[韶]州國恩寺造塔, 至先天二年七月告別. 大師言汝衆近前, 五[吾]至八月, 欲離世間, 汝等有疑早問, 爲外[汝]破疑, 當令迷者盡, 使与[汝]安樂. 吾若去後, 无入[人]敎与[汝]. 法海等衆僧聞已, 涕淚悲泣, 唯有神會不動, 亦不悲泣.

六祖言神會, 小僧却得善(不善)等, 毁譽不動. 除[(餘)]者不得, 數年山中, 更修何道, 汝今悲泣, 更有阿誰. 憂吾不知去處在. 若不知去處, 終不別汝. 汝等悲泣, 卽不知吾[去]處, 若知去處, 卽不(合)悲泣. 性聽(法性本)无生无滅[性无生滅], 无去无来(性本无生滅去来). 汝等盡座[坐], 吾与如(汝)一偈, 真假動淨(靜)偈, 与[(汝)]等盡誦取, 見此偈意, 汝[与]吾(與吾意)同. 於[(依)]此修行, 不失宗旨.

혜능대사(638-713)께서는 선천2년(713) 8월 3일에 입적하셨는데, 7월 8일에 문인(門人)들에게 돌아가실 것을 미리 예고하셨다.

대사께서는 선천원년(711)에 신주의 국은사에 묘탑을 조성하시고는 선천2년 7월에 돌아가실 것을 예고하셨다.

대사께서 가까이 있는 대중들에게 말씀하시기를, 내가 8월이 되면 세상을 떠나고자 하니 그대들은 의심이 있으면 물어서 그대들의 의심을 제거하고 미혹을 모두 없애서 그대들을 안락하게 하겠다.

내가 가고 입적하고 나면 그대들을 가르칠 사람은 없는 것이다.

법해(法海)등 대중스님들이 이 말씀을 전해 듣고는 눈물을 흘리며 슬프게 울었지만 오직 신회(神會, 684-758, 670-762)는 부동(不動)이고 슬퍼하지도 않았다.

육조께서 신회를 보고는 말씀하시기를, 어린 동자승은 오히려 깨달아 선악이나 비난과 칭찬에 동요하지 않는데 나머지 그대들은 아직도 깨닫지 못하고 이 산에서 수년(數年)간 있었으니 다시 무슨 도(道)를 어떻게 수행할 것이며 또 그대들이 지금 슬퍼하는 것은 다시 누구를 위하여 슬퍼하는 것인가?

내가 갈 곳을 모를 것이라고 걱정하여 슬퍼하는가?

만약에 갈 곳을 모르고 대상으로 안다면 내가 그대들에게 이별할 것을 끝내 예고하지 못할 것이다.

그대들이 슬퍼하는 것은 곧 내가 돌아가는 곳을 그대들이 모르기 때문이고 만약에 돌아가는 곳을 그대들이 알았다면 슬퍼하는 것은 합당하지 않다.

본성(本性)은 본래 무생(無生)이고 무멸(無滅)이므로 오고 가는 것이 없다. (본성은 본래 생멸거래가 없다.)

그대들은 모두 앉아서 내가 그대들에게 진가동정게(眞假動

靜偈)를 한 수(首) 줄 것이니 그대들은 모두 암송하여 이 게송의 의미를 깨닫는다면 그대들과 내가 동등하게 될 것이다.

이것을 의지하여 수행하면 종지(宗旨)를 잃지 않고 수행하게 될 것이다.

※ 이 단에서 신회를 적자로 인가하는 것이 나오는데 신회이외 다른 제자들은 모두 깨닫지 못한 제자들로 만드는 것은 또 앞단과 다른 내용이 되는 것이다.

십대제자들을 인가하고는 또 다시 입적하기 한 달 전에 신회만 인가하는 것은 신회를 적자로 하고 다른 제자들을 서자로 만드는 내용이 되는 것이다.

이『단경』이 편집되었다는 것이 이런 내용은 즉 몇 번이나『단경』을 수지해야 남종의 제자로 인가한다는 내용들이 반복하여 나타나기 때문이다.

여기에서 혜능의 입을 빌려 불법(佛法)을 가르칠 사람들이 없다고 하면서 이『단경』의 가르침을 의지하게 하는 것은 이율배반적인 내용이 되는 것이다.

즉 이『단경』의 편집자들이 자신들의 주장을 나타내기 위하여 이『단경』과 신회를 부각시키는 내용인 것이다.

혜능 자신은 자신의 입적을 미리 예고하여 묘탑을 조성하는 것은 혜능을 육조(六祖)로 결정하고 신회를 7조(祖)로 하고자 하는 의미가 있는 장면들이다.

혜능의 육신을 보전하여 탑을 조성하는 것은 석가모니의 사리를 수습하여 탑을 쌓는 것에서 유래한 것이다. 당나라에서 조사(祖師)가 출세한 것이 북종을 견제하기 위한 수단이라고 할 수도 있지만 천축을 능가하는 능력이 있다는 것을 나타내고자 하는 의도가 있다고 볼 수도 있는 것이다.

그리고 자신의 제자들도 혜능의 마음과 동등한 경지가 되려고 하면 진가동정게를 의지하여 수행해야 하고 이 게송의 바른 뜻을 파악하여 본성을 깨달아야 된다고 하고 있다.

　이 내용은 한 평생 동안 가르친 제자들에게 마지막으로 유언 하면서 우려하는 것으로 볼 수도 있지만 이것을 자세하게 살펴보면 혜능의 설법이라고 할 수 없는 것이고 앞에서 신수의 제자들을 바보로 만들었듯이 지금은 다시 혜능의 제자들도 바보로 만든다면 이것은 혜능의 제자들이 편집한 것으로 말하면서 혜능의 제자들을 바보로 만든 것이 되므로 이것의 편집자는 신회이후에 신회를 7조(祖)로 하여야만 하는 사람들이 하였다고 생각할 수 있는 것이다.

　그래서 이것은 그때 그 나라에서나 왜곡이 가능한 것이라고 볼 수밖에 없다는 생각이 든다.

　이와 같지만 이것의 진의를 파악하여서 살아 있는 자신의 본성(本性)이 불성(佛性)이라는 사실을 깨닫고 다시는 논쟁하지 말고 생사윤회를 벗어나 부처로 살아가야 한다고 하는 혜능의 본성(本性)을 파악해야 하는 것이다.

54. 제자들에게 진가동정게를 설하여 논쟁 없는 남종의 가르침을 전하다

僧衆礼拜, 請大師留偈, 敬心受特[持]偈曰.
一切无有真, 不以見於真, 若見衣[(於)]真者, 是見盡非真.
若能自有真, 離假即心真, 自心不離假, 无真何處真.
有性[(情)]即解動, 无性[(情)]即不[无]動, 若修不動行, 同无情不動.
若見真不動, 動上有不動, 不動是不動, 无情无佛衆[(種)].
能善分別相, 第一義不動, 若悟作此見, 則是真如用.
報諸學道者, 努力須用意, 莫於大乘門, 却執生死智.
前頭人相應, 即共論仏語[義], 若實不相應, 合掌令勸善.
此教本无諍, 无諍道若(諍即)失道意, 執迷諍法門, 自性入生死.

스님들이 예배하고는 대사께서 게송을 남겨 주실 것을 간청하고 공경하는 마음으로 수지(受持)하였다.

게송을 설하였다.
일체법에 고정된 진실이 없는 것이니
보고 아는 것은 변하지 않는 고정된 것이 아니고
만약에 보고 아는 것을 변하지 않는 고정된 진실이라고 안다면
이것은 보고 아는 것이 모두 진실이 아닌 것이 되네.
一切无有真, 不以見於真, 若見衣[(於)]真者, 是見盡非真.

250

만약에 능히 자신에게 변하지 않는 진실이 있다고 하면
망념을 벗어난 마음이 진실한 것이고
자기의 마음속에서 망념을 벗어난 것이 아니라면
진실이 없는데 어디에서 진실을 찾을 수 있겠는가?

若能自有真, 離假即心真, 自心不離假, 无真何處真.

유정(有情)은 깨달아 알 수 있지만
무정(無情)은 깨달아 알 수 없는 것이니
만약에 변하지 않는 것을 부처라고 알고 수행(修行)을 한다면
무정물과 같게 되어 움직이지 않는 것이 부처가 되어야 하네.

有性[(情)]即解動, 无性[(情)]即不[无]動, 若修不動行, 同无情不動.

만약에 진정한 부동(不動)을 친견하려고 하면
움직임 속에서 움직임이 없는 부처를 알아야 하고
움직임이 없는 고정된 마음을 바로 부처라고 수행하면
무정(無情)이 되어 부처의 종자조차도 없게 되는 것이네

若見真不動, 動上有不動, 不動是不動, 无情无佛衆[(種)].

능히 본심(本心)으로 상(相)을 분별하려고 하면
최고의 법(第一義)은 망념이 없어야 하고
만약에 이와 같은 견해를 깨달아 알게 되면
곧 바로 진여의 지혜로 생활하게 되네

能善分別相, 第一義不動, 若悟作此見, 則是真如用.

모든 수행자들에게 보고하니

노력하여서 반드시 진여의 지혜로 수행하는 마음을 내야 하고

대승(大乘)의 문안에서 대승으로 수행하지 않으면

도리어 생사(生死)의 지혜에 집착하는 것이 되네

報諸學道者, 努力須用意, 莫於大乘門, 却執生死智.

면전에서 불법(佛法)을 깨달아 상응하는 사람이 있으면

곧바로 부처님 말씀을 같이 공론(共論)하고

만약에 진실로 불법(佛法)을 깨달아 상응(相應)하지 못했다면

합장하고 불법(佛法)에 인연을 맺게 하면 되네

前頭人相應, 即共論仏語[義], 若實不相應, 合掌令勸善.

이 불법(佛法)의 가르침은 본래 다툼이 없는 것이니

다툼이 없다는 것을 자각하지 못하면 도(道)의 현지(玄旨)
를 잃게 되고

(다투게 되면 도(道)의 현지(玄旨)를 잃게 되고)

미혹하여 진여법의 문중에서 다투게 되면

자기 자신의 본성으로 생사의 윤회에 들어간 것이네.

此教本无諍, 无諍[道若](諍即)失道意, 執迷諍法門, 自性入生死.

※ 이 게송도 혜능이 직접 설한 것이 아닐 가능성이 많고 신회나 신회
를 추종하는 사람, 단체등에서 제작하였을 수도 있는 것이다.

왜냐하면 마지막 게송에 서로 간에 다투면 현지(玄旨)를 잃고 자성으
로 생사윤회 한다고 간절하게 설하고 있기 때문이다.

이 장면에서 보면 신회와 이『단경』을 의지하여 같이 단합하자는 그 시대의 단면을 보여주는 내용인 것이다.

※ 동무정부동(同无情不動): 무정물(無情物)을 부처라고 잘못 알고 수행하는 경우를 경책(警責)하는 것이다.

사리불의 연좌를 비판하는 유마나 마조의 좌선을 비판하여 기왓장으로 거울을 만든다고 한 회양의 설법에서 알 수 있듯이 무정물과 같이 수행하는 좌선을 비판한 것이다.

북종선의 좌선에서 주장하는 간심간정에서 구경에는 부동(不動)의 마음이 되어야 부처가 된다고 하여 무정물과 같이 좌선만하면 마음과 몸이 변하지 않는 것을 부처라고 잘못 아는 것을 경계하는 것이다.

본성을 항상 청정하다고 아는 것과 자신의 본성을 무정물로 만드는 것은 다르며 후자는 자신을 무지하게 하는 것이다.

마음도 무정물이 되고 육신도 무정물이 되면 사람이 무정물이 되는 결과를 초래하게 되어 형상은 사람이나 사람일 수가 없는 것이 된다.

이것을 신앙에 속박되어 자신을 잃어버리고 중생의 윤회고에서 벗어나지 못하게 된다고 하는 것이다.

부처나 조사(祖師)는 무정물이 아니고, 신앙의 대상도 아니며 자신의 본성으로 불법(佛法)에 맞게 진여의 지혜로 몰종적의 생활을 하는 살아 있는 진실한 사람인 것이다.

Ⅵ. 남종돈교가 정통(正統)

55. 달마의 법을 계승한 육조혜능이 부처의 적자로서 신회를 인가하다

衆僧既聞, 識大師意, 更不敢諍, 依法修行. 一時礼拜, 即之[(知)]大師, 不求[(久)]住世. 上座法海 向前言大師. 大師去後, 衣法當付何人. 大師言. 法即付了, 汝不須問. 吾滅後二十餘年, 邪法遼乱, 惑我宗旨. 有人出来, 不惜身命, 弟[定]仏教是非, 竪立宗旨, 即是吾正法. 衣不合轉[傳]. 汝不信, 吾与誦先代, 五祖傳衣付法誦[頌]. 若據弟[第]一祖達摩頌意, 即不合傳衣. 聽五[吾]与汝頌. 頌曰.

第　一祖　達摩和尚頌曰.

吾大(本)来唐國(東土), 傳㭲[敎]救名凊[迷情], 一花開五葉, 結菓自然成.

第　二祖　惠可和尚頌曰.

本来緣有地, 從地種花生, 當本願[元]无地, 花從何處生.

第　三祖　僧琛[璨]和尚頌曰.

花種雖因地, 地上種化[花]生, 花種无性生[生性], 於地亦无生.

第　四祖　道信和尚頌曰.

花種有生性, 因地種花生, 先緣不和合, 一切盡无生.

第　五祖　弘忍和尚頌曰.

有情来種下[下種], 无情花即生, 无情又无種, 心地亦无生.

第　六祖　惠能和尚頌曰.

心地含情種, 法雨即花[化]生, 自吾[悟]花情種, 菩提菓[(果)]
自成.

　대중스님들이 이 게송의 법문(法門)을 듣고는 대사께서 슬
퍼하지 말라고 하신 뜻을 알고 다시는 다투지 않고 법(法)에
의지하여 수행을 하기로 하였다.

　그리고 모두가 동시에 예배하고는 곧 바로 대사의 뜻을 알
고는 대사께서 세상에 오래 계시기를 구(求)하지 않았다.

　법해상좌가 혜능대사의 앞으로 나아가 말씀드렸다. 대사님께
서 돌아가시고 나면 가사와 법을 누구에게 부촉해야 합니까?

　혜능대사께서 말씀하셨다.

　법(法)은 이미 그대들에게 부촉하였으니 그대들이 물을 필
요가 없는 것이다.

　내가 돌아가고 난 후 20여년 경에 사법(邪法)이 일어나 혼
란하여 우리의 종지(宗旨)를 혼란하게 만들 것이다.

　그러나 혼란스러울 때에 어느 사람이 나와서 신명(身命)
을 다하여 불교의 시비를 결정하여 종지(宗旨)를 수립할 것
인데 이것이 나의 정법이다. 그리고 가사를 전하는 것은
불합리하다.

그대들이 믿지 않으면 내가 이전의 다섯 조사(祖師)들께서 가사를 전하고 법을 부촉한 게송을 말하여 주겠다.

제1조사 달마대사의 게송에 의하면 가사를 전하는 것은 불합리하다. 청정하게 내가 그대들에게 설하는 게송을 들어라.

게송에 다음과 같이 말씀하셨다.

제 일조 달마화상께서는 게송으로 다음과 같이 설했다.
내가 본래 당나라에 온 것은
불법(佛法)을 전하여 미혹한 중생들을 구제하는 것이고
하나의 꽃에서 5개의 가지가 나면
불법(佛法)의 깨달음은 자연적으로 이루어지네.
第 一祖 達摩和尚頌曰.
吾大(本)来唐國(東土), 傳楑教救名淸[迷情], 一花開五葉, 結菓自然成.

제 이조 혜가화상께서는 게송으로 다음과 같이 설했다.
본래 인연은 모두가 심지(心地)에 있는 것이니
심지(心地)로 인하여 종자가 꽃을 피우는 것이고
마땅히 본래부터 심지(心地)가 없으면
꽃은 어디에서 피겠는가?
第二祖惠可和尚頌曰.
本来緣有地, 從地種花生, 當本願[元]无地, 花從何處生.

제 삼조 승찬화상께서는 게송으로 다음과 같이 설했다.
꽃과 종자가 비록 심지(心地)에서 나오는 것이지만
심지(心地)에서 종자와 꽃은 피는 것이고
꽃과 종자가 태어나고 피는 성질이 없으면
심지(心地)가 있어도 태어날 수가 없네

第 三祖 僧璨[璨]和尚頌曰.
花種雖因地, 地上種化[花]生, 花種无性生[生性], 於地亦无生.

제 사조 도신화상(580-651)께서는 게송으로 다음과 같이 설했다.
꽃과 종자가 피고 태어나는 본성이 있으면
심지(心地)로 인하여 종자는 꽃을 피우게 되고
근본적으로 이와 같은 인연이 화합하지 않으면
아무것도 태어나지 않게 되네

第四祖道信和尚頌曰.
花種有生性, 因地種花生, 先緣不和合, 一切盡无生.

제 오조 홍인화상께서는 게송으로 다음과 같이 설했다.
유정(有情)이 와서 씨를 뿌리면
무정(無情)의 꽃이 피고
무정(無情)의 꽃은 또 종자가 없는 것이니
심지(心地)에는 역시 무생(無生, 망념이 없음)의
무정화(無情花)가 피는 것이네.

第 五祖 弘忍和尚頌曰.
有情来種下[下種], 无情花即生, 无情又无種, 心地亦无生.

제 육조 혜능화상께서는 게송으로 다음과 같이 설했다.

심지(心地)에 무정(無情)의 종자를 머금고 있는 것이니

법우(法雨)가 오면 곧바로 불법(佛法)의 꽃은 피고

자신이 꽃을 무정의 종자에서 나온 것이라는 것을 깨닫기만
하면

불법(佛法)의 깨달음은 자연히 이루어지네.

第六祖惠能和尙頌曰.

心地含情種, 法雨即花[化]生, 自吾[悟]花情種, 菩提菓[(果)]自成.

※ 혜능이 신회의 출현을 예견하여 인가하고 가사를 전하는 것보다
전법송을 설하여 달마의 법을 계승한 신회가 적자라고 혜능의 입을 빌
려 주장하는 것이다.

혜능이 가사를 전하는 것이 불합리하다고 달마의 전법송을 근거로
하는 것도 가사로 불법(佛法)을 전수하여 종단의 대표로 구심점을 삼는
것도 한계점에 도달하였다고 할 수 있다.

종단을 대표로 하는 구심점이 가사에서 전의부법송(傳衣付法頌)으로
전환되는 것은 왕사나 한사람에게만 전하였던 하나의 종단에서 다른
종단으로 분리될 수도 있고 또 왕권을 구심점으로 하던 종단이 대승불
교를 주장하는 다른 종단으로 전환될 수도 있다는 것이 된다.

불교는 이제까지도 평등한 가르침이기에 어느 누구나 부처로 살아갈
수 있게 한 가르침이지만 종단을 유지할 대표자를 누구로 할 것인가
하는 것 때문에 정통성을 주장하며(인가증명) 누구의 인가나 누구의 적
자니 서자니 하는 문제가 생긴 것이다.

이것은 정법을 알지 못하고 자신을 나타내려는 사상(四相)이 있기 때
문이다. 추대를 받아도 자신이 가진 위치에 연연해하지 말고 정법에
맞게 실행하면 되는 것이다.

게송 문제로 이『단경』에서 신수를 추대하며 자신들은 신수를 의지

258

하여 불법(佛法)을 배우고자 했던 내용들이 북종을 비판하는 내용인 것이다.

신수는 불법(佛法)을 잘 알지도 못하고 신수의 제자들도 같이 불법을 잘 모르는 사람으로 매도한 것은 북종전체가 잘못이고 혜능만이 바른 법을 계승했다고 주장을 하는 것이 된다.

이것 때문에 이『단경』을 경전으로 인정하는데 문제가 있다고 주장하는 사람들도 있는 것이다.

혜능이 부처님께서 반야바라밀법을 설한 내용을 이 경에서 설한 것은 이『단경』의 바른 가르침이고 다른 내용들은 첨삭을 하여 재편집한 것이라고 볼 수 있는 것이다.

그러므로 재편집한 내용들을 가지고 논쟁을 하게 되면 다시 이『단경』에서도 우려하며 다투지 말라는 것이 다시 대두되어 불법(佛法)을 비방하게 되는 결과를 초래하게 되는 것이다.

또 이『단경』에서는 신수가 대단한 위치에 있기 때문에 신수를 처음부터 끝까지 모두 부정하여 북종을 파괴하려는 의도가 있는 것은 혜능의 제자 신회가 등장할 것을 예언하는 것이기에 신회를 구심점으로 하는 새로운 종단을 만들어 확장하고자하는 의도로 이 단을 편집했다고 볼 수 있는 것이다.

이『단경』은 여러 문제를 잘못 다루면 오히려 복잡해지고 이『단경』의 본질을 바르게 이해하지 못하게 되는 여러 문제에 봉착하게 되어 잘못하면 탐진치(貪嗔癡)에서 치(癡)에 떨어지는 우(愚)를 범하게 될 수 있는 것이다.

※ 의법수행(依法修行): 의법수행을 계속하여 강조하고 있는 것은 잘못하면 혜능의 가르침을 오도(誤導)하여 부처를 비방하는 결과를 초래할 수 있는 문제가 있기 때문이지만 자신들도 의법수행하는 혜능의 적자(嫡子)라는 사실을 나타내는 말이 된다.

불법(佛法)은 가사에 있는 것이 아니고 자신의 본성(本性)에 있는 것이므로 이 게송에 의지하고 이『단경』에 의지하는 사람만이 남종이라고 하고 있는 것은 남종의 종단이 이 단을 편집할 때에는 조금 왕성하였다고도 볼 수 있다.

북종을 비판하고 남종(南宗)안에서도 이『단경』에 의지한 사람과 아닌 사람을 구분한 것은 남종의 정통성을 주장하는 내용인 것이다. 의법수행이라는 말은 본성을 친견하여 자신이 무념(無念)의 지혜로 생활해야 하는 것이며 또 10대 제자들을 중심으로 수행해야 한다고 주장하는 것이 된다.

※ 정불교시비(定仏教是非): 신회의 출현이후에 신회의 제자들이 기록하였을 가능성을 말하는 부분이다.

혜능이 20년이라는 기간을 예견하여 그에 맞게 출현한 사람이고 가사와 법을 전수받은 혜능의 제자로서 남종을 정확하게 파악한 사람만이 혜능의 정법을 계승한 사람이므로 혜능 다음으로 종단의 지도자가 될 것이라고 확정하는 것이다.

즉 신회가 종지(宗旨)를 수립하여 종단의 지도자이고 7조라는 주장을 하는 것이 되므로 이『단경』을 신회의 제자들이 편집했다는 말이 된다.

56. 육조혜능의 열반송을 기록하다

能大師言. 汝等聽吾作二頌, 取達摩和尚頌意汝. 迷人依
此頌修行, 必當見性.
弟[第]一頌曰.
心地邪花放, 五葉逐根隨, 共造无明葉, 見被葉[業]風吹.
弟[第]二頌曰.
心地正花放, 五葉逐恨[根]隨, 共修般若惠, 當来佛菩提.
六祖說偈已了, 放衆生散. 門人出外思惟, 即知大師, 不久住世.

혜능대사께서 말씀하셨다.

그대들은 내가 지은 두 게송을 청정하게 듣고 달마화상이
게송으로 말한 의지를 그대들은 취(取)하여라.

미혹한 사람들도 이 게송에 의지하여 수행한다면 마땅히 견
성(見性)하게 되는 것이다.

첫째 게송으로 말씀하셨다. (第一頌曰.)

심지(心地)에 삿된 꽃이 나오면
다섯 잎은 근본을 따라 나오게 되어
다 같이 무명(無明)의 업을 짓게 되니
업의 바람에 따라 끌려 다니게 되네.

(心地邪花放, 五葉逐根隨, 共造无明葉, 見被葉[業]風吹.)

둘째 게송으로 말씀하셨다. (第二頌曰.)

심지(心地)에서 바른 꽃이 나오면

다섯 잎은 근본을 따라 나오게 되어

다 같이 반야의 지혜로 수행하게 되니

마땅히 자신이 부처라고 깨닫게 되네.

(心地正花放, 五葉逐恨[根]隨, 共修般若惠, 當来佛菩提.)

육조께서 이 게송을 설하시니 대중들은 모두가 흩어졌다.

문인(門人)들이 밖에 나와서 생각해보니 대사께서 세상에

오래 계시지 않을 것을 알게 되었다.

※ 이 게송은 심지(心地)에 망념이 작용하면 중생이 되고 심지(心地)

를 자각하여 지혜로 살아가면 부처가 된다는 본성(本性)을 친견하여 일

행삼매를 실천하도록 강조하고 있는 것이다.

무념(無念), 무상(無相), 무주(無住)를 강조하며 게송으로 반복하여

기록하고 있는 것이다.

반복하여 이렇게 기록하고 있는 것은 이 경을 기록한 사람이 한 사람

이 아닐 가능성과 설법하는 것을 들은 것을 이 경에 여러 시기에 나누어

편집하였거나 아니면 전쟁이나 정치적인 핍박 속에서 기록하였을 수도

있다고 추측할 수 있는 부분이다.

57. 전법설을 주장하여 육조의 법통이 정통이 되다

六祖 後至八月三日食後, 大師言. 汝等善(各着)[若]位座[(坐)]. 五[吾]今共与[汝]等別. 法海問言. 此頓教法傳受(授), 從上已来, 至今幾代.

六祖言. 初傳受七(六)仏, 釋迦牟尼佛弟[第]七·大葉迦[迦葉]第八·阿難第九·末因[末田]地第十·商郍(那)和修第十一·優婆槲[鞠](毱)多第十二·提多迦第十三·仏陀難提第十四·仏陀密多第十五·脇比丘第十六·富那奢第十七·馬鳴 第十八·毘羅長者第十九·龍樹第二十·迦那提婆第廿一·羅睺羅第廿二·僧迦郍[那]提第廿三·僧迦那(耶)舍第二十四·鳩摩羅駄第廿五·闍耶多第廿六·婆修盤多第廿七·摩拏羅第廿八·鶴勒那第廿九·師子比丘第卅十·舍那婆斯第卅一·優婆堀第卅二·僧迦羅第三十三·須婆蜜多第三十四·南天竹[竺]國王子第三[太]子菩提達摩第三十五·唐國僧惠可第三十六·僧璨第三十七·道信第三十八·弘忍第三十九·惠能自身當今受法第十四[四十]. 大師言. 今日已後, 迎[遞]相傳受(授), 須有依約, 莫失宗旨.

※ 弟→第로 敎本에 따라 모두 전환함.

육조대사께서 8월 3일에 공양을 마치시고는 다음과 같이 말씀을 하셨다.

그대들은 각자 여기에 앉아라.

내가 지금 그대들과 헤어져야 하겠다.

법해가 물었다.

이 돈교법은 옛날부터 지금까지 전수(傳授)되어 왔는데 지금이 몇 대(代)입니까?

육조께서 말씀하셨다.

처음에 일곱 부처님께서 서로 전수(傳授)하니 일곱 번째 부처님이 석가모니불이 된다.

그러므로 대가섭존자가 제8대 조사(祖師)가 되고, 아난존자가 제9대 조사(祖師)가 되고, 말전지존자가 제10대 조사(祖師)가 되고, 상나화수가 제11대 조사(祖師)가 되고, 우바국다존자가 제12대 조사(祖師)가 되고, 제다가존자가 제13대 조사(祖師)가 되고, 불타난제존자가 제14대 조사(祖師)가 되고, 불타밀다존자가 제15대 조사(祖師)가 되고, 협비구존자가 제16대 조사(祖師)가 되고, 부나사존자가 제17대 조사(祖師)가 되고, 마명존자가 제18대 조사(祖師)가 되고, 비라장자존자가 제19대 조사(祖師)가 되고, 용수존자가 제20대 조사(祖師)가 된다.

가나제바존자가 제21대 조사(祖師)가 되고, 라후라존자가 제22대 조사(祖師)가 되고, 승가나제존자가 제23대 조사(祖

師)가 되고, 승가야사존자가 제24대 조사(祖師)가 되고, 구마라타존자가 제25대 조사(祖師)가 되고, 사야다존자가 제26대 조사(祖師)가 되고, 바수반다존자가 제27대 조사(祖師)가 되고, 마나라존자가 제28대 조사(祖師)가 되고, 학륵나존자가 제29대 조사(祖師)가 되고, 사자비구존자가 제30대 조사(祖師)가 된다.

사나바사존자가 제31대 조사(祖師)가 되고, 우바굴존자가 제32대 조사(祖師)가 되고, 승가라존자가 제33대 조사(祖師)가 되고, 수바밀다존자가 제34대 조사(祖師)가 되고, 남천축 국왕의 세 번째 왕자인 보리달마존자가 제35대 조사(祖師)가 되고, 당나라 스님인 혜가가 제36대 조사(祖師)가 되고, 승찬이 제37대 조사(祖師)가 되고, 도신(580−651)이 제38대 조사(祖師)가 되고, 홍인이 제39대 조사(祖師)가 되니, 나 혜능이 현재 법을 전수(傳授)받았으니 제40대 조사(祖師)가 되는 것이다.

대사께서 말씀하셨다.

지금 이후에는 서로 서로 전수(傳受)할 때마다 반드시 이것에 근거하여 전수하고 종지(宗旨)가 잘못되지 않게 해야 한다.

※ 남종의 돈교법이 지금까지 전법된 것의 시초가 과거7불(佛)로 시작하여 40대째가 혜능이라고 주장하는 내용이다.
전법을 주장하는 것은 종단의 대표를 말하는 것인데도 한 사람만이 부처이고 종단의 구성원은 부처가 아니라는 식의 전법을 주장하면서

자신들만이 정통의 계보를 가진 부처의 적자이고 다른 사람들은 방계라는 것으로 말하는 것은 구경(究竟)에 서로를 비방하게 되는 것이다.

과거7불을 주장하는 것은 석가모니불의 정통성을 더욱 강조하기 위한 것이지만 이것이 현대에 와서는 영혼이라는 혼령을 만들어서 과거에서 부터 현재와 미래에까지 영원불멸하며 사라지지 않는 자신의 독특한 정신적인 일물(一物)이 있다고 주장하여 자살을 긍정적으로 생각하는 풍조가 나온 것은 이런 것의 부작용이라고 할 수도 있는 것이다.

종단의 대표자는 당연히 부처가 되어야 하는 것이고 어느 누구나가 부처가 되어야 성자인 부처의 가르침인 것이지 부처를 신앙만 하게 한다면 이것은 종교라기보다 신앙의 단체에 불과한 것이 된다.

그러므로 종단의 대표자로서 다른 사람들이 신앙만하는 부처가 된다면 이것은 성자가 아니고 현자이며 부처라고 할 수 없는 것이므로 불법(佛法)의 종지가 아니며 선불교가 아닌 것이다.

종교(宗敎)란 선불교를 말하는 것이고 종교(種敎)는 신앙을 말하는 것이므로 단체라고 할 수 있다.

한사람을 추대하여 전법의 대표자이고 적자라고 말하는 것은 모든 사람들을 단합하게 하는 구심점의 역할을 하여 불법(佛法)이 사라지지 않게 하려는 주장일 뿐이다.

그러나 이 법통을 모든 사람들에게 계승하게 할 수 없고 단 한사람에게만 계승해야 한다고 주장하는 모순 때문에 부처님의 가사(袈裟)라는 신표가 더 전해질 수 없게 되니 게송이라든지 종단을 만들어 인가하기도 하고 오도송이나 열반송을 만들기도 하며 여러 방법을 사용하다가 이『단경』을 수지(受持)하는 사람을 인가하게 되었다고 볼 수 있다.

신회가 신수를 육조로 인정하지 않는 문제 때문에 북종의 수행은 삼악도를 벗어나는 수행이고 점교라고 이『단경』에서 주장하며 남종이 최상승의 돈교라고 하는 것이기에 이『단경』의 편집의도가 현대에도 의문으로 제기 되었던 것이다.

북종을 공격하여 남종의 정통성을 이『단경』에서 적나라하게 주장하며 남종만이 부처가 되는 바른 수행이고 돈교이며 북종은 삼악도만 벗어나는 점교의 수행이라고 하여 여러 모순을 만든 것이 된다. 즉 신회가 수행과 법통을 구족한 적자(嫡子)를 한사람만 해야 한다고 주장하는 것[16]으로 인하여 신회의 제자들에 의하여 이『단경』이 편집되었다고 하는 것도 이것 때문이다.

대승불교는 마음이 부처에서 사람이 부처가 되는 것인데 현대에도 정통의 법통을 계승한 누구에게서 인가를 받았다고 하는 증명서를 필요로 하는 일이 있어서 이 증명서가 부처를 대신하는 것으로 생각하여 본성(本性)으로 부처가 되는 것보다 증명서를 만들어내는 사람의 인가를 받는 것이 더 중요하다고 한다면 현대의 수행자들은 무엇을 지침으로 삼아야 할지 잘 알아야 하는 것이다.

이 전법의 계통을 무시하고자 하는 것이 아니고 지금과 같이 불법(佛法)이 사라지는 말세(末世)에는 이것이 더욱더 중요한 역할을 하는 것이나 바른 수행과 법통이 무엇인가를 잘못 판단하는 부작용이 없기를 간절히 바랄 뿐이다.

그러므로 이『단경』에서 요구하는 것이 무엇이며 무엇 때문에 많은 사람들을 어리석게 하는지를 이『단경』에서 잘 파악하여야 자신의 본성을 파악하여 바른 수행을 하게 되는 것이다.

※ 당국승혜가제36(唐國僧惠可第三十六): 혜가를 당나라 스님으로 36대조사라고 주장하는 것은 이『단경』이 이때에 편집되었다는 것을 강조하기 위한 것이다.

불교를 선불교로 전환하는 역할을 달마와 혜가로 구분하여 자신들도 조사(祖師)가 될 수 있다는 중국인들의 자기화 하려는 마음을 나타낸 것이다.

이것으로 인하여 자신들의 잘못이 드러나는 결과를 초래하여 6조와 7조를 주장하고, 가사를 신표로 삼아 타인과 구분하고, 돈점의 수행법에서 대립하는 결과를 가져와서 정치적으로 이용당하여 토사구팽되는 결과가 되어 돈황석굴에 묻게 되었다고 보면 씁쓸할 따름이다.

---

16) 정성본, 『선종의 전등설연구』(2010, 민족사) 191쪽부터 참조

부처님의 가르침이 종교(宗敎)가 되어야 하는 것은 많은 사람들의 고통을 들어 주기 때문인데 오히려 속박시키는 역할을 한다면 신앙을 좋아하는 누군가의 조종을 받고 있는 것이 된다.

그러므로 해탈하는 종교로서 역할을 잘하여 모두가 해탈하는 불법(佛法)의 가르침이 있다는 사실을 알아야 하는 것이다.

58. 편집자 법해에게 진불(眞佛)을 친견하고 해탈하는 게송을 설하다

法海又白. 大師[師]今去, 留[留]付何法, 今後代人, 如何見佛.

六祖言. 汝聽後代迷人, 但識衆生, 即能見仏. 若不識衆生覓仏, 万劫不得見也. 五[吾]今教汝, 識衆生見仏, 更留[留]見真仏解脫頌. 迷即不見佛, 悟者即見.

法海願聞, 代代流傳, 世世不絕. 六祖言. 汝聽吾汝与[与汝]說. 後代世人, 若欲覓仏, 但識佛心, 衆生即能識仏. 即像有衆[即緣有衆生], 離衆生無仏心.

迷即仏衆生, 悟即衆生仏, 愚癡仏衆生, 智惠衆生仏.

心劍[嶮]仏衆生, 平等衆生仏, 一生心若劍[嶮], 仏在衆生中[心].

一念吾[悟]若平, 即衆生自仏, 我心自有仏, 自仏是真佛, 自若无仏心, 向何處求仏.

법해가 또 물었다.

대사께서 지금 돌아가시면서 어떤 법을 남겨서 지금 이후의 사람들에게 자신의 부처를 친견하게 하시겠습니까? 육조께서 말씀하셨다.

그대들은 청정하게 들어라. 후대의 미혹한 사람들도 단지 중생이 무엇인지를 명확하게 알기만 하면 곧 바로 자신의 부처를 친견할 수가 있는 것이다.

만약에 자신의 중생이 무엇인지를 명확하게 알지 못하면서 부처가 되려고 부처를 찾는다면 아무리 오랜 세월을 찾아도 찾을 수가 없게 되는 것이다.

내가 지금 그대들에게 자신의 중생을 명확하게 알게 하고 부처를 친견할 수 있는 진불해탈송(眞佛解脫頌)을 남겨 줄 것이다.

미혹한 사람은 부처를 친견할 수 없을 것이고 깨달으면 곧바로 지금 부처를 친견하게 되는 것이다.

법해가 듣고는 대대로 유전(流傳, 유통하여 전함)되어 세세(世世)로 단절되지 않기를 원했다.

육조께서 말씀하셨다.

그대들은 내가 설하는 것을 청정하게 들어야 한다.

미래의 사람들이 만약에 자신의 부처를 찾고자 한다면 단지 불심(佛心)으로 자신의 중생심을 명확하게 판단할 수 있어야 능히 자신의 부처를 알고 친견할 수 있는 것이다.

즉 중생이 있기 때문에 부처는 있는 것이고 중생심이 없으면 불심(佛心)도 없는 것이다.

미혹하면 부처가 중생이 되고
깨달으면 중생이 바로 부처가 되며
우치(愚癡)하면 부처가 중생이고
진여의 지혜로 생활하면 중생이 부처이네
(迷即仏衆生, 悟即衆生仏, 愚癡仏衆生, 智惠衆生仏.)

270

마음을 나쁘게 가지면 부처가 중생이 되고
마음을 평등하게 하면 중생이 부처가 되며
일생을 망념으로 자신의 마음을 나쁘게 가지고 살면
자신의 부처를 중생심으로 살게 하는 것이네

(心劍[嶮]仏衆生, 平等衆生仏, 一生心若劍[嶮], 仏在衆生中[心].)

한 생각이라도 마음을 평등하게 자각하면
곧바로 중생이 부처가 되고
내 마음에 부처가 있다는 것을 자각하면
자각한 자신의 부처가 진실한 부처가 되고
자각하여도 부처의 마음이 자신에게 없다면
어디에서 부처를 구하겠는가?

一念吾[悟]若平, 即衆生自仏, 我心自有仏, 自仏是真佛, 自若无仏心, 向
何處求仏.

※ 견진불(見真仏): 미혹하면 부처가 중생이 되고 깨달으면 중생이
부처가 되는 것은 자기의 마음을 일행삼매가 되게 하고 무념(無念), 무
상(無相), 무주(無住)의 생활을 하면 부처가 된다고 반복하여 설법하는
내용인 것이다.

여기에서 진불(眞佛)이라는 말을 사용한 것은 부처라는 말을 더욱 강
조하는 것이므로 자신들의 주장을 강하게 나타내고자 언어를 한 단계
올려서 자신들의 주장이 더 좋고 바른 것이라고 나타내기 위하여 부처
를 진짜 부처라고 하고 있는 것이다.

자신의 중생심이 무엇인가를 알아야 자신의 불심(佛心)도 알 수 있
는 것인데 불심(佛心)이 무엇인지 모르면 자신의 중생심도 알 수 없
는 것이 된다.

※ 불심(佛心): 중생심이 불심(佛心)이라고 하는 것은 중생심을 공(空)으로 돈오해야 하는 것으로 자신의 중생심을 공(空)으로 자각하여 삼학(三學)이 구족(俱足)되면 불심(佛心)이 되는 것이다.

만약 계정혜(戒定慧)를 구족(俱足)하지 못하면 탐진치를 가진 중생심이 있게 되는 것이므로 돈오(頓悟)할 수 없는 것이다.

공(空)으로 자각하여 계정혜를 구족하면 공심(空心)이 되는 것을 불심(佛心)이라고 하는 것이다.

탐진치를 계정혜로 돈오할 때에 중생심이 불심(佛心)인 것이고 중생과 부처가 차별이 없는 것이다.

고정된 중생심이 없듯이 고정된 불심(佛心)도 없는 것이고 중생심이 없으면 불심(佛心)도 없는 것이 된다.

탐진치가 없으면 계정혜도 없게 되는 것이기에 중생이 바로 부처가 되는 것이라고 하는 것이다.

59. 문인들에게 각자의 자성이 진불(眞佛)되는 게송을 설하다

大師[師]言. 汝等(等)門人好住, 吾留[囬]一頌, 名自性真仏
解脫頌. 後代迷(人), 門此頌意(識此偈意), 意即見自心, 自性
真佛. 与汝此頌, 吾共汝別. 頌曰.

真如淨性是真仏, 邪見三毒是真摩[(魔)],

邪見之人摩[魔]在舍, 正見知[之]人仏則[即]過(正見之時
佛在堂).

性衆[中]邪見三毒生, 即是摩[(魔)]王来住舍,

正見忽則[除]三毒生[心](正見自除三毒心), 摩[(魔)]變成仏
真无假.

化身報身及淨身(法身報身及化身),三身元本(本来)是一身,

若向身(性)中覓(能)自見, 即是[(成)]佛菩提因.

本從花[(化)]身生淨性, 淨性常在花[(化)]身中,

性使花[(化)]身行正道, 當来員漏寂真无[(圓滿真无窮)].

婬性本身清淨[淨性]因(婬性本是淨性因), 除即婬[婬即无
淨性身,

性中但(各)自離[欲]吾[(五)]欲, 見性刹郍(那)即是真.

今生若吾[(悟)]頓教(法)門, 悟即眼前見性[(世)]尊,

若欲修行云[求]覓(作)佛, 不知何處欲(擬)求[覓]真.

若能身(心)中自有真, 有真即是成仏因,

自不求真(不見自性)外覓佛, 去覓(起心)惣(總)是大癡人.
頓教法者是西流(頓教法門今已留), 求[救]度世人須自修,
今保世間(報汝當来)孝(學)道者, 不於(作)此是(見)大悠悠.

대사께서 말씀하셨다.

그대들과 문인(門人)들이 이것을 주지(住持)하여 살아갈 수
있게 내가 게송을 남길 것이니 이름을 자성진불해탈송(自性
眞仏解脫頌, 자성이 진불이라는 사실을 친견하고 해탈하여
살아가는 게송)이라고 한다.

후대(後代, 미래에)에 미혹한 사람들이 이 게송의 의미를
정확하게 알게 되면 자기의 마음을 알게 되어 자기의 본성(自
性)이 진실한 부처라는 것을 깨닫게 되는 것이다.

그대들에게 이 게송을 들려주고 나는 이제 그대들과 이
별하겠다.

게송으로 말씀하셨다.

진여의 청정한 본성(本性)으로 생활하는 것이 진실한 부처이며
사견(邪見)으로 인한 삼독(三毒)의 마음이 진실한 마장(魔
障)이고,
인연법을 모르고 사견(邪見)으로 사는 사람은 마장(魔障)을
집에 모시고 사는 것이며

정견(正見)의 지혜로 사는 사람은 부처로서 살아가는 것이 되네.

(真如淨性是真仏, 邪見三毒是真魔, 邪見之人魔在舍, 正見知[之]人仏即過(正見之時佛在堂).)

자성(自性)에서 사견(邪見)이 생겨 삼독(三毒)의 마음이 나오면

곧바로 마왕이 들어와 자신의 마음에 집을 지어 살게 되지만

홀연히 정견(正見)으로 삼독(三毒)의 마음을 제거하게 되면

마왕을 제도(濟度)하여 성불(成佛)하게 하는 것이 거짓 아니네.

(性中邪見三毒生, 即是魔王来住舍, 正見忽則[除]三毒生(正見自除三毒心), 魔變成仏真无假.)

나누면 법신, 보신, 화신이라고 하지만

이 삼신(三身)은 본래 한 사람에게 있는 것이니

만약에 자신의 본성(本性)에서 이것을 찾아 깨달으면

이것이 곧바로 성불하고 깨달음을 성취하는 원력이네.

(法身報身及化身, 三身元本(本来)是一身, 若向身(性)中覓(能)自見, 即是成佛菩提因.)

본래 화신(化身)은 청정한 본성(本性)으로 실행하는 것이고
청정한 본성(本性)은 항상 화신(化身)속에 있는 것이며
본성(本性)으로 화신(化身)의 청정한 정도(正道)를 실행하면
당래(當來)에 원만보신(報身)으로서 진실로 무궁한 불법
(佛法)의 방편을 익히게 되네.

(本從化身生淨性, 淨性常在化身中, 性使化身行正道, 當来圓滿真无窮.)

음란한 마음으로 사는 사람도 본성에는 본래 청정한 본성이
있는 것이니
음란한 분별심만 제거하여 없애면 청정한 본성으로 사는
사람이 되고
자성(自性)에서 단지 오욕(五慾)만 버리고 벗어나면
찰나에 견성(見性)하게 되어 진정한 자성(自性)을 친견하네.

(婬性本是淨性因, 除即婬[婬即]无淨性身, 性中但(各)自離五欲, 見性
刹那即是真.)

지금 망념을 자각하는 돈교법문을 바로 깨달으면
깨닫는 이 순간 눈앞에서 자신의 본성으로 사는 세존을 친
견하게 되고
만약에 부처를 찾아서 부처가 되려고 하는 욕망을 가지고
수행한다면
어디에서 부처를 찾아야 할지 알지 못하게 되네.

(今生若悟頓教(法)門, 悟即眼前見性世尊, 若欲修行云[求]覓(作)佛, 不
知何處欲(擬)求真.)

만약에 능히 자신의 마음에 진실한 부처가 있다는 것을
자각하면
진실한 부처가 있다는 것이 성불(成佛)하는 원력이 되는
것이고
자신의 자성(自性)에서 부처를 구하지 않고 밖에서 부처를
찾으려고 하면
부처를 찾으려는 마음을 내는 모든 것이 어리석은 것이 되네.

(若能身(心)中自有真, 有真即是成仏因, 自不求真(不見自性)外覓佛,
去覓(起心)惣是大癡人.)

돈오하면 누구나 부처가 되는 대승불교의 돈교법이 이미 유
통되었어도
세상의 사람들을 제도하려면 마땅히 자신이 수행해야 하고
지금 세간에서 도를 배우고자 하는 수행자들에게 말하니
돈교법으로 수행하지 않으면 부처와는 거리가 먼 수행자가
되네.

(頓教法者是西流(門今已留), 救度世人須自修, 今保世間(報汝當来)學
道者, 不於(作)此是(見)大悠悠.)

※ 오공여별(吾共汝別): 입적을 아주 잘 장식하는 내용으로 자신이
입적하기 전에 마지막으로 자신의 입적을 말하며 자비로 중생을 구제하
는 원력을 다하는 모습은 모든 사람들의 귀감이 되는 것이다.
※ 사견삼독시진마(邪見三毒是真魔): 마장은 다른 것이 아니고 사견
(邪見)을 말하는 것으로 탐진치 삼독이 마장인 것이다.

정견(正見)으로 계정혜 삼학(三學)에 맞게 살아가면 마장은 없는
것이다.

중생이 탐진치를 계정혜로 돈오하면 마장의 본성을 불성(佛性)으로
돈오하는 것이니 탐진치가 없으면 계정혜로 돈오할 수 없는 것이다.
중생이 없으면 부처도 없는 것과 같은 것이다.

※ 대유유(大悠悠): 크게 후회하고 허송세월을 보내는 것을 말하는
것이다. 돈교법으로 수행하지 않으면 부처와는 거리가 먼 것을 말하는
것이다.

60. 입적하시면서도 남종돈교의 최상승법을 실천하시다

大師說偈已了, 遂告門人曰. 汝等好住, 今共汝別. 吾去已
後, 莫作世情悲泣, 而受人弔門(吊問), 錢帛着孝衣. 即非聖
法, 非我弟子. 如吾在日一種, 一時端坐. 但无動无淨[靜], 无生
无滅, 无去无来, 无是无非, 无住(無往, 無名無字), 但[坦]然寂
淨, 即是大道. 吾去已後, 但衣[依]法修行, 共吾在日一種. 吾
若在世, 汝違教法, 吾住无益. 大師云此語已, 夜至三更, 奄然
遷花[(化)]. 大師春秋七十有六.

혜능대사께서 이 게송을 설하시고는 문인들에게 고(告)하
여 말씀하셨다.

그대들은 이것을 잘 주지(住持)하여 살아야 하고, 나는 지
금 너희들과 헤어져 입적할 것이다.

입적한 이후에 세간의 정(情)에 따라서 슬퍼하며 울거나 조
문을 받거나, 부조금을 받으며 상복을 입는 일을 하지 않아야
한다.

그렇게 하는 것은 성인(聖人)을 장례하는 법이 아니고 나의
제자가 아닌 것이다.

그대들은 내가 살아 있을 때와 똑같이 생활하고 모두 같이
단정하게 좌선하며 단지 자기의 마음에 동정(動靜)이 없고,

생멸(生滅)이 없고, 거래(去來)가 없고, 시비(是非)가 없고, 한 법도 집착하는 것이 없으면 청정하게 되어 항상 적정(寂靜)한 지혜로 생활하여 대도(大道)를 실천하게 되는 것이다.

내가 가고나면 단지 이와 같은 법에 의하여 수행하여야 내가 살아 있는 것과 같게 되는 것이다.

내가 만약에 세상에 살아 있어도 그대들이 이 법을 위배하면 내가 이 세상에 있어도 아무런 이익이 없을 것이다.

대사께서 이 말씀을 하시고는 그날 밤 삼경(三更)이 되자 조용하게 입적하셨다. 그때에 대사의 춘추가 76세였다.

※ 여기에서 자신의 장례법을 상세하게 기록하는 것은 이 시대에도 장례법을 대단히 성대하게 하여 지탄을 받는 일이 있었다고도 보여지지만 불법(佛法)의 가르침을 마지막까지 청정하게 실천해야 한다는 것을 강조하는 내용이다.

혜능이 살아 있어도 불법(佛法)에 맞게 수행하지 않으면 스승이 있어도 아무런 이익이 없는 것처럼 혜능이 없어도 살아 있을 때처럼 수행하면 자신이 없어도 자신이 있는 것과 같게 되므로 진정으로 불법(佛法)이 살아 있게 제자들에게 당부하는 것이다.

※ 호주(好住): 마지막으로 하는 인사이지만 잘있게! 라고 말하는 것보다 잘 주지(住持)하라고 한다면 자신이 하는 말이 마지막으로 하는 유언이니 잘 지키라고 하는 간절함이 있는 말이 되는 것이기에 주지(住持)라고 하였다.

※ 비성법(非聖法): 불법(佛法)의 가르침이 아니라는 말이다. 성인의 장례법은 평상시와 같이 생활하여야 자신의 가르침을 받드는 것이라고

자신을 겸손하게 낮추는 모습이다.

세간의 사람들과 같이 상복입고 슬퍼하거나 조문을 받거나 화려하게 장식하지 말고 지금 생활하는 모습 그대로 실천하여야 불법(佛法)을 지키고 계승할 수 있다는 간절함이 있는 것은 그 당시에도 얼마나 힘든 일이 있었는지 추측할 따름이다.

자신이 입적하고 난 이후에도 자신이 살아있는 것과 같이 수행하기를 바라는 자비심으로 자신을 성자라고 까지 하는 비성법(非聖法)이라는 말을 하면서까지 당부하는 것은 긴박하고 애절한 표현이라고도 할 수 있다.

61. 입적의 상서를 기록할 만큼 사람들이 존경하는 정신적인 지주였다

　　大師滅度諸[之]日, 寺內異香氳氳[氛氛](氛氛), 經數日不散. 山用[崩]地動, 林木變白, 日月无光, 風雲失色, 八月三日滅度, 至十一月, 迎和尙神座, 於漕溪山, 葬在龍龕之內, 白光出現, 直上衝天, 旨[三日]始散. 韶州刺使[史]韋處[據](韋璩)*(奏聞奉勅)立碑, 至今供養.

　　　　　　　　* 앞부분에 나온 홍본에 의거하여 韋璩로 함.

　　대사께서 입적하시던 날 사찰에 기이한 향기가 가득하여 며칠이 지나도 사라지지 않았다.

　　고정된 산과 대지를 진동하고, 나무와 숲을 다시 청정하게 하시고, 일월(日月)이 무광(無光)이 되고, 바람과 구름으로 모든 망념을 제거하시고는 8월 3일에 입적하셨는데 11월이 되어서야 화상의 신좌(神座, 감실에 입적하신 육체를 봉안, 신주 국은사의 감실, 신주를 모시는 감실, 위패)를 조계산으로 맞이하여 장례를 치르고 용감(龍龕, 부처를 모시는 龕室, 石室)에 모시니 밝은 지혜의 빛이 나와서 하늘과 같았고 이 현지(玄旨)가 사흘이 되어서야 사라졌다.

　　그런 연유로 소주의 자사인 위거(韋璩)가 비문을 짓고 비를 세워 지금까지 공양을 올리고 있다.

※ 일월무광 풍운실색(日月无光, 風雲失色): 이것은 무여열반을 나타내는 부처님의 열반을 나타내는 말을 인용한 것으로 자신이 입적하시기전에 당부한 말과 비교하면 된다.

자신들의 정신적인 지주가 사라지는 고통을 무엇이라고 말로 표현할 수 없어서 자신들의 마음을 표현한 것이지만 감정적인 표현이 아니고 불법(佛法)에 맞는 표현을 한 것이다.

일월(日月)은 진여의 지혜와 불성(佛性)은 빛을 발하지만 흔적을 남기지 않아야 한다는 것을 강조하는 것이고 풍운(風雲)은 망념을 제거하는 바람이므로 이 세상에 있는 망념의 명색(名色)을 무념(無念)의 명색(名色)으로 전환하는 바람이 되는 것을 비유한 것이다.

고정된 산과 대지가 진동하는 것은 많은 사람들의 고정관념을 변화시키려는 움직임을 나타내는 또 다른 표현이라고 할 수 있으며, 나무와 숲은 수많은 망념들이고 백색으로 바뀐다는 것은 청정하게 되었다는 뜻이다.

그러므로 자신이 망념에서 벗어나 본성으로 세상을 새롭게 보는 것이니 자신의 만법이 청정하여진 것이고 많은 사람들이 해탈하였다는 다른 표현인 것이다.

62. 『단경』의 편집자와 전수자를 밝히다

此壇經, 法海上座集, 上座无常, 付同學道漈, 道漈无常, 付門人悟眞. 悟眞在嶺南, 溪漕[漕溪]山法興寺, 見今傳受此法.

* (홍본에는 法海→志道→彼岸→悟眞으로 기록)

如付山[此]法, 須德座[須得]上根知[智], 心[深]信佛法, 立[於]大悲持此經, 以爲衣[稟]承, 於今不絶.

이 『단경』은 법해상좌가 수집하여 기록하였고 법해상좌가 입적하면서 그의 도반(道伴)인 도제에게 주었고, 도제가 입적(入寂)하면서 같은 문인(門人)인 오진에게 주었다.

오진은 영남의 조계산에 있는 법흥사에 있으면서 이 법(法)을 지금도 전수(傳授)하고 있다.

이와 같이 이 법을 부촉 받은 사람은 반드시 공덕(功德)을 구족한 상근기의 지혜로 불법(佛法)에 맞게 수행하며 대자비심으로 이 경을 수지(授持)하고 서로 품승(稟承)하여 지금까지 단절되지 않게 하고 있는 것이다.

63. 남종의 종지를 바르게 유통하여 단절되지 않게 하다

和尚本是, 韶州曲江懸人也. 如来入涅盤[槃], 法教流東土, 共傳无住即我心无住. 此真菩薩說, 真示行實喻[真實示行喻], 唯教大智人, 是旨衣[示旨於]. 凡度誓修修行行[誓修行], 遭難不退, 遇苦能忍, 福德深厚, 方授此法. 如根性不堪, 林*[林量不得, 須[雖]求此法, 違立不德得者, 不得妄付壇經. 告諸同道者, 今諸蜜意[令智蜜意].　　　* 林은 材자의 誤字

법해화상은 본래 소주의 곡강현 사람이다.

여래께서 열반에 드시고 불법(佛法)의 가르침이 동토(東土)로 전해져 모두가 무주(无住)의 지혜를 전수받아 자기의 불심(佛心)으로 무주(无住)의 지혜로 살아가게 한 것이다.

이것이 진정한 보살로서 설한 것이고 진여의 지혜로 실천하는 것을 제시한 비유로 대지혜를 구족한 사람으로 가르쳐서 종지(宗旨)를 제시(提示)한 것이다.

모든 망념을 모두 제도(濟度)하기를 서원(誓願)하고 수행(修行)하여 무슨 어려움을 만나더라도 물러나지 않게 되고, 어떤 고통이라도 능히 참고 견디며, 복덕을 구족하게 되면 비로소 이 법을 전수받게 하는 것이다.

근성(根性)이 약하여 이와 같은 불법(佛法)의 가르침을 감당하지 못하여 불법(佛法)을 체득할 재량(材量)이 안 되면 비록 이 법(法, 단경)을 구하여 전수받더라도 어긋나게 불법(佛法)을 건립하여 본성을 체득할 수 없게 되니 허망하게 이『단경(壇經)』을 아무에게나 부촉하여서는 안 된다.

모든 정법(正法)의 수행자들에게 고(告)하니 조사(祖師)의 심오한 뜻을 잘 알고 부촉하기를 바랍니다.

南宗頓敎敢上大乘壇經法一卷
남종의 돈교인 최상대승의 단경법 1권

진여의 지혜로 살아가는 법을 설한 돈황본 **육조단경**

2015年 12月 20日 發行

譯註 ㅣ 良志
禪書畵 ㅣ 南靑
編輯·發行處 ㅣ 맑은소리 맑은나라
부산시 중구 대청로 126번길 18 / 051)255-0263
ISBN 978-89-94782-50-8 93220
값 15,000원